KB265296

무모한 교사들

송인수 지음

무모한 교사들

발행일 1판 1쇄 2012. 9. 1.

지은이 송인수

발행인 신병준

발행처 좋은교사운동 출판부

출판등록번호   제 320-2000-34호

주소 151-846 서울특별시 관악구 청룡동 1568-1번지 3층

전화 (02) 876-4078

팩스 (02) 879-2496

홈페이지 www.goodteacher.org

이메일 goodteacher2@kornet.net

Printed in Korea 2012

ISBN 978-89-91617-04-9 (03370)

잘못 만들어진 책은 구입하신 서점이나 본사로 연락하시면 바꿔드리겠습니다.

송인수 전 대표가 들려주는 좋은교사운동 13년,
그 뜨겁고 생생한 역사 이야기!

무모한 교사들

송인수 지음

좋은교사

"무모했던 것은
당신이었습니다"

이 책은 제가 월간 《좋은교사》에 2년간 연재한 '송인수의 기독교사 운동사'를 정리한 글입니다. 지난 1995년 기독 교사 운동이 시작된 이래로 기독 교사들이 교육을 바꾸기 위해 달려온 역사를 기록한 글이지요. 여기에 운동의 중심에 선 저 자신의 개인 이야기까지 곁들여 개인사와 운동을 날줄과 씨줄로 엮어 만든 책이니까, 엄밀히 말하면 사실 중심의 연대기적 역사책은 아닙니다. 그러나 독자 입장에서 생각해보니, 사실 중심 역사도 궁금할 수 있겠지만, 그 운동의 한복판에서 땀 흘려온 사람들이 무엇을 붙들고 중요한 역사의 과제와 난관을 돌파했는지에 대해 더 궁금해할 것 같았습니다. 그래서 다소 무리가 되더라도 제 경험을 적극적으로 드러내야겠다고 생각했습니다.

원고를 써가는 과정은 힘겨웠습니다. 사실 기독 교사 운동사를 잡지에 2년간 연재한다는 것 자체가 무리였지요. 우선 지금 제가 몸담고 있는 사교육걱정없는세상의 과제 때문에 정신을 차릴 수 없이 바쁘고 힘겨웠습니다. 무엇보다 현재 저에게 요구되는 운동을 위해 '전진하는' 것과 좋은교사운동의 역사를 '돌아보는' 것 사이에 생각의 결이 같지 않아 모드 전환이 쉽지 않았습니다. 하지만 갈수록 희미해지는 기억을 방

치할 수가 없었고, 또 운동의 처음 정신을 알지 못하는 교사들이 많아
지는 상황도 걱정스러웠습니다. 그래서 바쁘고 고단해도 이것만큼은
꼭 써내야 한다는 책임감으로 이어온 글이었지요.

'무모한 교사들'이라는 이 책의 제목에서 짐작하시겠지만, 좋은교사
운동의 지난 세월은 정말 '무모한' 여정이었습니다. 교육의 암담한 현실
을 이대로 두어서는 안 되며, 이제 기독 교사들이 그 가진 자산으로 병
든 교육에 생명을 불어넣을 때가 되었다 생각해서 시작한 운동이었습
니다. 가진 능력만큼 일한 것이 아니라, 교육과 아이들에게 필요한 것
이 보이는 대로 거기에 자기 삶을 맞추려고 필사적으로 노력해왔던 세
월이었습니다. 제 삶의 여정도 그러했지만, 이 운동에 참여한 수많은
교사들이 그렇게 살았습니다.

그래서 사람들은 우리가 해온 운동의 과정을 '무모한 일'이었다고
말합니다. 실제로 너무 버겁고 앞이 잘 보이지 않는 숱한 세월을 지나
왔지요. 십수 개 단체가 마치 한 단체처럼 하나의 이름으로 운동을 해
왔다는 사실 하나만으로도 정말 '무모한' 일이었습니다. 그러나 무모함
이란 무엇입니까? 필요한 일이지만, 자기 힘으로 감당할 수 없는 일에

모든 것을 다 거는 것입니다. 내 힘으로 감당할 수 없어도 가진 모든 것을 던져야 할 일이 세상에는 있습니다. 내 힘으로 감당할 수 없는 일인데, 나의 마음을 아프고 들끓게 하며, 기도 가운데 들려오는 음성을 외면하지 못해 길이 없어도 가야만 하는 길이 있는 법입니다. 아니, 길이 없어도 자신을 던져 그 가운데 길을 내게 해달라고 간구하는 '기도와 같은 삶'이 있는 것입니다. 그런 무모함으로 좋은교사운동은 지난 세월을 달려왔습니다. 그리고 저를 비롯해 수많은 기독 교사들이 그렇게 살아왔으며, 앞으로 또 그렇게 살 것입니다.

그렇게 살아온 삶을 돌아보면, 아득합니다. 그러나 저는 늘 고백하듯이, 주의 뜻을 따라 가진 모든 것을 쏟으며 달려온 삶을 후회하지 않습니다. 이 운동을 시작하기 이전 30년의 삶과 이 운동에 몸 바친 지난 13년간의 삶을 바꾸지 않겠습니다. 다시 그렇게 하겠느냐고 주께서 묻는다면, 저는 주저 없이 "예. 그렇게 하겠습니다"라고 대답하겠습니다. 그리고 그 질문에 답하기 위해, 저는 지금의 사교육걱정없는세상이라는 운동을 시작했던 것입니다. 좋은교사운동의 철학과 한 치도 어긋남이 없으며, 강도는 더 높은 새 운동. 이 운동에 자신을 맞추어 달리느라 몸도 많이 쇠잔했습니다. 늙는다는 것이 무엇인지를 온몸으로 실감하는 삶이었습니다. 그러나 저는 그 시간들이 여전히 기쁩니다.

원래는 제가 존경하는 비전 출판사 안준근 사장님이 이 책 제목으로 '무모해요, 송 선생!'을 추천했습니다. 그러나 제가 곰곰이 생각하다가 '무모한 교사들'이라고 고쳤습니다. 비록 저 개인의 경험을 중심으로 써 내려간 글이지만, 이 기록들은 기독 교사들이 땀흘려온 지난 운동의 역사를 담아낸 글이기 때문입니다. 저는 대표 집필자에 불과하고요. 그렇기 때문에 기독 교사들의 장대한 운동을 저 개인의 이름으로 가둘 수는 없는 일이었습니다. 무모하기로 따지자면, 저 혼자만이 아니라 이 운동에 참여한 모든 기독 교사들이 그러했습니다. 그들은 실제로 그렇게 무모한 도전의 삶을 살았고 또 앞으로도 그렇게 살아가야 할 것입니다.

제목을 붙들고 끙끙거리던 며칠 전 새벽이었습니다. '무모해요, 송 선생!'을 버려야 하겠구나 하는 결심이 찾아왔습니다. 사무실에 일찍 와서 책 제목을 '무모한 교사들'로 고쳤습니다. 그리고 그 제목에 맞추어 글을 다듬고 머리말을 쓰는 순간, 갑자기 눈물이 쏟아졌습니다.

"아, 나를 내려놓는 것이 맞구나! 지난 세월 내가 경험한 이 뜨거운 자산을 내 인생 속에 가둘 것이 아니라, 독자들이 자신의 것으로 품도록 하는 것이 옳은 것이구나!" 이런 깨달음 때문이었던 것 같습니다. 제 속에 들었던 그 마음으로 13년간 운동을 해왔고, 그 과정에서 크고 작은 숱한 어려움을 돌파하며 우리는 여기까지 왔습니다. 그 가치가 비로소 책 제목에 제대로 반영되는 순간이구나 싶었습니다.

여기 이 기록은 1995년 기독 교사 운동이 시작된 때부터 2000년 좋은교사운동을 시작한 이후 2001년까지 운동의 역사를 담은 것입니다. 그러니까 2002년부터, 특히 제가 2003년 퇴직해서 2008년 2월 대표직을 내려놓을 때까지 상근자로 운동을 책임져온 7년의 기록은 포함되지 않았습니다. 그 기록까지 다 완성해서 책으로 담기에는 많은 세월이 필요합니다. 지금은 이 글만이라도 함께 나누어야 할 때라는 판단 때문에, 후반부의 운동 역사는 한 2년의 세월이 지난 후 묶어 내기로 하고, 이렇게 미완성 상태로 책을 냅니다.

이 책이 나오기까지 수고해주신 분들께 감사합니다. 월간 《좋은교사》에 제가 기독 교사 운동사를 써서 후배 교사들에게 그 운동의 자산을 남겨야 한다고 주장한 조은하 편집장, 그리고 매달 원고를 빠지지 않고 내도록 성실하게 독촉한 후임자 한성준 선생님, 책 제목을 만드는 데 결정적 기여를 해주신 '안준근 비전 출판사 대표', 멋진 책이 나오도록 혼신의 애를 써주신 김경래, 장병인 선생님, 그리고 정말 내일처럼 원고 교정에 나서주신 성한경 선생님, 그리고 부족한 저와 함께 한결같이 일하며 빈 부분을 채워준 정병오 선생님과 여러 단체 대표들, 또한 좋은교사운동 역사가 이렇게 펼쳐지도록 밀알이 되어주신 이 땅의 모든 기독 교사들께 감사합니다.

2012. 9. 송인수

이 책은 아주 특이한
신앙 간증이다

손봉호(서울대 명예교수)

'한국' 사회에서 가장 중요한 것은 정치, 경제, 통일이 아니라 교육이다. 교육 덕으로 한국은 이만큼 발전했고 사교육을 비롯한 교육 문제들 때문에 한국 사회가 멍들고 있다. 이렇게 중요하고 심각한 우리의 교육 현실을 바로잡기 위해서 저자 송인수 선생만큼 관심과 애정을 가지고 고민하고 애를 쓰는 사람을 나는 알지 못한다. 그리고 교육의 심각한 문제들을 오로지 기독 교사들의 복음적 헌신으로 해결하려는 데 그만큼 큰 열정을 가지고 희생을 감수하는 그리스도인을 나는 만나보지 못했다.

이 책은 3,500명의 회원을 가지고 '전교조'와 '교총'과 더불어 우리나라의 가장 중요한 교사 단체 가운데 하나로 성장한 '좋은교사운동'의 창립과 역사를 그 태동의 주역이 1인칭으로 증언한 것이다. '좋은교사운동'은 학생 가정방문, 교사와 어려운 학생 1대1 결연 등 획기적이면서도 기독교적인 운동을 펼쳐 한국 교육계에 신선한 바람을 일으키고 한국 기독교의 체면을 세워주고 있다. 기독교 사회운동들 가운데 '좋은교사운동'만큼 건전하게 성공적인 것은 없다. 눈에 보이지 않는 교육 효과와 선교 효과는 엄청나게 클 것이다.

그러나 이 책은 역사라기보다는 아주 특이한 신앙 간증이다. 회심, 신유, 선교, 축복과 같은 것을 주제로 하는 대부분의 간증과는 달리 이 간증은 700만 명의 학생들을 복음, 사랑, 정의, 회복을 중심으로 바로 가르치고, 돌보고, 전도하기 위하여 혼신을 다하는 과정에서 저자가 보인 순수한 헌신, 그가 드린 간절한 기도와 하나님의 풍성한 응답을 잘 증거하고 있다. 일반적으로 사회와 공익을 위한 기독교 운동은 복음 전파와 기도를 게을리 하고 전도와 기도에 열정적이면 사회문제에 무관심하다. 그러나 송인수와 '좋은교사운동'은 그 양자를 잘 극복하고 있다.

저자는 지금 '사교육걱정없는세상'이란 새로운 교육 운동을 펼치고 있다. 이 책의 주제인 '좋은교사운동' 못지않게 필요하나 그보다 훨씬 더 무모하다. 학생들에 대한 사랑과 그들을 위한 바른 교육에 대한 정열이 없으면 결코 시도할 수 없는 달걀로 바위 치기다. 유능한 교사로 안정된 자리를 누릴 수 있는데도 불구하고 그런 고생을 자임할 수 있는 것은 오직 그를 통하여 하나님께서 영광 받으시는 것을 가장 큰 보람이라고 믿는 그의 헌신적인 신앙 때문이다.

이 책을 읽으면서 나의 부족한 신앙과 헌신이 부끄러웠다. 그러나 꼭 필요한 도전이었다.

정말 기다리던 책이다

박상진(장신대 기독교교육학 교수)

《무모한 교사들》, 정말 기다리던 책이다. 오늘날 한국 교육의 희망이 되고 있는 좋은교사운동이 어떻게 태동되었고 펼쳐지게 되었는지, 그 생생한 역사를 담고 있다. 이 책은 단순한 역사적 기록이 아니다. 온몸으로 좋은교사운동을 일구어온 '무모한 교사들'의 몸부림이고, 척박한 교육 현실을 변화시켜보려는 기독 교사들의 함성과 절규다.

이러한 기독 교사들의 꿈틀거림이 좋은교사운동이라는 하나님 나라 운동으로 전개될 수 있었던 데는 먼저 무모했던 몇몇 교사들의 헌신이 있었기 때문이다. 그중에 가장 무모한 교사를 꼽으라면 누구나 한 사람을 지목하게 된다. 송인수, 그는 정말 무모한 교사였다. 이 땅의 교육을 하나님의 교육으로 변혁시키기 위해서 삶을 송두리째 던졌고 안정된 교사직마저 포기하였다. 이 책은 이러한 그의 무모함을 솔직히 드러내고 있으며, 무모함이 믿음의 다른 이름일 수 있음을 보여준다. 무모함은 전염성이 있다. 그의 무모함은 수많은 기독 교사들의 무모한 운동으로 확산되는데, 그것이 오늘날의 좋은교사운동으로까지 이어지게 된다.

이 책은 세상을 변화시키는 것과 한 사람의 인생이 어떻게 관계되는지를 아름답게 드러내주고 있다. 좋은교사운동의 역사와 송인수라는 인생의 여정은 분리될 수 없다. 그의 고뇌와 결단, 그리고 헌신은 이 땅 기독 교사 운동의 고뇌와 결단, 그리고 헌신으로 이어지게 된다. 나는 송인수라는 무모한 교사의 삶에서 교육에 대한 진실한 애통함을 본다. 교육 고통으로 신음하는 아이들에 대한 마음 가득한 긍휼이 있다. 그리고 그 고통의 본질을 꿰뚫는 혜안이 있다. 무엇이 아이들을 고통스럽게 하는지, 그 실체를 직시한다. 그리고 행동한다. 그에게 깨달음은 곧 실천을 의미한다. 무모한 교사에게 장애물이란 넘어서야 할 그 무엇일 뿐이다. 믿음은 곧 용기여서, 비전 이외의 모든 것에 대해서는 무모하게 나아가는 것이다. 무모한 교사는 단순하다. 복잡하거나 어렵지 않다. 비전임이 확인되면 그냥 전진한다. 그래서 참된 교육에 대해 목말라 하는 수많은 사람들이 해갈함을 얻는다.

이 책은 이러한 무모한 교사의 삶, 그러나 진정한 비전의 삶으로 초대한다. 무모한 한 교사의 삶의 행적을 더듬으면서 그러한 삶을 사용하셔서 이 땅에 기독 교사 운동을 펼치시는 하나님의 섭리를 깨닫게 된다. 하나님께서는 오늘도 애굽의 압제 밑에서 신음하는 수많은 아이들을 하나님의 교육으로 인도할 출애굽의 일꾼들을 부르신다. 이 책이 그러한 하나님의 부르심의 통로가 되기를 소망한다. 기독 교사, 예비 교사, 교육학도, 목회자, 기독교 운동과 하나님 나라를 열망하는 모든 사람에게 필독을 권한다.

제2의 송인수를
키워야 할 때다

정병오(좋은교사운동 대표)

루터가 없었더라도 종교개혁은 일어났을 것이다. 하지만 종교개혁은 루터의 신앙 체험, 말씀에 대한 깨달음, 하나님 앞에 선 용기, 새로운 기독교에 대한 비전과 추진력과 떼려야 뗄 수 없는 방식으로 이루어졌다. 마찬가지로 송인수 선생님이 없었더라도 좋은교사운동은 시작되었겠지만, 하나님은 송인수 선생님의 땀과 수고, 비전과 결단을 통해 좋은교사운동을 시작하시고 틀을 잡으셨다. 이것은 하나님이 좋은교사운동에 허락하신 가장 큰 복이라고 생각한다.

송인수 선생님을 기윤실 교사모임에서 처음 만난 것이 1992년 10월이었으니까 그와 20년 가까이 같이 일을 해온 셈이다. 둘이 사귀냐는 말을 들을 정도로 많은 시간 같이 일하고 고민과 비전을 나누었다. 그런데 나와 송 선생님은 기질이 반대라 많이 부딪혔고 많이 싸웠다. 그는 주로 무모하다 싶을 정도로 큰 꿈을 꾸고 추진하는 입장이라면 나는 사사건건 현실론을 내세워 반대를 하는 입장이었다. 그럼에도 불구하고 같이 동역할 수 있었던 것은 나의 반대를 싫어하지 않고 자신의 빈 부분을 채워준다고 받아들이면서 그 반대에 대한 답을 찾는 방식으로 대응해준 그의 큰 그릇 덕분이다.

송 선생님과 동역을 하면서 감사했던 것은 선한 뜻이 현실 가운데서 이루어지는 성공의 경험을 많이 할 수 있었다는 것이다. 비전과 꿈으로는 멋있지만 현실에서는 당연히 이루어질 것 같지 않은 일들이 그의 손을 거치면 현실화되는 것을 많이 보았다. 이는 당연히 그에게 특별한 능력이 있어서가 아니라 이 땅의 아픔과 눈물을 품고 하나님 앞에서 답을 찾으며 이를 위해 끊임없이 자신을 던지는 그 자세를 하나님이 귀하게 보셨기 때문임을 많이 확인하곤 했다. 덕분에 옆에서 반대만 하던 나도 그 성취의 경험을 함께 하면서 나를 확장해갈 수 있었다.

송인수 선생님이 좋은교사운동 대표직을 내려놓고 새로운 운동을 시작한다고 했을 때 좋은교사운동으로서는 운동 역량의 50%를 잃는 상황이었다. 그렇지만 이제는 좋은교사운동이 제2, 제3의 송인수를 키워야 할 때라는 생각에서 그의 퇴임과 새 운동 시작을 받아들이고 축복했다. 그리고 좋은교사운동은 송인수 선생님이 쌓아놓은 틀과 정신 위에서 새로운 인물들을 키워가고 또 새로운 시대가 요구하는 새로운 운동 과제를 붙들고 씨름하고 있다.

좋은교사운동의 초기 역사 속에서 고군분투했던 송인수 선생님과 초기 선생님들의 생생한 숨결을 담은 이 책이 같은 정신을 품고 새로운 싸움을 싸우고 있는 후배 기독 교사들에게 정말 유익한 지침이 되리라 확신한다. 그리고 빠른 시일 내에 남은 역사를 마저 정리해주실 것을 송 선생님께 부탁드린다.

그의 글은
격한 통성기도다

양희송(청어람아카데미 대표 기획자)

이 책을 관통하는 핵심 키워드는 '운동'이다. 운동가 '송인수'가 '좋은교사운동'의 등장과 어떻게 얽히고설키는지를 꼼꼼하게 복원해놓은 기록이다. '송인수'를 시민운동가로 만나본 사람이라면, 그가 마치 돌로 깎아놓은 강직한 운동가 같다는 생각을 할 것이다. 그는 실로 목표를 정하면, 사력을 다해 자기를 투신하고, 남을 투신시키는 운동가적 풍모를 지닌 사람이다. 그러나 이 책은 과거 30년에 걸쳐 그가 겪어온 쓰라리고 때로 우스꽝스런 시행착오들에서부터 그의 속울음과 상처까지 낱낱이 드러냄으로써, 그것들이 어떻게 한 사람을 운동가로 빚어왔는지 속도감 있게 그려낸다. '송인수'의 점과 선과 면은 비와 바람과 햇볕이 새겨 넣은 것이었다. 그것이 정녕 하늘에 잇대어 있다는 것이 그의 고백이자 우리의 관찰이다.

기독 교사 운동 또는 그것이 발전해서 나온 '좋은교사운동'은 그냥 두었다면, 교사란 직업을 가진 사람들의 친목회나 신우회에 머물렀을 수 있다. 아니면 교사 이익집단이 되었을 수도 있다. 이 운동이 교육 현장에서 가장 유력한 운동 단체의 하나로 자리매김할 수 있었던 것은 '교육'이 우리 모두에게 전방위로 가하는 파상 공세에 겁먹지 않고, '공익적 가치'를 위해 대담하게 한 발 앞으로 나선 데에서 비롯된다. 한국 사회가 겪고 있는 가장 참담한 실패로 첫손에 꼽을 만한 것이 '교육 실패'다. 그것은 당장 학업과 친구 관계의 중압감으로 아이들이 줄줄이 죽어나가는 참담함에서 그러하며, 더 이상 학교에서 배움을 기대하지 않고 바깥을 맴돌며 대안 찾는 것을 다들 당연시하고 있다는 점에서도 그러하며, 결국 이 모든 일을 통해 우리 모두가 더 나은 세상을 그려볼 상상력을 박탈당하고 있다는 점에서 더더욱 그러하다.

이런 상황에서 구조적 문제를 '개인기'로 극복하라고 말하는 것은 무책임하고, 무기력하다. 구조는 스스로를 개혁하거나 갱신하지 않는다. 오히려 개인들을 구조의 일부분으로 편입시키고, 말과 행동의 폭을 제약하고, 변화를 위한 상상력과 용기를 압살하려고 한다. 그런 구조를 상대로 개인이 덤벼드는 것은 언제나 '무모한 짓'이었다. 지난 15년이 넘는 시간 동안 '송인수'와 '좋은교사운동'은 이런 무모한 짓을 감행하는 이들을 기하급수적으로 늘려왔을 뿐 아니라, 이젠 대오를 정비해 구조에 대항하는 저항의 진지를 구축하고 있다. 나는 이들이 한국 사회에서 복음주의 신앙으로 구조와 맞서는 운동을 '제대로' 벌인 최초의 사례가 아닐까 생각한다.

나는 이 책을 '송인수'의 자전적 후일담이 아니라, 또 다른 '송인수들'의 등장을 촉구하고, 더 많은 '좋은교사운동들'을 보고 싶다는 격한 통성기도로 읽었다. 이들이 눈물 나게 고맙다.

차 례

안식년 때
풀었어야 했다

"선생님, 기독 교사 운동사를 언제 쓰실 것인가요?" 《좋은교사》 편집장 조은하 선생님으로부터 기독 교사 운동사를 써달라는 요청을 제안 받고도 꽤 여러 달 망설였습니다. 가장 중요한 이유는 너무 바빠서였습니다. 역사를 쓰려면 다소 시간 여유가 필요했는데, 사교육걱정없는세상을 시작한 이후, 저는 도무지 짬을 낼 수가 없었지요. 으레 있기 마련인 그 흔한 토론회에 초대받아도 거절하기 일쑤고, 강의며 인터뷰나 바깥 회의 한번 제대로 나가지 못한 지가 꽤 오래되었습니다. 바깥출입을 너무 안 하니까, 사무실 간사들이 "우리 사무실 공동 대표들은 이상해요. 다른 단체들은 대표들이 바깥에 나가서 사람도 만나고 회합도 하는데, 꼼짝을 않고 사무실에 앉아 간섭만 하니"라고 불만 아닌 불만을 토로하곤 했습니다. 대표들이 바깥을 나가야 좀 쉴 틈을 갖는 것은, 학교나 시민단체나 마찬가지인 것 같습니다. 그러나 어쩌겠습니까. 대표들이 나가서 하루를 보낼 경우, 사무실 업무가 제대로 돌아가지 못하는 실정이니…… 이런 처지에, 기독 교

사 운동의 지난 역사를 꼼꼼히 돌아보며 마음을 다해서 글을 쓴다는 것
은 두려워서 엄두가 나지 않는 일이었습니다. 그래서 차일피일 미루어온 것
이었지요.

주례사 비평 식 역사 서술은 안 돼…

운동사를 쓰기 주저한 데는, 역사를 쓴다는 것 자체가 주는 부담도 한
몫했습니다. 지난 시간을 정리하고 기록하다 보면, 덕담뿐 아니라 괴롭고
아팠던 시절의 이야기, 저 자신과 남을 평가하는 일도 불가피하며, 우리
속에 있었던 갈등과 위기도 등장할 텐데, 그런 것을 정직하게 기술하는 것
이 때로 위태해 보이기도 했습니다. 어느 책 제목처럼, '주례사 비평' 식으
로 덕담만 늘어놓는 글쓰기는 하고 싶지 않았습니다. 그러나 그렇지 않게
할 수 있을까 하는 망설임도 있었습니다. 거기다, 자칫 전임자가 쓴 기독
교사 운동사가 후임자에게 부담을 주지나 않을까 하는 염려도 없지 않았
지요.

그렇지만, 안 쓰겠다는 말을 하지도 못했습니다. 좋은교사운동 대표
임기를 마치기 1년 전, 1년간 안식년이 주어지면 기독 교사 운동사 집필을
안식년 1순위 업무로 진작 생각해놓은 터였기 때문이었습니다. 기독 교사
운동 초창기 때부터 저는 주께로부터 놀랍고 풍성한 은혜를 받았습니다.
여러 번의 기적을 체험하고, 말씀의 응답과 희한한 체험도 했지요. 그 과정
을 통해 주께서 우리의 운동에 임재하시며 운동의 주인 되심을 여러 번 체
험했습니다. 그러나 그 경험은 저 개인의 사유물이라기보다는 기독 교사
운동 전체의 공적 자산이라고 보는 것이 옳을 것입니다. 누군가가 제 자리
에 있었다면 그 역시 그 자리에 있었다는 이유만으로도 전체 기독 교사 운

동에 필요한 은총을 받았을 것이 틀림없습니다. 그래서 늘 그 복된 지혜와 통찰력과 경험을 제 것으로만 가둬두지 않고, 우리 모두의 것으로 공유할 방법을 생각하는 것은 당연한 일이었습니다.

물론 대표를 그만 두고 좋은교사운동을 떠날 때, 저는 기록을 남기는 일에서 어느 정도 할 도리는 마치고 떠났습니다. 특히 전임자로서 후임자들이 중요한 판단을 할 경우 과거 역사를 통해 충분한 지혜를 얻을 수 있도록, 거의 대부분의 사건 업무를 기록물로 보관해두고 나왔습니다. 2003년 학교를 퇴직하고 그곳 사역의 책임자로 일할 때 저는 거의 매일 제 후임자와 그를 통해 이루어질 기독 교사 운동을 내다보며 기도하고, 제가 준비할 것에 대해 묵상해왔습니다. 기독 교사 운동 관련 자료들을 빠짐없이 모아놓은 것은 그런 일종의 '역사의식' 때문이었습니다. 저는 메모와 기록을 매우 중시하는 편입니다. 우선 제 기억을 믿을 수 없고, 믿을 수 있다고 해도 모아놓은 자료를 기억이 능가할 수는 없다고 보기 때문입니다. 설령 제 머릿속에 기억된 것이 더 풍부하고 정확하더라도, 남들이 그 기억에 동시 접속할 수는 없기에, 이런 기억 독점은 효율적이지 못하다고 생각합니다.

방치된 플로피 디스켓 파일과 자료 정리

그래서 우선 10년간 제 컴퓨터 속에 담겨 있는 파일을 외장 하드에 모두 저장해놓고 떠나왔습니다. 지난날 386 컴퓨터 시절의 A, B 플로피 디스켓 파일 자료조차 아직 그대로 갖고 있지만, 읽어낼 드라이브가 없어서 방치되는 것이 아쉬울 뿐입니다. 물론 그 경우에도, 관련 자료를 프린트해서 유별로 정리해 놓았으니, 크게 문제 될 것은 없습니다. 여러 자료들을 후임자가 이용할 수 있게 분류 보관하는 일도 마무리 지었지요.

물론 이것은, 좋은교사운동이 리더십의 연속성이 보장되는, 또는 과거의 경험을 오늘의 지혜로 끌어 쓰려는 의지와 전통이 있는 기관이기 때문에 가능한 일일 것입니다. 학교나 공무원 조직 등에서 뭔가를 방대하게 남기는 것은 오히려 후임자에게 애물단지가 되거나 화를 불러오기 일쑤입니다. 비영리 조직의 경우에도, 리더십의 연속성이 보장되지 않는 경우가 종종 있는데, 노선이 다른 사람들이 집행부를 꾸리면서 전임 세력과 단절을 시도하는 상황에서, 남겨놓은 기록물은 흔히 무용지물이 되거나 전임자를 비판하는 도구로 악용되기도 합니다. 그런 의미에서 좋은교사운동이 여타 조직의 그런 볼썽사나운 관행을 답습하지 않는다는 사실에 저는 늘 감사하고 있습니다.

아마 모아놓은 자료를 다 합치면 수만 페이지가 될 것입니다. 평소 그 수많은 '찌라시'들을 보고 놀라는 대표자들에게 나와 함께 일해온 정병오 선생님은 "뭐, 그리 대단한 것 못 됩니다. 송 샘이 만든 자료들을 보면 대체로 한 이야기 반복하는 것이 많아요"라고 말하며 일동에게 웃음을 주곤 했지요. 그러면 저는 되받아서, "반복하면서도 조금씩 달라지기 때문에 학습이 심화되는, 일종의 나선형 교육과정 자료로 이해하시면 됩니다"라고 반박했던 즐거운 기억이 떠오릅니다.

수천 수만 페이지여도 영역별로 정리했으니 사무실을 방문하면 찾아보기에 큰 문제는 없을 것입니다. 더욱이 후임자 정병오 대표와 김진우 선생님은 제가 떠난 후 그 자료들을 더욱 일목요연하게 정리해놓았기 때문에, 좋은교사운동만큼 필요한 자료를 제대로 관리하고 있는 단체도 찾기 드물 것이라 자부합니다.

또한 후임자들이 각 영역별로 필요한 정보의 핵심을 분류해서 일별할 수 있도록, 임기를 마치기 직전까지 무리를 해서, 각 영역별로 500~700페이지짜리 자료집을 발간하기도 했습니다. 기독교사대회 매뉴얼, 좋은교사운동 정책 자료집, 운동 매뉴얼, 좋은교사운동 조직 컨설팅 자료집 등 4~5종류로 정리해, 모임 대표들과 실행위원들에게 나누어주기도 했지요.

방대한 자료집은 베개용?

2008년 겨울 연수 때와 대의원 총회 때, 그 방대한 자료집들을 받아보고 놀란 단체 대표자들이 "이런 두꺼운 책을 누가 읽겠어요. 베개용으로나 쓰지"라며 농담을 했지만, 베개 이상의 가치는 족히 있을 것입니다. 물론, 그 자료집들을 읽는 사람은 극소수일 것입니다. 하지만 누군가 그 자료집들을 흥미롭게 읽어나가는 사람이 있다면, 그는 한국 교육 전체를 고민하거나, 특히 좋은교사운동의 미래를 고민하면서, 우리 당대에 주어진 과제를 반드시 해결해내고자 땀 흘리며 씨름하는 사람임에 틀림없습니다.

여하튼 이런 사정 때문에, 조은하 선생님의 제안에 대해 "선생님, 제 할 도리를 다했습니다"라며 거절해도 될 일이었습니다. 하지만, 그러고 싶지 않았습니다. 자료 분류와 정리 이외에도, 운동을 하면서 제가 겪었던 고민과 괴로움, 기쁨과 통찰력을 가까운 친구에게 이야기하듯이 누군가와 나누고 싶은 욕구가 제 속에 있음을 새삼 확인했습니다. 혼자만 끌어안고 씨름해온 수많은 진실들. 그것은 자료집으로 담아낼 수 있는 일이 아니었습니다. 그래서 회원들에게 제가 겪은 13년간의 경험을 책으로 담아 들려주기로 했습니다. 좋은교사운동 대표직을 내려놓으면, 1년의 안식년을 그렇게 보낼 생각이었지요.

그러나 상황은 여의치 않았습니다. 해외로 나가는 것도 고려했으나 아

좋은교사운동 10년 자료들을 종류별로 모아놓은 서재.

내의 직장 상황이 복잡했고, 국내에 남게 되면 세상 돌아가는 것에 귀 막고 살 수 있는 상황이 아니니, 제가 과연 글 쓰는 일에 집중하면서 쉴 수 있을까 의심스러웠습니다. 그러다가 '사교육걱정없는세상'이 시작되어버렸습니다. 이 단체가 지난 1년 6개월간 왕성하게 펼쳐온 우리 교육계에 꼭 필요한 일의 가치는 의심할 여지가 없었습니다. 다만 개인적으로 앞으로도 기대할 수 없을 안식년을 제대로 누리지 못한 것이 조금 아쉬울 따름입니다.

물론 앞으로는 더욱 바쁠 것입니다. 그러니 이번에 조은하 선생님의 제안을 거절한다면, 더욱 기회가 없을 것이라는 점 또한 분명했습니다. 더욱이 먼 훗날 시간이 남아 기독 교사 운동의 역사를 쓴다 하더라도, 그 글이 저와의 만남에 대한 추억이 없는 이들에게는 별 쓸모가 없을 것이고, 더욱이 후임자가 써야 할 운동사라는 것이 있기에 자칫 뒷북을 치는 격이 될 수도 있을 것입니다. 가장 큰 문제는 기억의 문제였습니다. 떠나온 지 2년 정도 되었는데, 좋은교사운동에 대한 기억이 벌써부터 희미해지고 있어, 이러다가는 아무것도 제 머릿속에 남지 않을 것 같았습니다. 그래서 결국 승낙하고 말았습니다.

경어체를 쓰겠다

이 기독 교사 운동 역사를 저는 연대기 식으로 기록하지 않을 작정입니다. 그런 방식은 대개 감흥이 없을 뿐 아니라, 또 그런 유의 글은 별도 자료집을 통해 얼마든지 정리해낼 수 있을 것이기 때문입니다. 다만, 사건 시간대를 존중하되, 그 속에서 제가 겪은 이야기와 그 속에서 얻은 지혜와 통찰력, 하나님이 우리에게 주시는 깨달음을 정리해내는 방식으로 기록하고자 했습니다. 물론 제 글이 이 운동의 전모를 드러내기는 불가능합니다.

어차피 개인의 한계는 분명하니까요. 다만 제가 보고 겪은 것은 다 이야기하고자 합니다.

글 쓰는 방식에 대해 고민하다가 '경어체'를 쓰기로 했습니다. 역사를 담담히 객관적으로 정리하기에는 평어체가 나을 것입니다. 그러나 저는 이 운동에 대한 객관적 사실만이 아니라, 그 속에서 제가 겪은 주관적 경험과 감정까지도 여러분과 대화하듯이 나누기를 원합니다. 그런 대화를 통해 제가 가지고 있는 문제의식과 통찰을 여러분도 똑같이 지닐 수 있도록 설득하고자 하며, 그러려면 경어체가 좋겠다고 생각했습니다.

이 글을 쓰는 과정에서 기독 교사 운동의 역사와 연결해서 나눌 주제가 있다면, 저는 요즘 사교육걱정없는세상을 통해서 얻고 있는 깨달음도 함께 담아보려 합니다. 과거 십수 년간의 이야기를 통해서 오늘을 돌아보고 또 오늘을 통해서 과거를 해석하고 해석된 과거로 오늘을 다시 통찰하는 과정은, 역사를 다룸에서 중요한 일이라 생각하기 때문입니다. 그런 의미에서 함석헌 선생님이 《뜻으로 본 한국역사》에서 말씀하신 이야기는 좀 어렵지만 두고두고 제 마음속에 남습니다.

"고구려가 망한 것은 그들의 잘못이나 불행이 아니라 오늘날 너와 나의 죄 때문이니라. 역사를 지나간 일의 결과라고 누가 그러냐? 아니다. 시(始)가 종(終)을 낳는 것이 아니라 종이야 말로 처음부터 있어 시를 결정하느니라. 그러므로 뜻이다. 고구려를 망하게 만든 것은 우리다. 고구려가 망하였느냐? 아니다. 동명성왕은 저 할 것을 하였고, 광개토왕은 저 할 것을 하였고, 을지문덕도 연개소문, 남건, 남생도 다 저 할 것을 하

고 갔느니라. 고구려가 망하는 것은 오늘날 너와 나에게 달렸
다. 우리가 버리면 동명도 단군도 개죽음이 되는 것이고, 우리
가 살리면 세계의 주인으로 살아날 수 있다. 그렇지 않다면 역
사 말하기를 그만 두자."

그렇습니다. 역사는 우리가 오늘을 잘살기 위해 필요한 것입니다. 그러
나 동시에 오늘 내가 잘살아야 지난 역사가 살아나는 것입니다. 내가 지난
역사의 교훈을 따라 오늘을 잘산다면, 지난 역사는 실패의 기록마저 성공
입니다. 그러나 내가 오늘을 제대로 살지 못한다면, 지난 역사는 성공도
추억일 뿐입니다. 그러므로 기독 교사 운동사가 살아 있는 역사, 생명의 역
사가 되기 위해서 우리가 감당할 몫이 있습니다. 그것은 저와 여러분이 그
역사의 교훈대로 오늘을 살아야 한다는 것입니다. 우리가 살아낸 만큼, 지
난 역사는 끊어지지 않고 이어져 미래를 만들어갈 것이요 또 다른 사람들
은 그 역사를 자산 삼아 새로운 역사를 만들어갈 것입니다. 무릇 역사를
살아 있게 만드는 일, 아니 살아 있는 역사를 기록하는 일은 우리 모두의
몫입니다.

좋은교사운동 10년 중요 자료들을 모아 발행한 자료집들.

그때 우리는
경찰을 믿었다

저는 1982년도에 대학을 들어갔습니다. 군사독재 시절이었지요. 서울사대 영어교육과에 입학한 제게 대학 생활은 두 가지 면에서 힘겨웠습니다. 하나는 가난이었습니다. 닭 장사로 죽을 고생 했던 어린 시절만큼은 아니었지만, 집에서 생활비며 학비를 한 푼도 받을 수 없는 형편이었기에, 하루하루 굶지 않고 버텨야 했던 대학 생활은 생존의 문제 자체였습니다. 노래를 좋아해서 COE라는 지금은 없어진 사대 합창단에서 활동했지만 그마저 생활고로 3학년 때 중단했습니다. 먹고 살 곳이 마땅히 없어서 아버님이 연결시켜준 영등포 살레시오 수도원에서 1년 넘게 생활하기도 했는데, 주일이며 수도원에서 미사를 드린 후 신부님께 양해를 구하고 수도원 바깥 근처 교회에서 예배를 다시 드리는 번거로움을 꽤 오래 감수해야 했습니다. 학교 도서관 사서 아르바이트를 할 때는 잘리지 않으려고 발버둥을 쳐야 했습니다. 덕분에 오랫동안 버티기는 했습니다. 대학원 때 가난은 최악이었지요. 1986년 대학원 1학기가 끝난 여름 무렵, 생활비가 똑 떨어져 학교 구내식당 라면을 사 먹을 돈 200원이 없어서 기숙사 방마다 돌아다니며 돈을 구하던 기억은 아직도 생생합니다.

여기에 캠퍼스 상황이 저를 또한 힘겹게 했습니다. 당시 대학은 늘 시위와 진압으로 몸살을 앓고 있었습니다. 신입생 시절, 등교하던 첫날부터 학교 입구에 가득하던 전투경찰과 덩치가 유도 선수만 한 사복 체포조의 서슬 퍼런 모습은 아직도 눈에 선합니다. 친구들은 늘 사회과학 서적을 탐독하며 세상을 읽어내고 문제를 해결하는 방법을 고민했습니다. 그러나 저는 달랐습니다. 시위에 나가 전투경찰에 끌려가던 친구를 지켜주지 못해 신림동 녹두거리 선술집에서 울던 반 대표를 보면서도, 제겐 왜 그 일이 남의 문제 같고, 아픔과 눈물도 없는지, 참 의아했습니다. 지금도 그 이유를 다 알기는 어렵습니다. 가난해서 다른 것을 돌아볼 겨를이 없었기 때문이라는 생각을 한동안 했지만, 가만 생각해보면 그보다는 그 친구들의 삶과 문제의식, 세상의 문제를 보는 시각과 풀어내는 방법이 왠지 제게는 어울리지 않는 옷이 아니었던가 싶습니다.

체육대회 때 들었던 말 '회색분자'

그러면서도 캠퍼스 문제로부터 자유로울 수 없었던 것은, 하나님이 역사의 주인이시라는 사실 때문이었습니다. 기독교인이란 이를 고백하며 사는 사람인데, 그렇다면 우리 기독교인은 신앙의 관점에서 지금 불의한 역사와 모순된 현실을 설명해내야 하고, 그 문제를 풀어낼 답을 그러니까 꼭 운동권적인 답이 아니어도 시대에 부합하면서도 기독교적인 답을 얻어내야 하는 것 아닌가 하는 그런 고민이 저에게 있었습니다. 생각해보니, 그런 문제의식은 그때뿐 아니라 이후 교직 생활과 좋은교사운동 전 기간 내내 저를 사로잡고 있었습니다.

이런 사고를 갖고 살다 보니, 시대 문제로 고민하는 친구들의 모임을 외면할 수 없었지만 그 속에 푹 빠져 그들과 아픔을 함께할 수도 없었고, 그렇다고 해서 기독교적 정체성을 편안하게 지켜줄 기독교인 모임에도 만족할 수 없었습니다. 참 애매한 주변인의 자리에서 서성거리게 된 것이지요. 물론 이런 주변인의 모습은 그 후 교직 생활에서도 고스란히 반복되었습니다. 지금은 출판사를 하는 친구가 있는데, 당시 시위로 감옥도 갔다 온 후 학과 체육대회 때 함께 스크럼을 짜고 돌던 어느 날, 그가 제게 던진 '회색분자!'라는 말을 잊을 수가 없습니다. 인생사가 흑백으로 명백히 나누어질 수 없고, 우리 삶의 대부분은 '회색'일 수밖에 없는 것이 본질인데도, 당시는 그 말이 너무나 듣기 싫었습니다.

1986년 5월의 분신 사건

그러던 1986년 5월 20일, 그러니까 대학원 1학년 시절, 제 삶에는 변화가 시작되었습니다. 당시 서울대학교 총학생회가 문익환 목사님을 강사로 모셔서 아크로폴리스에서 집회를 했는데, 그 집회에서 이동수라는 농대 학생이 시국을 비판하며 분신자살을 했던 것입니다. 당시 기독학생들은 총학생회에 밀려 예정된 예수대행진을 못하고 아크로폴리스 광장을 떠나 공대 건물 쪽으로 찬양을 부르며 돌고 있었는데, 그때 우리가 떠나온 학생회관에서 참변이 일어났던 것입니다.

학생회관 쪽에서 비명과 최루탄 터지는 소리가 들리고, 일부 학생들이 전경들에게 쫓겨 우리 쪽으로 달려왔습니다. 우리는 여전히 아무 영

대학 시절인 1984년 서울사대 합창단 'COE' 정기 공연 장면. 셋째 줄 왼쪽부터 세 번째가 필자.

1987년 민주화 운동의 기폭제가 된 박종철 학생 고문 사건 시위 장면.(출처 : 경향신문)

서울농대 이동수 학생이 1986년 5월 학생회관 4층에서 분신하는 장면.(출처 : 뉴시스 권주훈 기자)

문도 모른 채, 한 형제가 찬양을 부르며 집회를 인도하고 있었습니다. 그때, 그 분신 현장에서 도망쳐 온 한 학생이 우리 모습을 보더니 울면서 다가와, 기타를 치던 한 형제를 가방으로 있는 힘껏 밀치는 것이었습니다. 저는 그 학생의 눈빛을 잊을 수 없습니다. 그것은 분노로 가득 찬 눈빛이었습니다. 사람이 죽어가고 있는데 태연히 찬양을 하고 있는 우리를, 종교적 형식 속에 갇혀 시대의 아픔을 외면하는 우리의 모습을, 그는 도무지 이해할 수 없었던 것입니다.

대학을 졸업한 후 교사로 살아갈 때, 촌지와 채택료 문제, 또는 학교의 불의한 관행과 질서 앞에서 어떻게 살까 선택의 기로에 섰을 때, 저는 자기 생을 불꽃처럼 던져버린 대학 시절 그 친구들을 기억합니다. 길이 보이지 않아도, 답이 보이지 않아도, 꽃다운 목숨을 던져 스스로 시대의 모순에 답이 되려 한 이들도 있었는데, 대학 시절의 시대 문제와 비교하면 문제랄 것도 없는 촌지나 채택료 같은 고민거리들 앞에서 내가 대학 때처럼 어정쩡하게 있으면 안 된다, 그렇게 다짐하곤 했습니다.

빠짝 말라 죽겠다

그때의 분신 사건은 저를 포함해 기독 학생 운동 진영에는 큰 충격이 아닐 수 없었습니다. 제가 다니던 교회(대학촌교회)가 학교 근처에 있었던지라 우리 학교 학생들이 대학부 중심을 이루고 있어서, 자연스레 주중 분신 사건과 기독 학생들의 예수대행진 행사의 충돌, 그리고 우리는 어떻게 할 것인가가 모임의 중심 주제가 되었습니다. 너무도 마음이 짓눌려, 어느 누구도 제대로 말을 못하고 한참 동안 어색한 침묵이 흘렀습니다. 그런데 저보다 한 학번 위인 최은상(현 공의정치포럼 사무총장) 선배가 일어나 이렇게 이야기했습니다. "나는 이동수처럼 분신하지 못합니다. 용기가 없습니다. 그러나 나는 그리스도인으로 평생 가난한 자를 위해 조금씩 조금씩 내 삶을 내어주다가, 죽을 때는 아무것도 남아 있지 않은 채 빠짝 말라 죽겠습니다." 그런데 그 선배가 실은 몹시 뚱뚱한 사람이어서 "빠짝 말라 죽겠다"는 말과 너무 대조가 되어 다들 "와~" 하며 웃어버렸고, 덕분에 모임 분위기가 반전되었던 기억이 새롭습니다.

제가 최은상 선배의 말을 아직도 기억하는 이유는, 그 말이 기독교인의 삶의 본질을 설명하는 것이었기 때문이었습니다. 한 번 의를 위해 자신을 불사르는 일도 아름다운 일입니다. 그러나 시대와 이웃을 위해 자기 인생을 조금씩 나누어줘 나중에 더 이상 나누어줄 것이 없는 상태로 다 비우고 우리 주님을 만나는 것, 즉 '주님과 이웃을 위해 죽음과 십자가를 미분하는 삶', 이것이 기독교인의 삶의 본질임을 저는 믿어 의심치 않습니다.

그 분신 사건이 계기가 되어, 기독 학생 운동 내에서 반성이 시작되었습니다. '기독'의 정체성을 갖고, 시대 문제에 답이 되는 운동을 해야 한다는 각성이었습니다. 그리하여 대선 공정선거감시운동에 뛰어들었습니다. 1987년은 전두환 정권이 시민들의 요구에 밀려 체육관에서 대통령을 뽑던 세월을 청산하고 직접선거로 대통령을 뽑기로 헌법을 개정한 후, 대통령 선거가 예고되어 있던 해였습니다. 이에 기독 학생들이 '선거감시운동'에 참여하기로 한 것이지요. '대통령선거감시운동'은 기독 학생들이 '기독성'과 '합법성'을 지키면서 세상의 변혁에 가담한, 보수 기독교 학생 운동사에서는 거의 최초의 사건이었습니다. 바로 이것이다 생각하고 저 역시 공정선거감시운동에 뛰어들었습니다. 기독학생들 2,000명 이상이 운동에 참여하였고, 이 일의 중심이 된 저를 포함한 5인방의 리더들은 당시 운동 사무실이었던 서대문 한국기독학생회(IVF) 회관 근처 여관에 합숙하면서 2달여간 활동했습니다.

갓 대학원을 들어가서는 공부에 열을 올려 최고의 학점을 받아, 타과생이면서도 성적 장학금까지 받았는데, 선거감시운동 때문에 2학년 때는 강의와 성적 관리에 구멍이 나기 시작했습니다. 선거 감시운동 준비로 강의에 참석할 수 없어 결석하겠다고 전화하자, 당시 전공 지도교수였던 이돈희 교수님(전 교육부장관)으로부터 호된 질책을 받았습니다. 이홍우 교수님 강의 때는 치밀하게 준비해 발표해도 시원치 않을 '칸트의 인식론과 교육과정'이란 주제 글을 발표한 후 질문에 대답을 제대로 못해 B⁰라는 최악의 점수도 받기도 했습니다.

그러나 저는 그 시절, 학교 공부를 망쳤던 일을 아쉬워하지 않습니다. 그 시간으로 인해 학점보다 더 귀한 것을 얻었기 때문입니다. 그것은 하나님의 역사가 기독성을 유지하면서도 합법적이고 온당한 방식으로 펼쳐질 수 있는 공간을 만났다는 기쁨이었습니다. 거칠 것이 없었습니다.

그때 모두 경찰을 믿었다

선거감시운동과 관련해 웃지 못할 일이 있었던 기억이 납니다. 함께 일하던 리더 5인방은 저를 제외하고 다들 대단한 사람들입니다. 각각 기독 학생 운동에서 신문 편집장, 운동가 등의 역할을 하다가 모인 사람들이었으니까요. 저만 우리 교회가 이 운동의 중심이라는 이유로 또 대학원생이라는 이유로 느닷없이 차출된 '무녀리' 같은 존재였습니다.

그중 한 사람으로 이승재라는 고려대학교 출신 1년 후배가 있었는데, 이 친구는 운동에 관한 한 그 논리와 뚝심, 판단력, 글쓰기 능력이 참 대단한 귀재였습니다. 그런데 노태우 민정당 후보가 대통령으로 당선된 다음 날, 선거감시운동본부로 경찰이 너희를 체포하겠다는 위협 전화를 걸어왔습니다. 당시 공정선거감시운동은 군부독재를 끝내기 위한 합법적 통로였기 때문에, 독재정권 입장에서는 눈엣가시 같던 조직이었으니, 선거 후 대대적 탄압은 예견된 일이었습니다. 그때 한 번도 이런 운동의 경험이 없는 저를 포함한 대부분의 사람들은 소스라치게 놀라, 결국 황급히 자리를 뜰 준비를 했고, 김선미 선배(현 광주대학교 교수)는 임원들에게 남은 현금을 도피 자금으로 나누어주었습니다.

그때였습니다. 모두가 도주할 준비를 하고 있는데, 이승재는 전혀 피신할 생각도 없이 유유히 사무실 청소를 하는 것이었습니다. 모두가 의아했습니다.

"넌 왜 도망 갈 준비 안 하니?"

"갈 필요 없어!"

"왜?"

"경찰이 우리를 진짜 체포할 것이라면 몰래 오지, 이렇게 전화하고 오지는 않아. 겁주기 위한 거야. 안 올 테니, 걱정 마."

그 의연한 말이 참 '있어' 보였습니다. 그 친구의 말을 믿을 것인가, 아니면 경찰을 믿을 것인가 망설였습니다. 그러나 우리는 모두 경찰을 믿기로 했습니다. 그리고 도주했지요. 결과는 어땠을까요? 뻔한 일입니다. 그 친구 말대로 경찰은 오지 않았습니다.

그는 그렇게 운동과 전략의 귀재였던 친구였고, 다른 친구들도 다들 기독 학생 운동 영역에서 나름의 위치와 안목을 갖고 있었습니다. 오직 저만 개밥의 도토리처럼 제대로 잘하는 것 없이 우왕좌왕하며 분주하기만 했습니다.

그런데 세월이 지나, 한 15년 정도 흘렀을까요. 졸업하고 사회로 나가 나중에 만나거나 소식을 들어보니, 그렇게 기라성 같던 친구들이 다들 운동을 하지 않고 자기 영역에서 뿌리를 내리고 있었습니다. 그때 전체 책임자인 유욱은 우리나라 유명 로펌의 변호사로, 이종철과 박정수 두 친구는 목사와 신학자로 자리를 잡았습니다. 탁월한 운동가 이승재는 《복음과 상황》 초대 편집장을 맡더니 그 후에 영화 제작자로 변신해서 〈해안선〉, 〈우리들의 행복한 시간〉, 〈나쁜 남자〉와 〈봄여름가을겨울〉 등을 제작해 한창 주가를 올리고 있었습니다.

못생긴 나무가 산을 지킨다

십수 년이 지난 어느 해, 교회 홈커밍데이 행사에 교회를 떠났던 옛 지인들을 초대하는 자리를 가진 적이 있었습니다. 그때 1년 후배인 이종철 목사가 교회를 방문해 저를 만나 여전히 교육 운동을 하는 제 근황을 듣더니 한마디했습니다. "못생긴 나무가 산을 지킨다더니, 형을 두고 한 소리군요." 딱 맞는 이야기였습니다. 그의 말처럼 오직 저만이 기독교윤리실천운동과 경실련을 거쳐 기독 교사 운동을 하며 현재까지 이른바 운동판에 머물고 있었던 셈이니까요. 그런데 참 이상했습니다. 저라고 잘하는 것이 없는데, 남들과는 달리 저는 왜 계속 운동을 해왔을까요? 이유는 간단했습니다. 남들이 어떻게 살든지, 내가 잘하든 못하든 관계없이, 대학 시절 제 인생을 붙들었던 숙제, 하나님은 역사의 주인이신데 왜 이 땅은 이렇게 모순투성이인가에 대한 답을 찾을 때까지, 저는 제가 서 있던 자리에서 비켜나지 않고 버텨왔던 것입니다. 그것이 때로 기독 시민 운동 형태로, 때로 기독 교사 운동 형태로, 지금은 입시 사교육 문제를 푸는 일로 드러날 뿐, 태도의 본질은 동일했다고 봅니다.

그리고 어느덧 제게도 '전문성'이라는 것이 생겼습니다. 남들이 뭐라고 하든, 저는 저 자신이 나름 교육 운동 영역에서 전문가라고 생각합니다. 전문가의 대표 격이라 말할 수 있는 교수들도 사실 알고 보면, 자신의 전공 영역에서는 어느 정도 전문성이 있을지 몰라도, 그 이외의 영역에 대해서는 매우 소박한 상식 수준의 지식만 갖고 있는 경우가 허다합니다. 여러분, 세상 문제를 풀어가는 데 최고의 전문가란 무엇입니까? 어렵게 이야기할 필요 없습니다. "남이 아는 것을 나도 알고, 남이 모르는 것을 내가 아는 것"입니다. 그런 의미에서 저도 전문성은 꽤 갖추었다고 생각합니다. 여기에 변화를 위한 실천에 헌신하고 노력해온 끝에 얻어진 전문성이니, 그 전문성은 힘까지 붙은 셈입니다.

그런 전문성이 길러질 수 있었던 비결은 무엇일까요? 하나님이 제게 주신 숙제를 풀기 위해 자리를 뜨지 않고 끝까지 버티는 것, 바로 그것이라고 저는 생각합니다. 물론 하나님이 우리 각자에게 주신 사명을 붙들고 씨름하다 보면, 어려움을 겪을 때도 있습니다. 모순에 도전하는 삶은 당연히 한계와 마주칩니다. 그때, 그 위기와 한계 앞에서 무릎을 꿇고 기도할 때 하나님은 한계를 뚫는 지혜와 통찰력을 주시고, 그 안목으로 새 길을 가게 됩니다. 그런 지혜가 누적될 때 그 지혜에 질서를 부여하면, '전문성'이 생기는 것입니다. 그 전문성은 대학에서 얻는 전문성과는 분명 다를 것입니다만, 결코 그 수준과 깊이에서 모자람이 없습니다. 따라서 사명을 붙들고 살아온 사람인데 만일 그런 전문성이 없다면, 그는 틀림없이 숙제를 푸는 과정에서 요령을 피웠거나 또는 숙제 자체에 관심이 없었던 것입니다. 세월이 한참 지난 지금, 저 자신과 여러분께 여쭙습니다. "우리는 전문가인가요?"

대선 공정선거감시단 복
음주의 청년학생 협의회
임원 5인 중 4인. 이종철
의 졸업식에서 찍은 사진
이다. 왼쪽부터 이승재,
송인수, 이종철, 박정수.

대통령선거감시운동을 할 때 함께 일했던 고대
83학번 이승재(현 LJ 필름 대표). 당시 조직 관리
와 운동, 문건 작성 등에서 발군의 실력을 발휘했
다.(출처 : 씨네21)

교직은
피하고 싶었다

대선 공정선거감시운동을 끝낸 후 심신은 피폐해질 대로 피폐해졌습니다. 이 운동에 관여했던, 저를 포함한 간부 5인방을 경찰이 수배한다는 소식이 들렸습니다. 대학 때 사복 경찰 등에 불심 검문을 당한 적이 별로 없고, 경찰서를 출입해본 적이 없는지라, 경찰이 저를 찾는다는 것은 묘한 공포였습니다. 결국 찾다 포기한 것 같았습니다만, 들리는 말에 당시 경찰이 우리 간부들 이력을 조회하다가 시위나 유사 활동 경력이 없는 저를 보고 "얘는 뭐야? 데이터가 제대로 없잖아"라며 의아해했다고 합니다. 몸도 망가지기 시작했습니다. 두 달에 걸친 여관 생활 때문이었는지, 왼쪽 무릎 관절에 탈이 나서 제대로 걸을 수가 없었습니다.

분석철학에 매료되다

겨우 몸을 추스르고 다시 시작한 대학원 생활은 또 다른 변수로 어려움을 겪었습니다. 그것은 지도 교수 이돈희 교수님이 교환 교수로 일리노이 대학으로 1년간 가신다는 사실이었습니다.

원래 저는 학부 시절에 그분의 '분석철학' 강의를 듣고 홀딱 마음이 빠진 상태였지요. 분석철학이라는 철학 분야를 좋아한 것이 아니라, 사물을 그렇게 분석적으로 쪼개고 파헤치는 '철학적 과정'이 매력적이었습니다. 그분을 보고 교육철학을 하기로 결정했는데, 정작 제게 가장 중요한 시점, 그러니까 석사 과정을 수료하고 논문을 써야 할 시점에 지도 교수가 1년간 자리를 비운다는 것은 참 황당한 일이었습니다.

결국 그분의 지도 학생들 모두가 교육철학 전공의 다른 교수님께 넘겨졌습니다. 그러나 저는 사실 새 교수님 밑에서 공부하는 것을 좀 꺼려했습니다. 저는 분석철학을 공부했지만, 철학이라는 도구를 통해 사회와 교육의 문제를 들여다보는 일에 관심이 있었는데, 그 교수님이 저의 관심을 수용해줄 것이라는 믿음이 없었습니다. 다른 것을 떠나서, 소크라테스와 플라톤의 고대 철학에 심취하신 분과 마음의 결을 같이 하거나 또는 제 것을 내려놓고 그분의 정신세계 속으로 들어가는 것이 왠지 꺼려졌습니다.

새 교수와의 어긋난 인연

차츰 틈이 벌어지게 되었습니다. 제가 그분을 피하니 그분도 저를 멀리하게 되었습니다. 논문 주제도 그분이 지정해준 것이 아니라, '교육 정의(正義)에서 평등의 개념'이라는 사회적인 테마를 교수와 상의하지 않고 논문 주제로 잡았습니다.

논문 지도 받으러 교수 연구실에 들어가는 것은 죽을 맛이었습니다. 적대적 관계 속에서 냉랭하게 흐르는 대화의 연속. 제가 쓴 글 한 줄 한 줄을 모두 빨강색으로 체크하면서 "이것은 논리에 맞지 않고, 이것은 무엇을 말하는지 모르겠고, 이것은 비문(非文)이고, 이것은 과연 그럴까?" 하는 식으로 비아냥거리며 글을 완전히 해체하였습니다. 교수와 제자의 관계가 아니었습니다. 악의적인 비평가과 작가 수습생 관계랄까요. 논문 심사 과정을 모두 마치고 수정을 전제로 겨우 통과한 후, 수정 사항 보완 받으러 지도 교수의 방에 들어갔을 때, 그분은 제게 한마디 쏘아붙였습니다. "되지도 않는 논문 가지고 졸업하려는 놈……"

관계는 파탄 난 셈이었습니다. 공부를 잘하고 못하고의 문제를 떠나, 지도 교수와의 관계가 그렇게 악화되고 나니 학문으로 성장할 길은 막혀버린 셈이었습니다.

니들이 선생 안 하면 누가 하냐!

1989년 8월 졸업식을 끝내고 대학 교정을 나서면서, 저는 더 이상 모교를 돌아보고 싶지 않았습니다. 나를 버린 곳, 내 사회적 성장을 끊어낸 분이 머무는 곳이라는 마음 때문이었습니다. 다른 모든 길을 끊고 전념한 공부였는데 그 길이 끝났으니, 남은 길은 교직밖에 없었습니다. 그러나 당시 교직은 정말 선택하고 싶지 않은 곳이었습니다. 대학을 선택할 때 교직을 목표로 공부해온 것이 아니었고, 학벌과 성적과 가난이라는 세 요소의 함수관계에 따라 결정했는지라, 교직에 대한 뜻은 한 톨도 없었습니다. 그런데 이렇게 교직을 선택하게 되니, 참 당황스러웠습니다.

1985년 대학 4학년 때 교생실습을 끝내고 친구들과 식사하던 회식 자리였을 것입니다. 뜬금없이 불어교육과 박우성이라는 친구가 물었습니다.

"야, 너희는 졸업한 뒤에 뭐 할 건데?"

그것도 전체에게 물은 것이 아니라 한 사람 한 사람에게 묻다시피 했습니다. 그런데 그 중 어느 누구도 교사가 되겠다는 이야기를 하지 않았습니다. 박우성은 저에게도 물었습니다. "인수, 너는 어떻게 할 건데?" 저도 대학원에서 교육학 공부를 하겠다고 대답했습니다. 그러자 그 친구가 갑자기 "야 이놈들아, 똑똑한 놈들이 다 선생 안 하겠다고 하면 누가 선생 하냐?" 하고 소리를 질렀습니다.

저는 그 친구를 평소에 아주 재치 있는 유머러스한 친구 정도로만

1987년 대학원 시절 동료들과 함께 찍은 사진.

기억하고 있었습니다. 그러니 얼마나 놀랍고 부끄러웠는지요. 지금은 상상할 수도 없는 일이 되고 말았지만, 그 당시 선생으로 살아간다는 것은 사회적 기여도는 3~4위, 사회경제적 지위는 신문에 보도하기로 24~26위로 '이발사' 직종을 약간 상회하는 정도였습니다. 사실 명문대를 나왔으니 교사로 살아가는 것이 아깝다는 식의 발상은, 우리 사회처럼 학벌을 우대하는 사회 풍조에서는 새삼스러운 일이 아닐 겁니다.

물론 기독교인의 관점에서는 있을 수 없는 일이지요. 기독교인이라면 진로를 선택할 때, 하나님이 주신 사명의 길, 세상의 모순을 풀어내는 십자가가 기다리는 자리를 직업으로 선택해야 하는데(물론 그것이 꼭 직업적 운동가 등을 의미하는 것은 아니고, 또 영향력이 있는 자리를 피해야 한다는 것도 아닙니다만), 저는 시대의 문제와 제 직업을 일치시키는 도전을 경험한 적이 없었습니다.

이 글을 쓰면서도 저는 교직을 선택하는 이 시절의 이야기는 정말이지 빼고 싶은 마음이 간절했습니다. 글을 쓰고 나서 너무도 부끄러워 다 지워버릴까 생각도 했습니다. 생각해보십시오. 대학원 시절, 공정선거감시운동으로 시대의 불의를 바로잡는 일에 나선다 했으면서도, 다른 한편에서는 공부를 포기하고 교직을 선택하는 삶을 부끄러워했던 이 의식의 이중성을 어떻게 납득할 수 있겠습니까?

그러나 그것은 엄연한 제 과거 모습이었습니다. 적어도 제가 주님을 인격적으로 만난 1992년 8월 이전까지 저는 제 속의 이 엉거주춤한 마음을 다스릴 수 없었습니다.

국립 사대 출신은 무조건 3년간 교직 생활을 해야 한다는 강제 조항으로 1989년 9월에 할 수 없이 시작한 교직 생활. 그때는 공교롭게도

1985년 서울사대부속초등학교 교생실습 기간. 아이들과의 만남은 즐거웠지만, 그때 교직 생활에 대해서는 꿈도 꾸지 않았다.

1989년 5월 14일에 있었던 전교조 발기인 대회.(출처 : 전교조 교육희망)

어두운 교직 생활 중 그래도 가장 행복했 던 순간이었던 신림고 수업 시간.

전교조 교사 1,800명이 교원 노조 결성으로 인해 해직당한 파동이 막 끝난 후였습니다. 애초에 서울시교육청으로부터 발령받은 자리는 서울고 영어 교사였는데, 공교롭게도 그 자리는 대학 선배이기도 한 해직당한 윤병선 교사 후임이었습니다. 그런데 황당했던 것은, 학교장이 젊은 교사가 더 들어와 학교를 시끄럽게 하는 것이 싫다며 월권적으로 시교육청의 지시를 거부했다는 사실이었습니다. 당시 대통령의 동서라는 정치적 끗발이 있었기 때문이라는 후문이 있었습니다만, 서울고에서 하루 근무 후 대신 발령받아 간 곳은 집 근처 신설 학교인 신림고등학교였습니다. 빈자리가 없는 가운데 황급히 내려진 결정이라, 6개월 후 전근 갈 교사 자리에 후임자가 미리 와서 전임자와 공존하는 희한한 일이 벌어졌습니다.

수마가 휩쓸고 지나 상처만 남은 자리처럼, 학교 분위기는 전교조 해직 교사 사태로 참 어두웠고, 누구 하나 그 문제를 화제로 꺼내기를 꺼려했습니다. 직원 조회 시간, 서로가 조심하고 부딪히지 않으려 애쓰다가도 전교조 분회장이 한마디 하려고 일어나면, 그것으로 사람들의 마음이 얼음장같이 굳어버리던, 그 시절의 단절감은 진정 견디기 어려웠습니다.

뜻밖의 기쁨... 게로레이!

그러나 제게 교직 생활은 뜻밖에도 이루 말할 수 없는 즐거움을 주기도 했습니다. 토론과 글쓰기로 깊은 지적 자극을 경험했던 대학원 수업의 묘미는 없어도, 수업을 통해 아이들을 만나는 것은 큰 기쁨이었습니다. 물론 영어가 주요 과목이고, 또 젊은 교사가 하는 강의라서 그랬겠지만, 제 수업에 대한 아이들의 관심과 집중도는 놀라웠습니다.

　1988년 지도 교수가 1년 동안 자리를 비워 저 역시 논문 쓰기를 보류하고 그 기간 동안 영어 학원을 다녔는데, 그 시절에 습득한 지식과 경험은 교과서에 지루해하던 아이들에게 꽤 인기를 끌게 했습니다. '게토레이'를 '게로레이'로 발음해주자 반신반의하며 재미있게 듣던 아이들이, TV에서 마이클 조던이 이온 음료를 선전하다가 마지막에 "게로레이!"라고 말하자, 저를 보는 시선이 확 달라지기도 했지요.

　그뿐만 아니라, 아침 출근길 책상을 채우는 편지와 꽃, 아이들이 손수 장만한 액자며 음료는, 제 지친 삶의 여정에 큰 위로가 되었습니다. 대학원 공부와 공정선거감시운동의 후유증으로 시달리고, 누군가로부터 사랑받아본 경험이 별로 없던 제게, 아이들과의 만남은 삶의 오아시스였습니다.

　문제는 그것으로 충분하지 않았다는 사실입니다. 아이들로부터 사랑받는 삶을 살았지만, 저는 그 기쁨이 제 교직 생활을 끝까지 지탱해줄 것이라고 믿지는 않았습니다. 세월이 지나면 저 역시 손과 발에서 힘이 떨어지고, 젊다는 이유로 보내주던 아이들의 응원 소리도 작아지고, 매일 되풀이되는 이 단순한 가르침의 과정을 처음 마음처럼 대하기가 쉽지 않아질 것입니다.

　제게 힘을 주던 그 아이들이 언젠가 제게서 마음을 거두고 때로 저를 거부할 때, 그래도 제가 오롯이 교사로서 이 가르치는 일에 머물 수 있게 할 힘이 무엇일까를 생각해보니, 답이 나오지 않았습니다. 이른바 '교사로 살아가는 정체성'의 문제였습니다. 답을 찾지 못해 교사들이 일반적으로 선택하는 '승진'이라는 경로는 애당초 거들떠보지도 않았습니다. '승진'은 제가 고민하던 문제의 답이 아니었기 때문입니다. 아이들 속에서 버티며 살아갈 힘과 비결을 찾는 사람에게 오히려 아이들을 떠나는 선택지를 제시하면, 받아들일 수가 없었던 것이었지요. 그렇다고 제가 교장이라는 자리를 무시하는 것은 아닙니다. 무시하기는커녕 그보다 중요한 자리가 별로 없다고 생각합니다. 중요한 자리이기에, 평교사의 삶이 고단하여 이를 피하는 대안으로 선택하는 사람이 앉을 자리가 아니라는 것입니다.

아이들과 함께 기쁘게 교사 생활을 하다가 자신 속에 있는 학교 경영의 또 다른 능력을 발견하고, 자신이 경험했던 소중한 자산을 나누고 교사들을 섬기기 위해 교장이 되고자 하는 것은 너무도 좋은 일입니다. 이럴 때, 이를 자연스럽게 지원해주는 제도가 있다면, '평교사'와 '교장'의 자리를 단절적으로 생각할 일은 아니라고 생각합니다. 그러나 그렇지 못한 것이 지금의 현실이요 지금의 제도입니다. 평교사의 삶이 그렇게 교장 자리보다 의미가 덜한 것도 아니고, 또 교장이라는 자리가 평교사의 삶보다 편한 자리도 아닙니다. 그렇기에 더욱 평교사의 삶을 부정한 사람이 승진을 통해 교장이 되어, 자신이 부정하고 떠나온 길에서 머무는 대부분의 교사들을 섬긴다는 것은 있을 수 없는 일입니다. 그런 점에서 좋은 교사가 승진이란 과정을 통해 교장이 되는 것은 더욱 필요한 일 아닌가 하겠지만, 승진 과정을 세밀하게 들여다보면 그게 사실은 거의 불가능한 일이라는 것을 알게 됩니다.

교감 선생님의 황당한 첫 훈화

지금의 아이들과 함께하는 삶의 기쁨도 교직 생활 내내 저를 지탱해

줄 충분한 힘이 되지 못할 것이고, 그렇다고 해서 승진도 길이 아니라 생각하니, 어떻게 살아야 하나 하는, 풀리지 않는 답답함이 마음속에 있었습니다. 물론 교직을 하나님이 주신 소명의 길로 여기는 것이 답이 아니냐고 반문하실지 모르겠지만, 저는 그런 확증을 갖고 시작한 것도 아니었고, 또 그런 확증을 붙들고 사는 이들의 도전도 별로 없었던지라, 어디에 마음을 둬야 할지 몰라 심란했습니다. 지금 생각해보면, 이런 제 개인의 고민은 신앙을 떠나, 모든 교사들이 오늘날에도 경험하는 것입니다. 지금이야 사회경제적 지위가 천정부지로 뛰어올라 교직 외에 다른 곳을 선택할 필요가 없는 시대가 되었습니다. 그러나 이런 시대 속에서도 평교사로 살면서 가르침의 영광을 잃지 않는 삶에 관한 고민 은 교사에게 가장 어려운 숙제임에 틀림없습니다.

사실 참 아이러니한 일입니다. 교사로 살면서 늙으면, 수업과 생활 지도 속에서 수많은 경험과 지식을 얻게 되고, 그러는 가운데 인생을 살아가면서 얻는 깨달음도 더해져, 나이 든 교사들은 초년 교사들에게 는 찾을 수 없는 깊은 혜안 같은 것이 있어야 마땅합니다. 평교사로 늙 을수록 더욱 그렇지요. 그러나 현실은 자주 그와는 반대입니다. 젊은 교사들에게 있는 새로운 지식도 없고, 세월을 겪어내고 얻는 경험과 경 륜의 보석도 남아 있질 않아, '나이 듦'이 누추하기만 한 그런 삶을 저 는 중견 교사들에게서 너무 많이 보아왔습니다.

신림고에서 근무하던 중 새로 부임해 온 교감 선생님이 아이들 앞 에서 전체 조회 시간에 한 짧은 훈화 내용을 잊을 수가 없습니다. 그분 은 한참 늦은 나이에 교감 생활을 시작하시고, 또 교감으로 정년을 마 치신 분이었습니다. 품성이 온유하고, 말이 없는 선비 같은 분이었습니다. 그런데 부임 후 첫 조회 시간, 아이들과 교사들에게 자기 인생에서 가장 소중한 것을 이야기해야 하는 자리에서, 선생님은 뜬금없이 이렇게 말씀하셨습니다. "여러분에게 가장 중요한 세 가지를 말씀드리겠습니다. 하나는 입시입니다. 두 번째는 입시입니다. 세 번째도 입시입니다." 연륜에 더해진 삶의 빛깔과 혜안 대신 아무것도 남지 않는 쭉정이 같은, 그 가난한 의식이 너무도 민망했던 순간이었습니다.

어디 그분의 인품이 부족해서 그런 메마른 훈화를 하셨겠습니까? 그분이라고 아이들로부터 박수 받던 빛나는 시절이 없었겠습니까? 끝까지 아이들 곁에서 아름답게 늙는다는 것은, 그가 기독 교사냐 아니냐, 젊은 시절 아이들에게 인기가 있었는가 없었는가와는 별 관계가 없습니다. 힘겹고 고단하다고 교사로서의 영광을 경험할 수고스러운 여정을 어딘가에서부터 멈추는 순간, 비루한 삶의 그림자는 훌쩍 우리 곁으로 찾아오게 되어 있습니다.

여러분은, 제가 교직 생활 초기에 경험했던 그 숙제를 어떻게 풀었는지 모르겠습니다. 아니 채 풀지 못했다면 어떻게 풀 작정인지요? 하고 싶은 말이 많아, 다음 글에서 이에 대해 제 이야기를 좀 더 들려드리겠습니다.

1991년 10월, 학교 축제
담당 교사 시절. 축제는
답답하고 음산했던 학교
분위기를 바꾸는 활력소
였다.

1994년 수학여행 중
아이들과 함께 찍은 사진.

4장

너도 선생이라
부르지 마라

1992년은 제 교직 인생에서 '특별한' 해였습니다. 그해에 제 아내를 처음 만났습니다. 서울 봉천 4거리 '난다랑' 찻집에서 만난 그녀는, 넓은 이마에 섬세한 눈썹, 침착한 얼굴 표정이 인상적이었습니다. 첫 모습이 제 마음에 쏙 들었습니다. 그 후 1년 10개월 정도 교제하다가 93년 12월 4일 결혼했습니다. 또 한 가지 특별한 일은 '신앙에 관한 것'이었습니다. 저는 교직 시작 때부터 아이들과 CA 시간에 영어 성경 공부를 해왔는데, 영어성경반을 마무리하는 학년 말, 뜻밖에 제 신앙에 타격을 가하는 사건이 생긴 것입니다.

구원파 선생님에게 넘어지다

40여 명의 아이들과 학기 중 CA 시간에 성경 공부를 하다가, 방학 때는 그중 희망 학생들 10여 명을 모아 심화 성경 공부를 했습니다. 그 해 아이들은 말씀을 얼마나 잘 받아들이던지 가르치는 재미가 참 컸습니다. 〈마가복음〉 말씀 공부를 매듭짓고 고3으로 올라가기 전, 한 명씩 복음을 전하고 신앙을 갖기를 권유해야 할 즈음이었습니다. 같은 교과 어느 여선생님으로부터 "선생님은 구원의 확신이 있나요? 그 근거가 무엇인가요?"라는 뜻밖의 질문을 받았습니다. 표면적으로는 저를 향한 질문이 아니었지만, 공격의 표적이 저라는 것을 서로가 알고 있었습니다. 기분이 좋지 않았습니다. "아니 내가 누구보다도 열심히 예수 믿고 아이들에게 복음을 전하는 모습을 모르시는 분이 아닌데, 왜 이러시나" 싶었습니다. 제 신앙 이력을 무시하는 듯한 질문에 화가 난 셈이지요. 이런저런 저의 대답이 마음에 들지 않았던지, 그분은 "아니, 그런 경력과 수고가 아니라, 다른 증거가 있어야 하지요"라고 말하며 더 집요하게 파고 들어왔습니다.

저 나름대로 대답은 했지만 몇 번의 대화를 끝내고 나니, 가슴속이 뭔가 횡했습니다. 무엇보다도 제 대응 심리가 영 마땅치 않았지요. 물론 그분은 이른바 '구원파' 소속 선생님이시기에 자기 것 외에 남의 신앙을 약간은 무시하고 그 신앙의 틀을 해체하여 '전도'하려는 의도가 있었습니다. 그러니 제 불쾌한 감정에도 이유는 있었던 것이지요. 그러나 제 속에 가슴을 뜨겁게 달구는 그리스도와의 만남의 신비가 있었다면, 화를 낼 일이 아니라 오히려 기쁘게 반응할 일이 아니었을까요? 그런데 그 질문에 기분 나빠하고 허둥대다니, 화가 난 제 마음 상태가 신경이 쓰였습니다. 그리고 구원의 증거가 없다면, 그리스도의 이름으로 해왔던 모든 수고가 헛것이라 생각하니, 마음이 무너질 것 같았습니다. 그렇게 한번 찾아온 감정의 기복은 주체할 길이 없었습니다. 애초에 덫에 걸린 것은 잘못이었겠지만, 걸린 이상 풀어내는 일을 미룰 수는 없

없습니다.

　이런 상황이었던지라, 영어성경반 아이들에게 '구원에의 초대' 상담을 하는 것이 갑자기 무력하게 느껴졌습니다. 자기도 모르는 것을 남에게 권유하는 모순이랄까요. 시간은 다가오는데 참 초조하고 난감했습니다. 그 후 제 생애에 그렇게 절실하고 절박하게 성경을 본 적이 없었을 것입니다. 학교에 남아, 성경을 보고 기도하고 또 고민하고 성경 보며, 제 삶의 그늘과 어두운 찌끼를 품은 채, 마음속에 화살처럼 꽂혀버린 신앙의 숙제를 푸느라 연일 끙끙대었습니다. 교정의 밤, 운동장을 거닐며 기도하며, 죄의 문제에 대해 고민하고 또 기도했습니다.

영화 〈미션〉의 '멘도사' 신부

　그러나 문제가 풀리기는커녕 더욱 깊어졌습니다. 멀쩡하게 잘 살아왔던 제게 빛은 더욱 멀어져만 갔고, 어둠은 가슴을 짓눌러왔습니다. 덮어두었던 삶의 부끄러운 그늘과 잘못, 기억 저편으로 넘어갔던 연약함에 관한 회상, 내면에서 청산되지 못한 채 물 밑 진흙처럼 가라앉았던 삶의 찌끼들이 일어나 제 영혼은 혼탁해졌습니다. 죄를 기억하지 못해 힘겨워하는 시기를 지나, 이제는 기억난 죄의 실체에 숨을 쉴 수 없는 힘겨움이 찾아왔던 것입니다. 그러나 물러설 수도 없는 일이었습니다. 끊임없이 기도하면서, 그리스도가 나를 기억하신다는 증거를 달라고 기도하고 또 고민하고 성경을 보았습니다.

　그로부터 얼마 후인 2월 어느 날, 저는 제 인생에 찾아온 그리스도, 그분의 위로를 잊을 수 없습니다. 〈디모데전서〉 1장 15~16절, "내가 너를 기억함을 부정하지 말라, 내 사랑은 네 죄의 깊이를 넘는다"는 그 말

1992년 3월에 만난 아내. 넓은 이마와 갸름한 눈썹의 첫 인상이 내 마음에 쏙 들었다. 내가 존경하는 일본인 신학자 '우치무라 간조'의 책을 읽었다는 그녀의 말에 더욱 끌렸다. 당시 그의 책을 읽는다는 것은 드문 일이었다.

클럽 활동 아이들과 한 성경 공부는 즐거운 시간이었다. 학기를 마치고 아이들과 함께 북한산에 올랐다.

첫 학교에서 정겨웠던 교사들. 그러나 학교의 부패 및 비교육적 관행과 벌인 고단한 씨름에 힘겨웠는데, 의지할 수 있는 교원 단체를 찾지 못해 늘 외로웠다.

씀으로요. 주님 말씀의 확신을 경험하며, 용서의 이름으로 찾아오시는 그분의 손길을 느꼈습니다. 의심과 회오가 사라지는 경험. 뜻하지 않게 찾아온 그 말씀에 영혼이 울리고, 이제껏 가슴을 짓눌렀던 어둠이 한순간에 날아갔습니다. 그 위로의 손길에 울고 또 울었습니다. 마치 영화 〈미션〉에서 멘도사라는 노예상이 신부가 되어 자신이 노예상 시절 사용하던 무기를 어깨에 메고 원주민이 사는 곳으로 고행 길을 가다가 그들을 통해서 속죄의 은총을 경험하듯이, 그런 자유가 찾아왔다고나 할까요. 구원파 선생님의 질문에 대한 답을 비로소 찾았던 것입니다.

1~15등까지 전화하세요

그러나 1992년은 또 한편으로 시련의 시간이었습니다. 아이들을 가르치는 것은 즐거웠지만, 교사로 살아갈 삶의 근거를 찾지 못한 채 지내왔던 세월들…… 그해 처음으로 담임을 맡았습니다만, 아이들과 만나는 것은 수업이든 CA든 축제든 늘 신나는 일이기에, 담임교사 생활도 예외는 아니었습니다. 아이들은 저를 형처럼 잘 따랐습니다. 제가 마음에 들었던지, 몇몇 아이들이 이성을 소개시켜주겠다고 했습니다. 특히 전주용이라는 녀석은 자기 누나를 제게 소개시켜주려 했다가 제가 만나는 사람이 있다고 하자 크게 실망했는데, 지금도 그 표정을 잊을 수 없습니다.

시련과 아픔은 학년 부장 교사와 충돌을 빚으면서 찾아왔습니다. 그때도 대입 경쟁은 치열해서 학교마다 입시 실적이 중요했고, 학년 부장을 맡은 교사들에겐 '보충수업'과 '야간자율학습'을 제대로 돌리는 것이 여러 면에서 필요했습니다. 물론, 당시에도 보충수업, 야간자율학습

참여 신청서를 받아 학생들의 희망 여부를 확인했습니다만, 그것은 형식일 뿐이고, 전원 강제로 '보충'과 '야자'를 돌려야 했습니다.

그런데 저는 그런 무모한 일처리 방식이 싫었습니다. 학년 담임 회의 때 이의를 제기했습니다. 그렇게 전원 참석하게 할 것이면, 무엇하러 '참가 희망서'를 받게 하느냐며 버텼지요. 그분이 저를 곱게 볼 리가 없었겠지요.

골은 더 깊어졌습니다. 학년 초 가사실에서 2학년 담임 회의를 하는 자리에서 학년 부장 선생님은 담임교사들에게 이렇게 말했습니다. "선생님들, 각 반에서 1등부터 15등까지 학생들 가정에 전화해서 한 가정당 20만 원씩 걷으십시오. 이미 학부모 대표들을 통해서 어머니들께 다 이야기를 해놓았으니, 선생님들은 전화로 확인만 해주시면 됩니다." 불법 찬조금을 걷으라는 이야기였습니다. 보충수업과 야간자율학습에 담임교사들이 수고를 하니, 필요한 기금을 모으기 위해 학부모들에게 전화해서 돈을 걷으라는 것인데, 이것은 명백히 잘못된 일이었습니다.

그러나 선배 교사들은 별 이의를 제기하지 않았습니다. 이번에도 제가 나섰습니다. "선생님, 저는 그럴 수 없습니다. 그것은 옳지 않은 일 아닙니까?" 동료 교사들은 난감해했습니다. 옳지 않다는 것을 모르는 바 아니었지만, 관행처럼 내려오던 일이었습니다. 또 찬조금이 없으면 담임교사들 수당이며 학년 운영비를 해결할 수 없기 때문에, 부장 교사 입장에서도 곤란했을 것입니다. 회의장에 긴장이 흘렀습니다. 저는 그런 긴장을 잘 참지를 못하는 편입니다. 어린 시절, 부모님의 사이가 원만치 않아 갈등이 심했고, 그 속에서 자신을 지키는 것이 힘겨워, 약간이라도 긴장이 생기면 피하고 싶은 마음이 늘 한 자락 제 속에 있었으니까요.

1/12로 할까, 1/11로 할까

하지만 저는 물러설 수가 없었습니다. 대학 시절, 세상의 불의와 군부독재 정권에 항의해서 도서관에서 투신하고 때로는 자신의 몸에 불을 지르며 시대의 문제에 답하려 했던 친구들의 모습을 생각했습니다. 그 시절의 엉거주춤한 삶을 교직에서는 반복하지 말자고 결심한 터였습니다. 교직 사회의 불의라는 것이, 사회과학 서적을 읽고 분석해야 알게 되는 복잡한 것도 아니고, 상식만 있으면 누구에게나 나쁘다는 것이 명백한 문제들인지라 타협할 수는 없다고 마음먹었습니다. 더욱이 예수를 믿는 사람이 세상의 불의와 타협하고 어떻게 소금과 빛으로 살아갈까 생각하니, 더욱 그럴 수 없었습니다.

그 후 따로 만난 자리에서, 부장 교사가 이렇게 제안했습니다. "송 선생이 양심의 문제로 그렇게 걷을 수 없다면 내가 이해하네. 그럼 나한테 당신 학급 15명 아이들 명단과 전화번호를 주게. 그러면 내가 대신 걷어줄 테니." 생각할 여지도 없이 대답했습니다. "아니, 선생님, 우리 반 담임교사도 아닌데 선생님이 왜 우리 반 아이들 가정에 전화해서 그런 이야기를 합니까? 저는 그럴 수 없습니다."

평상시 고집이 센 것도 아니고, 오히려 스스로를 늘 귀가 얇은 사람이라 생각했던 저였지만, 물러설 수 없었습니다. 그러나 열한 개 반 선생님들이 모두 제 편이 되지 못하는 상황에서, 학년 회의의 분위기를 바로잡는 것은 고사하고 저 자신을 지켜나가는 것조차 어려웠습니다. 고립감이랄까요. 당시 저와 막 교제를 시작한 아내는, 역시 그런

1992년 담임으로 아이들과 첫 만남. 나를 형처럼 잘 따랐다. 토요일 단합대회 때 아이들에게 '서로를 믿는다'는 것의 의미를 게임으로 시범 보이고 있다.

부당한 것을 싫어하는 성격이었지만, 저를 격려하는 대신 세상의 문제에 슬기롭게 대처하지 못하고 고집으로만 버티는 저의 경직된 모습에 결혼을 할 것인가 말 것인가로 고심하기도 했습니다. 이래저래 괴로웠습니다.

찬조금 징수 결과, 3,300만 원을 걷었습니다. 저를 제외하고 열한 개 반 담임교사들 모두가 협조한 것인 셈이지요. 당시에 3,300만 원이면 현재 시가로 1억은 될 적지 않은 돈이었습니다. 그 돈으로 학년 운영 경비와 담임교사들 보충수업, 야간자율학습 감독 수당 등을 매달 지급할 셈이었지요. 그런데 학년 부장 교사에게 한 가지 고민이 생겼습니다. 송인수 교사가 협조를 하지 않았는데, 후원금 분배를 1/12로 할 것인가, 1/11로 할 것인가, 즉 담임교사 수당 지급 대상에 저를 포함시킬 것인가 말 것인가 하는 것이었습니다. 저는 그 사실을 전해 온 총무 교사에게 "걷지 않았으니 받지도 않겠습니다"라며 거절 사실을 전하라 했습니다.

학년 부장 선생님 입장에서 저라는 존재는 원수 같았을 것입니다. 사사건건 자신이 하는 일이 저로 인해 발목이 잡혀 부장 경력 등에 차질이 생기니 무척 곤혹스러웠을 것입니다. 저도 그 선생님과 부딪히는 것이 힘겨워서 할 수만 있으면 피하고 싶었습니다. 하지만 비켜설 수 없는 외길에서 만난 것이 문제였습니다.

사실 그분과는 그 사건 이전부터 악연이었습니다. 기독교를 무척 싫어하는지라, 그분은 제가 아이들에게 성경을 가르치는 것을 불편해했습니다. 저 역시 그분의 줄담배를 피워대는 골초 흡연 습관 탓에 시커메진 얼굴, 폐 속 깊은 곳에서 가래를 끌어올려 깡통에 침을 뱉는 습관, 아이들을 쥐 잡듯 하는 권위적인 카리스마 같은 것이 거슬렸습니다. 어느 날인가, 아이들과 방과 후 숙직실에서 조용히 성경 공부를 하고 있었는데, 느닷없이 문이 열렸습니다. 그분이었습니다. 저는 소스라치게 놀랐습니다. 아이들과 방과 후 성경을 공부하는 것이 잘못도 아닌데, 죄진 것처럼 눈을 부라리며 저를 나무랐지요.

너도 나를 선생이라 부르지 말라

서로에 대한 불신과 미움이 쌓여가던 어느 날, 결국 터질 것이 터졌습니다. 그날도 가사실에서 학년 모임을 가졌는데, 계속해서 부당하게 일을 진행시키는 부장 교사의 일하는 방식을 견디지 못하고 제가 끝내 화를 터트렸던 것입니다. 다들 당황했지요. 회의 도중, 부장 교사는 다른 담임교사들에게 "오늘 회의는 이것으로 마치겠습니다. 저는 송인수 선생과 할 이야기가 있으니, 다른 분들은 나가주십시오"라고 말했습니다.

둘만 남게 되자, 저는 그분으로부터 짐작도 못할 말을 들었습니다. "너, 나를 선생이라 부르지 마. 나도 너를 선생이라 부르지 않을게. 그리고 오늘 우리 한번 해보자." 그러면서 제게 몸싸움을 제의했습니다. 제의했다기보다는, 그렇게 분노를 폭발시킨 것이지요. 그때 그분에게서 저를 향한 증오의 눈길을 보았습니다. 제 평생 한 번도 누군가로부터 그런 미움의 시선을 받아본 적이 없었던지라, 충격이었습니다. 결국 싸움까지 가지는 않았습니다만, 그것으로 그분과 저의 관계는 파탄 났습니다. 교무실에서 그분 바로 옆자리에 앉아 있던 저는 그 후 그 분과 시선을 마주칠 수 없었습니다. 그 후 방학 때까지 약 2달 동안, 학교 지하 보일러실에다 제 자리를 마련하고 출퇴근 및 교실 출입을 했습니다.

교직 생활 최대의 위기였습니다.

저의 상실감은 이런 것이었습니다. 잘못된 관행을 뜯어고치겠다고 공공연히 나선 것도 아니고, 그저 제 양심 하나, 제 자존심 하나 지키겠다는 것이었는데, 그래서 가까스로 지키기는 했는데, 너무 많은 것을 잃어버렸다는 그런 낭패감이었습니다. 그런 낭패감은 사실 그 후 다른 학교로 전근을 가서 학교운영위원회 등에서 활동하면서도 한동안 지속되었습니다만, 1992년 그때만큼은 심각하지 않았습니다.

지금 생각해보면, 그분과의 갈등은 저의 미성숙함도 큰 요인이었겠지만, 본질은 그것을 넘어서는 문제였습니다. 교직 사회의 부패 구조가 문제의 뿌리였으나, 그 뿌리 역시 더 캐 들어가면 대학 입시 실적에서 뒤처지면 안 된다는 절박감 그리고 그 마음을 부채질 하는 입시 경쟁 구조, 그것이 더 근본적인 원인이었습니다. 그 괴물과 같은 것이 사람 사이의 관계를 파탄내고, 교육자의 양심을 짓밟고, 거기에 순응하며 살게 한 것이었습니다. 만일 순응하지 않으면, 저처럼 망가질 수밖에 없었습니다.

세월이 한참 지나, 그때 저를 참으로 비참하게 만들었던 입시 경쟁 구조와 맞서 싸우는 '사교육걱정없는세상'을 시작하게 되었으니, 인생은 참 묘한 것입니다. 돌아보면, 왜 그때 다른 사람들과 함께 일할 생각을 하지 못하고 혼자서만 버티면서 고립을 자초했는가 하는 아쉬움도 남습니다. 세상을 변화시키려는 사람들이 가져야 할 당연한 자세지만, 변화를 위한 일에 눈을 뜨더라도, 그것이 변화로 이어지기 위해서는 반드시 두 사람 이상이 뭉쳐야 합니다. '운동'이란 무엇입니까? 변화를 위해 '두 사람' 이상이 모여서 애쓰는 것, 그것이 '운동'입니다. 개인이 홀로 하는 것을 우리는 운동이라 하지 않습니다. 그때 만일 제가 학교를 변화시키기 위해 제대로 일을 하려 했다면, 저 혼자 자신을 지키는 것에 머물지 않고 누군가와 함께 구체적인 전략을 도모했어야 했습니다. 홀로 버티기 이전에 누군가에게 도움을 청하고 함께 버텨야 했습니다. 그러나 그런 반성도 혼자 버티면서 깨어질 때 터득되는 것이니, 저는 그 시절로 돌아간다고 해도, 그 선택을 후회하지 않을 것입니다. 제 한계와 조건 속에서는 정말 최선을 다한 버티기였습니다. 아니 오히려 그렇게 최선을 다해 버틴 것이, 비록 그때는 무력했지만, 오랜 세월 후 제가 사교육걱정없는세상이라는 이름으로 단체를 만들어 입시 경쟁 체제와 벌이고 있는 싸움을 감당해내는 데 밑거름이 되었다고 봅니다. 그때 제가 대충 타협하고 양보했다면, 제 속의 정의감은 무뎌졌을 것이고, 그로 인해 아파할 일도 괴로워할 일도 없이, 세월을 보냈을 것입니다. 그 아파함과 괴로워함 없이 어찌 우리가 새날을 꿈꿀 수 있겠습니까?

파탄 난 교직 생활

그분과의 관계가 엉망이 된 채, 여름 방학을 맞이했습니다. 어떻게 하루하루를 살아야 할지 막막했습니다. 영적 시련이 찾아왔습니다. 무엇보다도 제 속의 연약함과 부족함이 부끄러웠습니다. 파탄 난 교직 인생을 그분 탓으로만 돌릴 수는 없었습니다. 참지 못하고 화를 낸 나, 내 속의 연약하고 부족한 부분이 관계를 무너트리는 데 일조했다고 생각하니, 괴로운 일이었습니다. 무엇보다도 외로웠습니다. 이런 문제들이 생길 때, 대체로 교사들은 전교조에 가입해서 조직의 보호를 받는

데, 저는 전교조에 가입하지 않았으니 도움을 받을 수 없었습니다. 지금 생각해보니, 제가 고립된 개인이라는 것을 알았기에 부장 교사가 더욱 저를 공격했는지도 모르겠습니다. 그렇다고 기독 교사 모임에 의지할 수도 없었습니다. 좋은교사운동은 존재하지 않았던 때였고, 몇몇 기독 교사 모임이 활동하고 있었지만, 제 고민을 담아내줄 곳은 발견하지 못했기 때문입니다. 학교 신우회 모임은 더욱 곤란했습니다. 공의와 거룩을 위해 분투하는 곳이 아니라, 오히려 부패와 불의에 연루된 이들까지도 모여 기독교인의 이름으로 활동하는 곳이라, 저를 위로할 수가 없었으니까요. 외로움이 뼛속 깊이 스며들었습니다.

이렇게 계속 교직 생활을 유지할 수는 없는 일이었습니다. 아이들을 만나는 것은 즐거운 일이지만, 이 난관을 어떻게 헤쳐가야 할지 도무지 계산이 나오지 않았습니다. 그러던 와중에 1992년 8월에 열린 선교한국대회는 제게 잊을 수 없는 '사건'이 되었습니다.

1992년 첫 담임을 맡은 반 학생들. 학급 야영 때 축구 시합 끝나고 함께 시원한
샤워를 하고 있다. 남학생들은 이런 호쾌한 맛이 있다.

5장

'마이마이(mymy)'를
내려놓다

축복은 우연한 기회에 찾아왔습니다. 92 선교한국대회. 당시 교회 청년부 회장이었던 저는 이랜드에서 직장 생활을 하는 청년부 한 자매로부터 선교한국대회로 교회 수련회를 가는 것이 어떻겠느냐는 제안을 받았지요. 특별한 계획이 없었던지라 동의하고, 교회 청년부원들 십수 명이 대회에 참석했습니다. 당시 선교한국대회는 교회 수련회 대용으로 단체 신청하는 것을 금지했기에, 개인 신청 형태로 참석할 수밖에 없었습니다. 뿐만 아니라 체크리스트를 작성해서 기준점 이하가 되면 참석할 필요가 없다고 말하는 그런 '오만한 방식'의 기준이 담긴 자료도 있었는데, 그것이 제겐 무척 인상적이었습니다. 뭐랄까요. 그런 오만함 속에 드러나 보이는 자신감 같은 것으로 인해 더 참석하고 싶었다고 할까요.

작은 수련회에 익숙했던 나는 한양대학교 체육관에 2천여 명 이상이 참석한 대형 집회의 규모와 세계 선교 흐름, 그리고 영적 분위기에 충격을 받았습니다. 지금이야 어느 정도 기반 위에 올라 있는 집회가 되었습니다만, 1992년이라면 대회 초기 시절이었습니다. 그때 그 집회를 준비하던 사람들이 품었던 열정, 그리고 집회 때마다 임하시는 강력한 성령의 역사가 특별했던 시기로 기억하고 있습니다. 그리고 그 역사의 흐름에 저도 동참하게 된 것입니다.

인생의 터닝 포인트

그 집회는 '해외 선교'를 중요한 목표로 삼고, 모든 프로그램을 그 목표에 집중했으나, 사실 저는 해외 선교에 대한 관심은 거의 없었습니다. 그 대신 대회 기간 내내, 지난 한 학기 동안 학교와 일상생활 속에서 무너진 제 삶의 질서라는 문제를 붙들고 씨름했습니다. 그해 2월 구원파 선생님을 만나서 고민하다가 영생의 문제에 대한 해답은 얻었으나, 이내 터진 학년 부장 교사와의 갈등, 아내와 데이트를 하면서 겪었던 심리적 굴곡의 문제 등으로 마음은 연약해질 대로 연약해졌고, 특히 깊은 죄의식이 또다시 마음을 눌러왔습니다. 하나님이 주시는 용서의 은총을 경험하기 위해, 틈나는 대로 성경을 보면서, 답을 얻기 위해 힘썼습니다. 집회 마지막 날이 가까워오는데도 죄의식으로부터 벗어나 마음의 자유를 경험할 수 없었습니다.

그러다가 그때가 찾아왔습니다. 너무도 적절한 때였으니 우연이라고 말할 수 없었습니다. 세상을 치유하시기 위한 하나님의 역사에 여호수아처럼 반응하라며, 이를 위해서는 먼저 하나님보다 더 높아진 것은 그것이 무엇이든 다 내려놓으라는 토마스 왕 목사님의 말씀. 그리고 그 이후 할렐루야 교회 김상복 목사님의 '헌신에의 초대' 시간으로 이어가기 바로 전이었습니다. 월드비전(World Vision) 이윤구 회장이 나와서 대표 기도를 하는데, 문득 기도 중 "주님, 자기의 죄를 인정하고 세 배나 되갚겠다 말한 삭개오처럼……"이라는 구절이 제 마음속 깊이 파고들어오는 경험을 했습니다. "그렇구나…… 내가 그분의 용서를 체험하려면, 내가 먼저 누군가를 용서하고 용서를 구하는 행동이 따라야 하겠구나" 하는 생각이 들었습니다. 그때 떠오른 대상이 저와 지난 한 학기 내내 갈등을 빚었던 학년 부장 교사였지요. 거의 동시에, 그분에게 저의 잘못에 대해서 용서를 구해야 하겠다는 결심이 섰습니다. 그때였습니다. 제 마음속에 주체할 수 없는 자유가 찾아왔습니다. 기쁨이 찾아왔습니다. 눈물이 봇물처럼 쏟아졌습니다.

자유의 기쁨, 용서의 복음이 주는 자유의 기쁨은 너무도 컸습니다. 주님이 마치, "인수야, 맞다. 그것은 내가 기뻐하는 그런 삶의 자세란다"라고 말씀하시는 듯했습니다. 당장 그분께 용서를 구한 것도 아니고 마음속으로 결심만 했는데, 감격과 기쁨은 유예함 없이 즉시 찾아오는, 그런 특별한 은총은 참 놀랍고도 신기한 것이었습니다.

부르심에 대해 주저하다

그리고 연이어 해외 선교의 부르심에 부담을 갖는 이들은 앞으로 나오라는 강사 분의 말씀과 마주하게 되었습니다. 고민을 했습니다. 나갈까 말까에 대해서 말이지요. 저는 그때 주께서 나를 부르신다는 부담 같은 것이 있었습니다. 다만 해외 선교를 제가 관심 가져야 할 영역이라 생각하지는 않았고, 온 세상을 변화시키려는 하나님의 역사에, 영

1992년 선교한국대회 장면. 이 대회는 이후 기독교사대회를 설계할 때 벤치마킹 사례가 된다.(출처 : 선교한국대회)

92 선교한국대회 주 강사 토마스 왕 목사. 하나님보다 더 높아진 것을 내려놓으라는 그의 말씀이 아직도 늘 마음에 남아 있다.(출처 : 선교한국대회)

역에 관계없이 제 인생을 드리라는 것으로 그날의 부르심을 이해했습니다. 당시 제게는 선교를 '영역'으로 구별하여 '해외 선교'는 선교고 '학문'과 '직업' 세계 영역은 선교가 아니라는 그런 이분법은 없었습니다. 이것은 1980년대 기독교계에서 불기 시작한 '기독교세계관' 운동이 제게 준 선물이었습니다. 따라서 그날 제가 부담으로 느낀 부르심은, '선교사로 살아가는 교사의 삶'에 관한 것이었습니다.

물론 선교사적 관점으로 교직 생활을 하지 않았다 해도, 그때까지 교사 생활을 소홀히 하지는 않았습니다. 하지만 교사 생활을 '선교사적' 관점으로 받아들인 적도 없었습니다. 최선을 다해 살았지만, '비루한' 교사 생활에 제 인생을 저당 잡힌 채 살 마음은 없었고, 제게 주어진 어려움으로부터 영혼의 닻을 뽑아 새로운 터전으로 이동하려는 여지 같은 것을 늘 마음 한편에 두고 사는 엉거주춤한 삶이었다고 할까요. 그날 밤의 부르심은, 제게 그런 마음을 내려놓고 하나님의 관점으로 교직을 받아들이며 너의 십자가를 지고 살라는 그런 요청이었습니다.

단상 앞으로 나가는 사람들이 있었습니다. 나가야 하는 것 아닌가 싶었지만, 그 생각을 붙잡는 망설임이 있었습니다. 이유는 간단했습니다. 그것은 "내가 하나님께 내 인생을 드렸는데, 하나님이 나를 원치 않은 곳, 저기 낙도나 오지로 보내시면 어떻게 하는가" 하는, 인도하심에 대한 두려움과 불신 같은 것이었습니다. 그 순간 저는 제 과거를 회상했습니다. 하나님이 붙드셔서 살아온 제 지난 삶의 여정을 말입니다. 어린 시절 힘겹고 고단했지만 그 삶을 지켜주셨고, 대학 시절 하루하루 먹고 사는 것이 문제였지만 생활을 책임져주셨고, 대학원 때 학비가 없어서 공부를 중단해야 할 상황일 때 기적과 같이 그 시간을 이어가게 해주신 하나님, 그리고 교사 생활의 기쁨…… 인생을 하나님께 의지해서 망가진 경험이 하나도 없었고, 오직 감사만으로 기억되는 지난 시절. 그런 하나님께 내 인생을 드릴 때, 미래도 그렇게 든든히 붙들어주실 것이라는 믿음의 확신이 찾아왔습니다. 의심은 사라지고, 부르심에 대해 기꺼이 응답하고자 하는 소원이 찾아왔습니다. 저는 단상 앞으로 나갔습니다.

중동과 중앙아시아 등 목숨의 안전을 보장하지 못하는 곳으로 떠나고자 단상 앞으로 나와서 무릎 꿇고 우는 수백 명의 사람들…… 그 사람들의 울음의 의미를 저는 알고 있었습니다. 그것은 두려움이나 공포가 아니라, 보잘것없는 인생을 세상 변화를 위해 사용하시는 하나님에 대한 감사의 눈물이었습니다. 그리고 외국에 나갈 생각은 한 톨도 없는 저도, 그 사이에 끼어 제 인생을 주께 드리겠다고 고백했습니다.

마이마이(mymy)를 내려놓다

그날의 사건은 제 일생을 통해 몇 안 되는 빛나는 순간이었습니다. 그 시간이 있었기에 오늘의 제가 있다고 생각하기 때문입니다. 단상 앞으로 나가서 무릎을 꿇고 기도하면서, 강사가 헌신자들에게 요청한 메시지 내용과는 무관하게, 저는 주 앞에 나름의 몇 가지 결심을 했습니다. 하나는 클래식 테이프를 버려야겠다는 것이었습니다. 주 강사 토마스 왕 목사가 "하나님께 자기 인생을 드리려는 청년은 하나님보다 더 높아진 것을 버려야 한다"라고 말했을 때 거창한 것은 생각나지 않고 왜 제가 가진 백여 개 정도의 클래식 테이프가 생각났는지 모르겠습니다. 클래식 테이프는 대학원 시절, 어렵고 외로울 때 저를 붙들어주던,

안식처 같은 것이었습니다. 바람 불고 흐린 날이나 단풍 든 가을날, 삼성 마이마이(mymy) 보급형 카세트에 넣고 듣던 슈베르트의 로자문데 현악사중주, 브람스의 교향곡, 베토벤의 음악들…… 삶의 고단함을 잠시 잊게 해주던 그 음악들이 '내려놓으라'는 그 말씀에 1순위로 꽂혀버렸습니다. 어쩔 수 없는 일이었습니다. 다른 하나는 학년 부장 교사에게 용서를 구해야겠다는 것. 그로부터 받아야 할 용서의 고백도 있겠지만, 그것은 기대하지 않고 제가 그에게 저지른 잘못에 대해서만 주목하고 용서를 구해야겠다고 결심했습니다. 또 하나는 기독 교사 모임에 가입해야겠다는 결심. 마음속으로 혼자서는 안 되고 공동체가 필요하다는 그런 인식이 있었던 것 같았습니다. 그리고 네 번째는, 교직 생활을 '선교사적'으로 살다가 주로부터 다른 부르심이 있을 경우, '교직을 내려놓겠다'는 결심이었습니다.

치우친 불균형이 낫다

92 선교한국대회 이후 제 삶은 하나님 앞에서 결심한 약속을 이행하는 삶이었습니다. 클래식 테이프는 지질학과를 졸업하고 음대에 편입해서 공부를 하는 가난한 후배에게 주었습니다. 그 이후로 클래식 테이프를 모으는 습관은 중단되어 오늘까지 이어지고 있습니다. 학년 부장 교사에게는 마침 선물로 들어와 있던 포도주와 함께 두 페이지에 걸친 용서의 편지를 전달함으로 제 마음을 표현했습니다. 네 번째 결심, 즉 다른 부르심이 있으면 교직을 떠나겠다는 그 결심은 11년 후 학교를 퇴직함으로 이행했습니다.

그러나 마지막 하나인 기독 교사 모임 참석 문제는 그리 간단한 일이 아니었습니다. 아무 모임에 참석할 수는 없는 일 아니겠습니까? 제가 하나님 앞에 받은 부르심을 격려하고 또 그 부르심에 맞는 활동을 하는 곳을 선택하는 것이 옳은 일이겠지요. 저는 세상의 변혁에 무관심하고 '전도하고 양육하는 일'에만 집중하는 것을 기독 교사의 균형 잡힌 삶이라 생각하지 않았습니다. 또한 이와는 반대로 '전도와 양육'에 소홀한 채 사회 변혁에만 집중하는 삶 역시 온전한 길은 아니라 보았습니다. 물론 이 두 가지를 통합해 똑같은 강도로 강조하며 균형을 잃지 않고 사는 것은 힘든 일이고 또 바람직하지도 않습니다. 그중 어느 하나에 치우치는 일종의 '치우침으로 인한 불균형'은 어쩔 수 없는 선택일 것입니다. 다만, 치우치더라도 다른 가치를 귀히 여기고, 또 그것을 붙들고 사는 이들의 삶을 인정하는 것, 그것이 온전한 삶의 자세라고 보았습니다. 이 두 가지를 어떻게 소화해야 할지 몰라, 대학 시절 내내 끙끙거렸습니다만, 이런 어려운 숙제를 풀지 않고 이미 있는 답 중 하나를 선택하며 살았다면, 삶은 한결 손쉬웠을 것입니다. 따라서 기독 교사 모임에 가서 활동한다면, 그 모임은 저의 이런 고민을 이해해줄 공동체여야 했습니다.

여기에 전교조 문제가 제게는 특별한 고민거리였습니다. 교직 생활 중 불의와 부패한 관행의 문제를 붙들고 고민하면서, 저는 기독 교사 단체들이 이 문제에 무관심한 것이 이상했습니다. 왜냐하면 촌지나 불법 찬조금 같은 불의한 관행은 하나님의 공의를 훼손하는 일이었고, 정의는 따라서 매우 '기독교적' 과제였던 것입니다. 그런 기독교적 과제를 전교조와 같은 일반 교원 단체의 몫으로 내맡겨둬, 그 문제로 고민하는 기독 교사들이 어쩔 수 없는 대안으로 '전교조'에 가입하는 것이 저로서는 너무도 안타까웠습니다. 기독 교사 공동체에 가입한다면, 그런 모임을 찾아야겠다고 생각했습니다.

정애숙 간사의 말씀 : 도울 수 없습니다

그러나 그런 모임을 찾기는 쉽지 않았습니다. 1990년인가, 한국기독교사회(TCF) 여름 수련회를 갔지만, 당시 TCF는 제 고민을 담아낼 수 없었습니다. 수련회를 끝내고 마지막 날 오전에 가졌던 수련회 평가회를 저는 잊을 수 없습니다. 그때 마침 제게 기회가 와서, 이곳 수련회에 오게 된 연유 그리고 저의 관심사와 고민을 나누었습니다. 학교 내 불법과 불의한 구조 그리고 전교조 등에 대한 고민이었지요. 지금에야 TCF가 넉넉히 이 문제에 대답할 수 있는 단체가 되었지만, 당시 TCF에서는 제 고민이 단체의 관심사로 받아들여지기 어려운 때였습니다.

수련회를 끝내고 담당 간사인 정애숙 선생님이 저에게 말씀하셨지요. "선생님, 죄송해요. 우리 TCF에서는 선생님의 그 고민에 대한 답을 드릴 수가 없습니다." 이렇게 말씀하시며, 저를 붙잡지 않으셨습니다. 그분의 그 태도를 저는 지금까지 감사함으로 기억하고 있습니다. 어떤 단체든 사람 욕심이 많은 법이지만, 그분은 저를 붙잡는 대신, 제 고민을 귀하게 여기면서도 TCF라는 단체가 이에 대답할 수 없음을 인정함으로써, 제게 새로운 길을 갈 수 있도록, 아니 기윤실 교사모임을 창립하도록 불씨 역할을 감당하신 셈이지요. 그분이 왜 그렇게 말씀하셨을까요? TCF라는 조직이 부족하다는 것을 인정한 말씀일까요? 저는 그렇지 않다고 생각합니다. 자신의 단체가 제 고민에 답이 되지 못한다고 한 고백은, TCF라는 단체가 무엇을 지향하는 단체라는 확고한 관점이 있고, 제 고민이 그 비전과 일치하지 않으며, 따라서 저의 문제를 풀기 위해서는 다른 공동체가 필요하다는 말씀이었던 것입니다. TCF는 당시나 지금이나 교사 개인의 성경 공부 사역이 주요 활동 과제입니다만, 자기 단체가 지향하는 바가 무엇인지 명확히 알지 못한다면, 무엇에 역량을 집중해야 할지, 누구를 붙들어야 할지 판단할 수 없겠지요. TCF 정애숙 선생님은 자기 단체의 정체성에 대해 분명한 의식을 지니고 있었기에, 다른 주제로 고민하는 저를 놓아줄 수 있었고, 그로 인해 저는 다른 모임을 만들어갈 수 있었던 것입니다. 물론 그분은 제가 품고 있던 고민이 기독교인으로서 정당한 것임을 인정해주시기도 했고요. 저는 그런 의미에서 누구를 '붙잡는' 것만큼이나 '놓아주는' 것도 귀한 일이라 생각합니다.

그로 인해 제가 비록 TCF 회원이 되지 못했지만, 그 후 좋은교사운동을 통해 TCF 선생님들과 인연을 이어가게 되었습니다. '기독교사연합' 운동을 하면서 다른 단체라는 느낌이 들지 않고, 정말 하나의 공동체라는 느낌을 갖는 수준의 인연이었으니, 제가 그때 사람과 조직의 안정성에 대한 욕심을 내려놓은 것은 참 잘한 일이었다 싶습니다. 그러니까 내려놓는다는 것은 잃는 것이 아닌 것이지요.

제자가 남기고 간 쪽지에 울다

대회 이후 2학기 학교생활은 즐거웠습니다. 학년 부장 교사에게 용서의 편지를 써서 드리고 나니 그분과의 관계도 풀렸습니다. 살가운 관계는 처음부터 아니었지만, 더 이상 보일러실에서 출퇴근하는 일은 없어졌습니다. 다른 변화도 찾아왔습니다. 소명을 따라 교직 생활을 하기로 결정한 후, 지도 교수와의 갈등으로 인해 좌절되었던 학문의 길에 대한 아쉬움이 사라졌습니다. 또한 승진의 길을 포기했지만 불안하지도 않았습니다. 그리고 아이들을 가르치며 경험하는 기쁨이, 어떤 다른 것과 비교해 질이 떨어지는 상대적인 유익이 아니라 그 자체로 절대적인 가치라는 사실을 새삼 깨닫게 되었습니다. 어느 선생님이 교지에 좌우명으로 쓰신 "모든 사람들의 행복의 총량은 같다"는 말처럼, 하나님의 사랑을 덧입고 살아가는 사람들이 직업을 선택하고 그 직업을 통해서 이웃을 섬길 때 그로 인해서 얻어지는 기쁨은, 다른 무엇과 비교할 수 없는 그 자체로 절대적인 가치라고 확신했습니다. 그 후 저는 퇴직할 때까지 한 번도 이른바 '권태기'를 겪은 적이 없습니다.

이로써 제가 교직 생활 초기에 겪었던 숙제 하나가 풀린 셈입니다. 이곳저곳을 기웃거리지 않고 오직 아이들 곁에서 가르치는 일에 충실한 채 교사로 아름답게 늙어가는 비결. 그것은 하나님께 자기 인생을 드린 자에게 찾아오는 축복임을 저는 늘 확신합니다.

첫해 담임 생활을 끝내는 1992년 연말, 차지영이라는 학생이 교무실로 저를 찾아왔습니다. 기독학생반 회장이지만 수업 시간에 영어 단어 시험 커닝도 하는 등 저에게 가끔 꾸지람을 받던 녀석이었습니다. 지영이가 저에게 다가와 쑥스러워하며 주고 간 쪽지…… 그 쪽지를 열어보니 놀랍게도 녀석이 쓴 '시'였습니다. 남학생이 시를 쓰다니! 그는 지난 1년간 나와 함께해온 학급 생활을 추억하며 〈사랑 공감〉이라는 시를 제게 선물로 주었습니다. 펼쳐서 읽어보았습니다.

한 해가 지나가는 하늘 아래

사랑이 있었음을 알았다

퍼져 나오는 백묵 가루와

튀어나오는 말씀 속 침 방울방울에서도

사랑은 있었다

단합대회 후 목구멍을 시원하게

넘겨주었던 게토레이 속에서도

사랑은 있었다

지각생에게 새하얀 복사용지에

배급되던 시 마디마디에도

사랑은 있었다

중간고사 기말고사

떨어지는 반 성적에

끝내 매를 드시던 몽둥이에도

사랑은 있었다

충혈돼 빨간색 금이 그어진 선생님 눈 속에

사랑은 흐르고

1번부터 53번까지의 명렬표에

나의 삶과 50명의 삶과 선생님의 삶이 있었다

그 사랑의 의미는 다 알지 못했지만,

사랑이 있었음을 알았다

저는 시를 읽다가, 중간에 "충혈돼 빨간색 금이 그어진 선생님 눈속에 사랑은 흐르고"라는 대목에서 그만 눈물이 핑 돌았습니다. 그것은 한 인간을 통해서 나라는 존재가 완전히 이해된다는 느낌이 주는 감격이었습니다. "이 녀석이 내 수고와 힘겨움을 어떻게 알았을까, 어찌 이 아이는 나의 몸부림을 이렇게 아름답게 표현할 수 있었을까?" 하는 고마움과 위로, 놀라움의 감정이 북받쳤습니다. 그리고 더 나아가 고단하고 치열하게 살아온 지난 1년 동안, 제 삶의 여정을 함께하신 주님이 지영이의 시를 통해 제게 '잘했다' 위로해주시는 것만 같았습니다. 삶은 참으로 감사한 일입니다.

슈베르트는 내가 참 좋아하는 작곡가다. 대학 때 좋아했던 그의 현악 사중주 '로자문데'. 특히 2악장은 너무도 아련하고 슬프다.

1990년 8월 처음으로 참석한 한국기독교사회(TCF) 수련회. 모든 일정이 다 끝난 마지막 시간 평가회 때, 학교에서 내가 겪고 있는 고민을 이야기하고 있다.

6장

저 같은 사람
열 명을 주십시오

선교한국대회 때 하나님 앞에서 한 약속 중 이루어지지 않은 마지막 한 가지인 '교사 모임 참여'는 우연한 기회에 찾아왔습니다. 1992년 9월 어느 날, 학교로 온 편지 한 통. 10월 1일 기독교윤리실천운동에서 '정직한 그리스도인 – 한국 교육과 기독 교사의 사명'이라는 제목으로 당시 대표였던 손봉호 교수님이 교사들을 대상으로 강연을 한다는 소식이 그 편지에 담겨 있었지요. 그 예사롭지 않은 주제, 아니 제가 매일 깨지고 실패하는 그 주제를 붙들고 교사를 부르기에, 만사를 제치고 강연회에 참석했습니다.

10명쯤 모인 그 자리에서 저는 '정병오', '김현섭'이라는 교사들을 처음 만났습니다. 그러나 막상 참석해보니, 손 교수님의 강의는 제가 겪던 고민에 대한 대답은 되지 못했습니다. 강의 후 질의응답 시간에 여러 사람들이 손 교수님께 기독 교사들이 현장에서 겪는 아픔과 고민을 담은 질문을 했습니다. 저도 그 틈바구니에서 교직 사회의 불의한 관행 문제와 전교조 가입 문제, 기독 교사의 외로움에 관해 몇 가지 질문을 했지요.

그런데 손 교수님의 대답은 실망스러웠습니다. 그분은 엉뚱하게도 "나는 잘 모른다. 그것은 당신들이 모임을 만들어서 풀어라"라고 대답하시면서 답을 찾는 일을 우리에게 넘겨버렸습니다. 그러나 사실 그분에게 실망한다는 것 자체가 말이 안 되는 일이었습니다. 왜냐하면 애초부터 교육 현장의 고민에 대해서 그분이 구체적인 대답을 한다는 것 자체가 무리였으니까요. 현장에서 교사들이 겪는 아픔과 고통의 문제는 같은 현장에서 같은 고통을 겪고 이겨낸 사람만이 답을 줄 수 있는 것이 아니겠습니까? 만일 자기 직업 영역에서 겪는 심각한 문제에 대해 그 영역의 삶을 경험하지 않은 사람이 답을 줄 수 있다면, 왜 우리 기독 교사들이 모임을 갖는 것이고, 후일 좋은교사운동이 교육의 각종 문제를 가지고 씨름했겠습니까? 아니, 왜 그리스도께서 사람의 몸을 입고 구체적인 인간의 영역으로 오셨겠습니까? 그러니까 손봉호 교수님의 역할은 그렇게 고민 많은 교사들을 불러서 "당신들이 풀어라"라고 말하는, 딱 그 자리가 정확했습니다.

그분의 말씀이 끝나고 잠시 후, 그 자리에 있던 기윤실 유해신 총무가 일어나서 '전격적으로' 기윤실 교사모임을 시작한다고 선언하고, 발기인으로 참석자들을 위촉하겠다고 말하며, 모임 창립 선언을 해버렸습니다. 사전에 준비된 일이었습니다. 1992년 10월 1일이었지요.

'연구'가 아니라 '운동'이다

얼떨결에 모임이 시작되었지만, 특별히 다른 대안도 없었던 터라 우리는, 일단 모여서 모임 방향을 논의했습니다. 우리가 정리한 내용은 다음 몇 가지였습니다. 첫째, 우리는 다른 기독 교사 단체들이 이미 잘하고 있는 사역들(학원 복음화 사역, 제자 양육 등)을 모임 주제로 다루지 않고, 다른 기독 교사 단체와는 보완적 관계를 갖는다. 둘째, 학교 현장의 문제 전반을 기독교적 관점으로 보고 이에 대한 실천적 대안을 연구·정리한다. 셋째, 우리는 '연구' 단체가 아니라 '운동' 단체다. 즉 '연구'에서 머무는 것이 아니라, 그 결과를 사회적으로 알리고, 현장 교사들에게 보급함으로 현장에 영향력을 끼치는 운동을 한다. 넷째, 숫자가 별로 없으니 효과적인 운동인 '문서 사역'을 중시한다.

이런 정도의 틀을 정리했습니다. 여기에 우리는 하나의 생각을 더했습니다. 그것은 만일 기존 기독 교사 단체들 중 우리와 똑같은 미션을 품고 있거나, 그렇지 않더라도 이 미션을 자기네 단체에서 담아내고자 하는 의지가 있는 경우, 우리는 별도의 조직을 만들지 않고 그 조직에 들어가서 협력하기로 한다는 것입니다. 이것은 우리가 새 일을 하지 않으려는 기피 자세에서 비롯된 것이 아니라, 새로운 모임이 과연 우리 시대에 꼭 필요한 것인지를 분별하고자 하는 마음 때문이었습니다. 다른 곳에서 이미 하고 있는 것을 또 하려고 한다면, 그것은 하나님의 나라에 대한 관심보다는 잘 나가는 쪽에 줄을 서서 이익을 보려는 '비즈니스적 태도'라고 저는 생각합니다. 그리고 그런 마음으로 하는 일에는 성령이 임하는 것을 기대하기 어렵습니다. 저는 어디 강의 요청이 있더라도, 다른 사람들에게 먼저 권함으로써 그 초대가 정말 저를 필요로 하는 불가피한 것인지를 확인합니다. 왜냐하면 남들도 할 수 있는 강의에 불려가서 정작 해야 할 일을 못한다면 그것은 낭비니까요. 더욱

기윤실 교사모임을 시작하도록 교사들을 부르신 손봉호 교수님. 그분과 찍은 사진이 거의 없는데 가까스로 한 장 찾았다. 그분이 한성대학교 이사장 재직 시절의 사진이다.

이 강사들에겐 자기 강의가 사람들의 마음을 움직이지 못해 공허한 상태로 끝날 때가 가장 고통스럽습니다. 하지만 꼭 필요한 강의여서 가는 자리라면, 내 준비 여부와 무관하게 성령이 함께하시며 강의를 통해 사람들의 마음을 움직이실 가능성이 크고, 또 실제로 그런 경험을 여러 번 했습니다. 내가, 우리가 하지 않으면 안 되는 꼭 필요한 일인가를 확인하는 것은, 그 일에 성령의 임재를 기대하는 데 매우 중요한 기준입니다.

여하튼 그래서 정병오 선생님과 저는 평소 우리와 관점이 가장 유사한 TCF의 리더들(하지영, 강영택 선생님 등)을 만나서 우리의 문제의식을 수용할 수 있는지, 그분들의 의사를 타진하기로 했습니다. 봉천 사거리 어느 음식점에서 가진 대화는 신뢰를 기반으로 우호적으로 진행되었습니다. 그러나 그 두 분은 정애숙 간사님이 저에게 하신 말씀과 같이 TCF가 우리의 문제의식을 품어내기 어렵다는 것을 분명히 했습니다. 그때 저는 비로소 "주께서 이 시대에 새로운 모임을 원하시는구나!" 하는 것을 확신할 수 있었지요.

그렇게 해서 모임이 시작되었습니다. 그러나 모임은 순탄하지 않았습니다. 참고할 만한 기준도 모델도 없이 길을 가야 하는 황당한 과정의 연속이었지요. 다른 단체에서 하고 있는 활동들을 중복해서 하지 않기로 하고, 남들이 고민하지 않는 주제를 붙들고 씨름하기로 한 이상, 이는 당연한 이치였습니다. 우리는 학교 현장의 윤리적 주제들과 현실 교육의 주제들을 다루기로 결정하고, 각자가 학교 현장에서 겪은 문제들을 풀어낸 과정을 글로 써 와서 발표하기로 했습니다. 또, 모일 때마다 책 1권을 읽고 와서 독서 토론을 하기로 했습니다. 책도 말랑말랑한 자기계발서 같은 것이 아니라 《김교신 평전》, 《한국기독교회사》, 《뜻으로 본 한국역사》, 《피로 맺은 형제》 등 딱딱한 책들이었지요. 이런 책들을 회원 전원이 2주에 1권씩 읽고 와 나누고, 또 자신이 학교 현장에서 겪는 고민과 해법을 글로 써 와서 발표하는 것이 중심 프로그램이었습니다. 기독 교사 모임이지만 성경 공부는 하지 않기로 했습니다. 개인의 영성을 개발하는 일은 교사 모임이 감당할 역할이 아니라 보고, 그 욕구는 소속 교회에서 해결하고 오기를 요구했습니다. 그리고 교사 모임에서는 그 바탕 위에서 오로지 교육 현실의 문제에 응답하는 것에만 집중하기로 했지요.

성경 공부 없는 기독 모임

당연히 모이는 사람들이 많지 않았습니다. 어렵사리 왔던 분들도 태반이 이런 건조한 분위기를 배겨내지 못하고, 다른 모임으로 많이들 떠났습니다. 그중 소수의 사람들만이 이런 메마른 분위기에 살아남았을 뿐입니다. 홍인기, 김현섭, 임태규 선생님 같은 분들이었지요. 모임에 오는 숫자는 평균 10여 명 안팎이었고, 정병오, 홍인기, 저, 이렇게 세 사람만 달랑 겨울날 난롯가에 앉아서 했던 쓸쓸한 모임도 있었습니다.

내용도 장기적인 전망을 가질 수 없었습니다. 촌지, 교재 채택 비리 같은 비윤리적 관행 문제에 대한 매듭을 짓고 나서, 다음 학기 계획은 수련회를 계기로 겨우 세우곤 했습니다. 당시 권장희 선생님 후임 대표로 일하던 정병오 선생님은 회원들과의 나눔 시간 때마다 매 학기가 위기였고 다음 학기를 생각하면 막막하여 주를 의지할 수밖에 없다는 말을 자주 하곤 했지요.

그래도 소득이 제법 있었습니다. 촌지와 교재 채택 비리, 수학여행 비리, 불법 찬조금 등의 비윤리적인 문제들, 그리고 학급 운영과 생활 지도, 학교 내 인간관계 등 혼자서 겪어온 고민들을 글로 정리해서 나누다 보니, 각자의 생각과 아이디어, 실천의 지혜가 뷔페 식 식사처럼 푸짐하게 공유되었고, 그러다 보니 "아, 기독교적 대안이라는 것이 있구나. 그리고 어쩌면 이게 현실 교육에 대답이 될 수 있겠구나" 하는 설렘이 감돌기도 했습니다. 저만 해도, 학교에서 기독 교사로서 외롭게 살아가던 터에, 이렇게 고민을 나눌 수 있는 작은 공동체가 있다는 사실이 너무도 소중했습니다. 학교 현장에서 겪는 문제를 기독교적 관점으로 정리하여 그 자산이 쌓여가는 기쁨은 다른 무엇과 비교할 수 없는 일이었습니다. 건조하고 메마른 모임이었을지라도, 아마 모임에 빠지지 않고 함께했던 사람들 모두가 같은 마음이었을 것입니다.

이렇게 해서 두 권의 자료집(《교육의 밭을 일구는 사람들》, 《무너진 교육을 살리는 길》)이 만들어졌고, 또 1993년 11월 4일 첫 심포지엄을 기점으로 사회적으로 필요한 과제를 정리해서 발표하는 '토론회'가 수차례 진행되기도 했습니다.

미친년 널뛰듯이, 개 똥 누듯이...

그러나 당시 우리에게는 현실 교육에 관한 개인적 고민을 풀어내는 수준을 넘어서, 교육계를 향한 어떤 시대적인 책임감 같은 것이 있었습니다. 그것은 기독 교사 공동체가 학교 현장에서 중심 역할을 감당하지 못하고 주변부에 머물러 있는 현실에 대한 안타까움에서 비롯되었습니다. 또한 대학 시절 불의한 정치 속에서 기독교가 대답이 되지 못했던

기윤실 교사모임 초창기 멤버들. 왼쪽부터 권장희(현 놀이문화연구소 소장), 송
인수, 정병오, 임태규(현 두레자연고등학교 교장). 수련회를 가는 중이었다.

1994년 심포지엄. 정기 모임에서 나눈 주제 중 하나를 잡아서 사회적으로 발표
했다. 당시 시국이 얼어붙어서 전교조 외에 교사 모임이 사회적 행사를 별로 안
하던 시절이라, 우리 행사에 대한 경찰의 문의로 다소 긴장이 있었다.

부끄러움이 교육계 내에서 반복되어서는 안 되겠다는 그런 위기의식 같은 것도 한몫했지요. 무엇보다도, 우리는 현실에 대한 기독교적 분석과 대안이 학교를 풍요롭게 만들고, 하나님이 교육의 주인이시라는 사실이 드러나기를 소망했습니다. 이런 소망과 기대가 합쳐져서, 모임이 창립된 지 1년쯤 지났을 때, 하나의 문장으로 모임의 비전이 정리되었습니다. "한국 교육의 희망이 우리에게 있다." 지금 기윤실 교사모임 사람들에게는 익숙한 개념입니다. 이 구절은 당시 대표이던 정병오 선생님이 만든 것으로 기억합니다만, 그것은 그의 개인적 소망만이 아니라, 함께했던 우리 모두의 소망을 잘 표현한 문장이요, 하나님께서 우리 공동체에 주신 사명이라 공감되어, 지금까지 기윤실 교사모임의 비전으로 자리 잡고 있습니다. 한국 교육의 희망이 우리에게 있다는 말은, 얼핏 들으면 교만한 표현입니다. "진짜 희망이 있냐? 그 근거가 뭔데?" 하고 물어 올 때 그 능력을 보여주어야 할 텐데, 우리는 그때 보여줄 것이 아무것도 없었습니다. 다만 우리가 현실 교육 속에서 그렇게 살아야 한다는 지향점과, 그 일을 위해 쓰임 받고 싶다는 소망을 담은 것일 뿐이었습니다.

사실 '우리가 한국 교육의 희망이다'라는 그 비전은, 기윤실 교사모임에 참여한 교사들의 삶을 너무도 고단하게 만들었습니다. 제 삶도 그 한 비전으로 여기까지 온 것입니다. 누군가가 "야, 너희가 한국 교육의 희망이라고? 그 근거를 대봐!"라고 할 때, "근거는 없어. 멋있으니까 그걸로 됐잖아"라고 말할 수는 없습니다. "한국 교육이 지금 희망이 없다는 말이냐? 그렇다면 왜 절망 상태인지 이야기해봐"라고 할 때, 교육 현실을 꿰뚫어보는 안목과 분석력이 빈곤해도 안 될 것입니다. 위기의 내용과 희망의 근거를 구체적으로 대지 않으면 정말 이것은 교만한 비전인 것입니다.

사실 당시 상황으로 봐서는, 우리는 도무지 한국 교육의 희망일 수가 없었습니다. 겨우 10여 명의 모임에 불과한 조직이 희망이라니요. 그렇지만 우리는 그 비전을 포기할 수 없었습니다. 참 묘한 일입니다. 그 후 몇 년간의 활동은 '우리가 한국 교육의 희망'이라는 그 선언에 합당한 내용을 채워가는 과정이었습니다. 현장 과제 발표와 토론, 독서 나눔은 계속되었고, 심포지엄, 자료집 제작, 기독 교사 학교와 기도 모임 등 계속 새로운 일이 불어났습니다. 그러면서도 뜨겁게 기도하여 '운동/연구'와 '영성'이 따로 노는, 기독교 운동의 기형적인 관행을 넘어서려 했습니다.

복음으로 학교 현장을 개혁하고, 교직 사회를 국민들에게 희망을 주는 곳으로 바꾸겠다는 목표를 갖다 보니, 자연스럽게 우리 회원들을 넘어 전체 기독 교사들이 눈에 들어왔습니다. 기윤실 교사모임 회원들이 아무리 많아져도 이 땅의 기독 교사들을 다 포괄할 수는 없고, 그런 상태에서 기독 교사들이 깨어나지 않으면 우리의 비전은 달성될 수 없겠구나, 하는 판단이 들었던 것이지요. 당시 교원들이 약 40만 명이었는데, 그중에 기독인들이 약 25%는 될 것이니, 우리는 기독 교사들을 10만 명쯤으로 추정하고 '10만 기독 교사를 깨우자'는 모토를 세웠습니다. 좋은교사운동의 전신인 기독교사연합이 시작되기도 전, 우리는 기독 교사들이 한국 교육의 희망이 되기 위해서는 선교한국과 같은 기독 교사대회가 필요하며, 아울러 신문을 제작해서 배포하자는 구상도 나누었습니다. 하나의 사명에 집중하기도 힘든 법인데, 보이지 않은 거대한 청사진 속에서 매 학기 워낙 다양한 일들이 펼쳐지자, 집중 없는 어수선함이 느껴졌나 봅니다. 그래서 어느 날 수련회 때 임태규 선생님은 이런 우리 모임을 "미친년 널뛰듯이, 개 똥 누듯이" 일하는 "종합 교육 운동 단체"라고 평하기도 했습니다.

그 후배가 보지 못한 것

모임은 건조했고 이런 방식의 모임 운영이 힘겨워 숱한 사람들이 떠났지만, 그럼에도 이처럼 별난 모임을 허락하신 하나님의 뜻이 있을 거라고 생각했기에 저는 그 사명을 따라 살아가는 것을 늘 우선시했습니다. 우리 모임을 여러 번 홍보했더니, 한번은 교회 후배 한 명이 따라왔습니다. 평상시 한국 교육의 희망이 여기 있다고 말해서 대단할 줄 알았나 봅니다. 좀 인원이 많았으면 좋으련만, 그날따라 유난히 모인 사람이 적어 모임은 더 왜소해 보였지요. 그 후배는 다시는 오지 않았습니다. 그러나 저는 실망하지 않았습니다. 제 후배는 모임의 숫자만 봤지 우리 속의 비전은 보지 못했을 뿐입니다. 저는 끝까지 남아 그가 보지 못한 꿈이 실제로 이루어지는 것을 보았습니다.

물론, 저는 지금도 주님이 이런 꿈과 비전을 기윤실 교사모임에만 주신 것이라 생각하지 않습니다. 모든 기독 교사 단체들에게 그 사명을 주셨다고 믿습니다. 다만, 하나님이 기독 교사들 모두에게 맡기신 큰 뜻을 우리는 우리 나름의 방식으로 받아들이고 그것을 지키고 이루기 위해 힘쓴 것이라 생각합니다. 가만 돌아보면, 그렇게 부실하고 위태했는데도 우리 모임이 쇠하지 않고 버텨온 것은 '뜻'이 있는 공동체였기 때문이었습니다. 사명이 있는 자는 죽지 않는다는 리빙스턴의 말처럼,

그렇게 사명을 품고 사는 인생과 단체를 주께서 버리지 않으심을 저는 굳게 믿습니다.

물론 우리도 모임의 성장과 안정에 대해 고민을 많이 했고 할 수 있는 만큼 노력도 했습니다. 그러나 하나같이 여의치 않았습니다. 기껏 모임이 안정되었다가도 심포지엄이 있는 달이 가까워지면, 핵심 회원들 모두가 그 일에 매달리는 바람에 모임이 다시 흔들거리는 불안정한 상태가 반복되어 사람들이 붙어 있을 수 없었습니다.

모임의 안정감은커녕 관계의 위기마저 감수해야 했습니다. 토론회를 위해 발제자들이 글을 준비해 왔지만, 함량 미달일 때는 선후배나 지위 고하를 막론하고 다시 쓰게 하고, 그래도 기대했던 수준이 안 될 때는 정병오 선생님과 제가 발제문을 거의 대부분 고쳐 쓰기도 했습니다. 사람을 배려하면 글의 수준이 떨어지고 글의 수준을 높이려면 상처를 주는 그 선택의 기로에서, '한국 교육의 희망임을 자임하는 모임'의 수준에 맞는 글을 써야 한다는 부담감으로, 우리는 사람의 마음보다는 글의 수준을 중시하는 길을 선택했습니다. 이것은 발제자의 자존심을 건드리는 너무 힘겨운 일이었습니다. 상처를 주고받는 과정을 거치면서, 토론회 준비 때마다 겪는 아슬아슬한 긴장은, 사실 그때 이후 오늘까지 저를 괴롭히는 고민거리입니다.

그 무례함에도 불구하고 대부분이 잘 버텨주었으며, 오늘날에도 교육계에서 자기 자리를 잡고 귀한 사역을 감당하고 있는 것을 보면 감사하기 그지없습니다. 협동학습연구회의 큰 산인 김현섭 선생님도 그런 피해자 가운데 한 사람이었습니다만, 몇 해 전 김 선생님은 제게 "기윤실 초창기 때 배운 글쓰기 연습과 사람 관리 방식을 협동학습연구회 운영에 크게 활용하고 있다"라고 말해주었습니다. 리더인 김현섭 선생님 때문에 회원들이 죽어나겠구나 싶었지만, 마음속 미안함의 짐이 다소 가벼워졌던 것도 사실이었습니다.

저와 같은 사람 열 명을 주십시오

지금도 기억하고 있는 일이 있습니다. 98 기독교사대회를 준비하기 위해 우리가 매달 철야 기도회로 두레교회 골방에 모이던 때였습니다. 어느 날 기도회를 인도하던 정병오 선생님이 기도 중 느닷없이 "하나님, 우리는 우리 모임을 성장시키는 데 관심을 두지 않습니다. 대신 우리에게 맡겨진 사명을 감당할 저와 같은 사람 열 명만 허락해주십시오" 하는 것입니다. "저와 같은" 사람 열 명을 달라니, 그것 참 '건방져 보이는' 기도였습니다. 그러나 그 기도는 응답받았고, 우리가 구하지 않은 모임의 성장은 그때에 비해 열 배 이상 이루어졌습니다. 또한 제가 대표를 그만두고 난 후 김진우, 노규호 선생님이 대표를 맡으면서 모임의 내적 안정감도 높아졌습니다.

그 이후 기윤실 교사모임 사역을 후배들에게 맡기고 기둥과 같은 사람들 대부분이 기독교사연합 사역에 뛰어들었습니다. 한국 교육의 희망이 우리에게 있다는 그 비전이 이제 기독 교사 전체의 비전이 되고, 또 그 비전을 위해 중심 리더들 대부분이 이동했습니다. 좋은교사운동이 만들어졌고, 협동학습연구회, 깨끗한 미디어를 위한 교사운동 같은 조직이 생겨나기 시작했습니다. 대신, 기윤실 교사모임은 그로 인해 적지 않은 혼란을 겪었습니다. 비전과 사람이 모두 기독교사연합으로 넘어가게 되었으니, 모임의 정체성을 어떻게 찾아야 할지 혼란스러워했습니다. 기윤실 교사모임의 비전을 다시 정립하자는 요구가 있었고, 이를 논의하는 과정에서 '10만 기독 교사를 깨우자'는 구절을 두고 쉽지 않은 논쟁도 벌였습니다. 10만 기독 교사를 깨우는 것은 좋은교사운동의 비전이니 기윤실은 이제 내려놓아야 한다는 입장과 여전히 그럴 수 없다는 입장이 팽팽히 맞섰습니다. 비전과 관련한 진통이 수년간 이어졌고, 아직까지도 다 해결되지는 않은 상태입니다. 또한 단체의 정신을 지켜야 할 사람들이 모두 기독교사연합으로 넘어가서, 늘 리더십 계승과 맞물린 진통으로 혼란이 지속되어왔습니다. 그러다 보니 모임의 활력이 떨어지고 어디로 가야 할지 모르는 혼란이 대표가 바뀔 때마다 이어지기도 했습니다.

소중한 공동체가 혼란 속에서 연약해지는 것을 보는 것은 안타까운 일입니다. 이런 상황을 다른 단체 선생님들도 느꼈나 봅니다. 최근, 다른 기독 교사 단체 회원 분으로부터 뜻밖의 편지가 왔습니다. "기윤실의 정체성이 무엇인지 모르겠습니다. 바깥일을 하는 것만큼 내부를 돌보는 일에도 관심을 써주셔야 할 것 같습니다." 새삼스러울 것 없는 이야기지만, 다른 단체 선생님으로부터 걱정하는 이야기를 듣게 되니 기윤실 후배들이나 주변 분들에게 민망했습니다. 하지만 제가 어찌 해볼 수 있는 일이 별로 없습니다. 기윤실의 모든 회원들이 함께 여러 해 동안 고민하고 발버둥 쳐왔고, 지금도 너무나 애쓰고 있다는 것을 알고 있으니까요.

사실 모임도 사람처럼 생로병사를 겪기 마련입니다. 중요한 것은 모임을 유지하는 것 그 자체가 아니며, 그 공동체에 하나님이 주시는 사명이 있는지 여부일 것입니다. 그것을 풀어낼 생각으로 오래 아파하며 하나님 앞에 나와서 기도하는 가운데 울부짖는 제목이 없다면, 개인이나 기관이나 존재 이유는 없을 것입니다. 그리고 그 존재의 이유인 사명은, 그 모임의 한복판에 서 있는 분들이 역사와 시대를 통찰하며 하나님 앞에서 새롭게 찾아야 할 것입니다. 그것을 찾으면 기윤실 교사모임은 죽지 않고 갈 것입니다. 그리고 그 일은 남은 자들의 몫일 것입니다.

그러나 그게 어디 기윤실 교사모임에만 적용될 일이겠습니까? 무릇 세상의 변화를 위해 뜨거운 마음으로 일어났다가, 시대의 요구와 일치하여 불꽃과 같이 타오르던 단체들이 다 그런 과정을 겪어왔습니다. 그 과정을 겪고 소멸치 않고 풍파를 견디며 오롯이 성장한 단체들이 있다면, 그것은 오히려 자신의 성장을 도모하지 않고, 주어진 소명에 대답하기 위해 자신을 불살랐던 사람들의 대(代)가 끊어지지 않았기 때문일 것입니다. 그런 축복이 개인과 우리가 섬기는 모든 기관에 임하기를 바랍니다.

땀 흘려 써 와서 정기 모임 시간에 나누던 학급 운영
및 각종 모임 자료들을 모아 펴낸 최초의 자료집.

7장

잊지 못할
두 사람

저는 한국에서 기독 교사 단체들의 연합 운동은 매우 강력한 하나님의 뜻에 의해 진행된 기적과 같은 과정이라 늘 생각합니다. 뒤돌아보면, 우리가 애쓰고 힘쓴 것 없이, 우리를 취해 세상을 바꾸시려는 하나님의 열심에 의해서 떠밀려온 세월들이었습니다. 물론 그런 하나님의 '푸시'에 적극적으로 자신을 의탁하며 그 일에 자기 인생을 거는 것은 사람의 몫이지만, 그 의탁과 순종의 자세가 역사를 보장하는 것은 아니라는 점에서, 기독교사연합 운동은 특별한 은총이 연속해서 부어진 과정이었습니다. 그 속에서 만났던 하나님, 그 과정 속에서 저의 한계를 부수고 그 음성을 들려주시며, 끊임없이 당신의 뜻을 오늘까지 알려주시는 하나님을 생각하면, 삶은 행복한 여정입니다.

그 하나님의 인도하심 첫 시작은 두 사람을 통해 이루어졌습니다. 한 분은 웨슬리(Wesley Wentworth) 선교사님. 40여 년 전 문서 선교사로 오셔서 한국 땅에 머물며 독신으로 자기 인생을 다 바치신 분입니다. 이전에 기독교학문연구회를 중심으로 기독교적 학문 연구 운동에 몰두하시다가, 어느 순간부터 초중고 교육의 중요성에 눈을 뜨고, 학교에서 가르치는 내용을 기독교적 세계관으로 분석하고 평가하며 기독 교사를 설득하는 데 관심을 두셨습니다. 그런데 한국말을 잘 못하시는데다가 일반 기독 교사들에게는 재미없는 기독교적 교육, 교육과정 분석 등의 메마른 과제를 워낙 집요하게 파고들며 푸시하시는지라, 다들 기피하던 인물이었습니다.

선교사님은 삶이 소박하고 원칙에 충실한 분이기도 하셨지요. 한 가지 재미있는 에피소드가 생각납니다. 1996년 무렵 연합 운동이 한창이던 때, 우리는 김현섭 선생님의 '프라이드' 승용차를 타고 지방을 내려가곤 했는데, 웨슬리 선교사님도 동승하셨지요. 그때 김 선생님이 습관처럼 과속을 했습니다. 선교사님이 기윤실 소속 교사이니 과속하지 말고 규칙을 지키라고 했습니다. 그러자 김현섭 선생님이 대꾸했습니다. "선교사님은 미국에서 오셔서 몰라서 그렇습니다. 한국에서 교통은 흐름이 더 중요해요. 과속하더라도 흐름을 지키는 것이 더 안전합니다." 그랬더니, 그분이 하시는 말씀. "김 선생님, 그런 말 마세요. 저는 김 선생님이 태어나기 전에도 한국에서 살았고 그때도 한국에서 그렇게 법을 지키며 운전했습니다." 머쓱해하던 김현섭 선생님이 아직도 기억납니다. 참고로 김 선생님은 중학교 도덕 선생님이십니다.

다 지원할 테니, 연합하세요.

1994년 어느 날이었습니다. 사실 당시 우리는 기윤실 교사모임 내부적으로 해볼 수 있는 일들은 어느 정도 마무리 지은 상태라, 모임의 새로운 활로를 찾던 시점이었습니다. 정병오 선생님과 저를 웨슬리 선교사님이 부르셨지요. 홍대 IVF 회관 쪽으로 가서 만나 뵈니, 그분은 우리에게 대뜸 기독 교사 운동을 위해 교사 단체들이 함께 연합할 것을 권고하셨습니다. 지금도 잊히지 않는 "연합하지 않는 것은 사탄적인 것입니다"라는 말씀과 함께, 연합 사역을 하면 사무실과 간사 채용 등 거기에 필요한 지원을 아끼지 않겠다고 말씀하셨습니다. 하지만 당장 그 필요가 눈에 보이는 것이 아니었던 터라, 우리로서는 그분의 제안에 '흔들릴' 이유가 없었지요. 물론 그분은 그 후 우리가 기독 교사 운동을 위해 2000년 학교를 휴직했을 때, 선교사로서 도무지 상상할 수 없는 액수였던 거금 1,000만 원을 장수영 교수(포항공대)와 함께 모아, 저와 정병오 선생님께 500만 원씩 나누어 후원하시기도 했으니, 그 약속이 틀린 것은 아니었습니다.

정 선생님과 저는 기질과 성격에서 워낙 차이가 크지만, 한 가지 공통점은 새로운 상황이 전개될 때 그것을 우리의 고정관념과 경험으로 막거나 무시하지 않고, 그 상황을 주신 하나님의 뜻은 무엇일까를 헤아리며 그에 순종하려는 신앙적 버릇이 있다는 것입니다. 웨슬리 선교사님의 말씀을 들은 우리는, 이것이 우리에게 연합 사역으로 방향을 틀라는 주의 뜻이 아닐까 생각했습니다. 사실 기윤실 교사모임은 다른 단체들의 활동과 중복되는 사업을 하지 않음으로써 보완 관계를 유지하기로 했으니, 연합 사역의 토양은 이미 있었던 셈이지요.

그로부터 몇 달 후, 그러니까 1995년 1월 겨울 어느 날 오후 무렵이었습니다. 우리는 장신대 박상진 목사님을 만났습니다. 갈 길에 대한 고민을 하면서, 우리에게 새로운 안목과 통찰력을 줄 수 있는 길을 찾기독 교사 단체들이 98 기독교사 대회를 개최하기로 결정했던 1996 년 1월 20일 대전 여관 숙소 앞에 서 웨슬리 선교사님과 허정백 선 생님 등이 함께 찍은 사진.

웨슬레 선교사님은 이때 껏 그 흔한 자서전이나 수 필집 한 권 없다. 그분의 삶에 영향 받은 분들이 회 갑 때 만든 회고집 《사랑 해요, 웨슬리 선교사님》 (예영 출판사).

다가 이루어진 만남이었습니다. 그해 겨울 그분 연구실에서의 만남은 우리에게 잊지 못할 사건이었지요. 박상진 목사님은 기독교학문연구회 활동도 하시면서, 1980년대 초반 TCF 간사 사역을 하신 분이었는데, 저는 그분과 1986년 대학원 때 기독교학문연구회 교육학 분과 공부를 함께 하기도 했고, 또 1991년 TCF 수련회를 방문했을 때는, 강사로 오셔서 제게 TCF에 머물면서 기독 교사 운동에 매진할 것을 권유하기도 했습니다.

특히 그분은 당시 기독교계 내 전문가들 가운데, 이례적으로 한국 교육계 현실 속에서 복음주의권 기독 교사들이 감당할 역할에 눈을 뜬 거의 유일한 분이었습니다. 1,800명의 전교조 교사들이 교육 민주화 문제로 해직당할 때, 기독 교사 공동체들이 그들이 제기했던 문제에 제대로 답하지 못하고 우물쭈물했던 역사를 못내 아쉬워하면서, 교육계 전체를 품는 기독 교사 운동의 길에 관해 늘 고민했던 분이었습니다.

사실 박상진 목사님을 만난 것이 제게는 불편하고 고생스러운 삶의 계기가 되고 말았습니다. 나중에 더 자세히 이야기하겠지만, 제가 멀쩡하던 교직 생활을 내려놓게 된 책임 중 약 40% 정도는 그분에게 있다고 해도 과언이 아닙니다. 그렇다고 해서 제 인생을 책임져주실 것도 아니면서 말이지요. 그렇게 그분과의 본격적인 인연이 1995년 1월 그분 연구실에서 시작되었습니다.

'통합'으로 교육 고통에 대답하라

당시 우리가 그분에게 간 것은 기독 교사 운동의 미래를 어떻게 펼쳐야 하고, 우리가 무엇을 해야 할지에 대한 통찰력을 얻기 위함이었습니다. 그분은 우리와의 대화에서 평상시 늘 가슴속에 타는 목마름처럼 가지고 있던 속생각을 꺼내었습니다. "선생님들, 하나님은 교육으로 고통 받는 아이들과 부모들의 신음소리를 들으시고 이에 응답할 한국의 기독 교사 공동체를 부르십니다"라는, 이전에 그 누구로부터 들어본 적이 없었던 말씀을 던졌습니다. "교육 고통." 지금에야 입시, 사교육 문제로 온 나라가 고통을 받고 있으니, 교육 고통이라는 말이 새삼스러울 것이 없지만, 당시만 해도 그렇게 절실한 상황은 아니었습니다. 그렇기에 차라리 그 말은 기독 교사의 사명과 관련해서 '미래에 찾아올 문제'를 미리 내다본 일종의 선지자적 직관을 담은 말씀이었던 것입니다.

그분은 말씀을 이어갔습니다. "우리 기독 교사들은 그 하나님의 부르심에 대답하기 위해 힘을 합쳐야 합니다. 그런데 힘을 합침에서 '연합'보다는 '통합'이 더 필요합니다. 한국의 TCF는 여러 기독 교사 단체 중 하나지만, 호주의 TCF는 유일한 기독 교사 단체입니다. 그처럼 우리 한국에서도 기독교사연합 운동은 '통합'의 형태로 이루어져야 합니다. 그 통합을 통해서 낭비적 요소를 없애고, 현실 교육에 효과적인 기독교적 응전이 이루어져야 합니다. 가령 그런 하나의 단일 조직이 생긴다면, 전국 각지에 지부가 생기게 되는 셈이고, 기윤실이나 TCF는 그 안에서 지부 조직과는 다른, 일종의 전문 분과 조직의 역할을 하는 셈이겠지요. 그리고 그 안에서 그 사역을 자신의 일로 감당하는 풀타임 사역자가 나와야 합니다. 현장을 떠나지만 연합 사역이 현장인 그런 사람이 나와야 하는 것이지요. 그 역할을 할 사람이 필요합니다."

그분의 이야기에 우리는 너무도 놀랐습니다. 우리가 생각하는 것보다 훨씬 큰 규모로 현실 교육에 대한 기독교적 응전의 규모와 미래를 생각하며, 우리에게 강력한 도전을 던진 것이었으니까요. 우리도 남의 인생을 우리 관점대로 설득해서 강요하는 일을 꽤 많이 해봤지만, 그렇다고 학교를 그만 두라 말라 하는 정도는 해본 적이 별로 없습니다. 정병오 선생님이 기윤실 교사모임 대표인 권장희 선생님(현 놀이미디어연구소 소장)에게 학교를 때려치우고 기윤실 간사로 들어가라고 말한 것 이외는 말이지요. 실제로 권 선생님은 그 후 6개월쯤 지나 기윤실 간사가 되었고, 정병오 선생님은 자신이 예언의 은사가 있다는 생각을 '한때 잠시' 하기도 했지만요. 여하튼 저는 지금도 그때 그 만남을 박상진 목사님을 통해서 하나님이 우리를 부르신 것이라고 주저 없이 고백합니다.

그분들의 도전에 넘어진 이유

그런데 생각해보니 의아했습니다. 왜 자신이 간사로 활동하던 TCF 선생님들에게는 도전하지 않고, 남의 단체인 기윤실 교사모임 사람들에게 그런 도전을 하는가, 하고 말이지요. 그러나 지금 생각해보면, 그 이야기를 우리에게만 하지는 않았을 것입니다. 가슴속 뜨거운 이야기를 사람들에게 말하지 않고 꾹꾹 누르며 사는 것은 가능한 일이 아닐 것입니다. 얼마나 많은 교사들을 붙잡고 이야기했을지, 미루어 짐작하고도 남습니다. 다만 그분의 그 도전에 다른 사람들은 잘도 버텼는데 우리만 넘어졌던 셈일 것입니다. 다른 사람들은 그 이야기에 무덤덤했을 텐데, 우리만 뜨거워졌던 것입니다. 그럼 왜 우리만 넘어졌을까요? 그것을 하나로 설명하기는 어렵습니다. 손쉽게 설명하자면, 기윤실 교사모임을 창립할 때 '교육의 희망이 우리에게 있다'는 비전을 품고 시작했으니, 부르심이 유사했다는 것이 이유가 될 테지요. 하지만 정병오 선생님이나 저나, 그분의 말씀에 뜨겁게 답했던 사연은 더 먼 곳에서 시작이 되었을 것입니다. 대학 시절, 하나님이 이 땅 역사의 주인이신데, 왜 이 땅은 이토록 모순과 고통이 많은지, 그리고 주님은 역사의 주인이신데 왜 우리는 이렇게 무력한지를 고민했고, 그렇게 세상을 품지 못하는 삶을 부끄러워하며 1970~80년대 기독 학생 청년 공동체들이 아파하고 울고 기도하며 하나님의 나라 운동에 목말라했습니다. 우리의 뜨거운 반응은, 바로 그 아픔과 주의 나라 소망의 피가 여전히 우리 속에 흐르고 있었기 때문이었을 것입니다.

그 연장선에서 학교에서 시련을 겪었고, 그 과정 속에서 선교한국대회에서 주를 만났고, 그 길에서 교사 모임을 만들어, 한국 교육 전체를 품는 대안 운동을 모색하게 되었습니다. 지나온 여정이 말만 앞선 헛된 걸음이 아니었다면, 박 목사님과의 만남 속에서 그분의 뜨거운 요청에 우리가 비켜 갈 재간은 없었던 것입니다.

어쩌면 이미 그 만남을 그 전부터 준비해왔다고 말할 수 있을 것입니다. 특히 그분을 만나기 1년쯤 전부터, 우리는 이미 기독 교사 단체들의 연합 운동을 위한 꿈을 막연하게 키워왔습니다. 저는 기독 교사들이 하나님의 부르심에 자신의 전체를 드리는 결단을 받아내는 집회가 있어야 한다고 보았습니다. 그런 자리가 없었기에 저는 선교한국대회에서 제 자신을 하나님께 드리는 경험을 했는데, 그것은 어느 면에서는 퍽이나 불편한 경험이기도 했습니다. 또 그런 행사를 위해 전국의 기독 교사들을 깨우는 신문을 제작해 배포하자는 좀 황당한 이야기를 수련회 때 하기도 했지요. 그런 상상과 비전을 품고 있다가 우리 속에 담긴 소망의 빈 들에 불길이 일어나도록 해야겠다 생각했던 것이고, 그래서 박상진 목사님을 만났으니, 우리가 불타오른 것은 당연한 이치였습니다. 그분의 말씀을 듣고 장신대를 나올 때, 우리의 마음은 뜨거워졌습니다. 기독교사연합 운동을 '통합'으로 풀 것이냐, '연합'으로 풀 것이냐 하는 문제는 주변적인 것이었습니다. 더 본질적인 것은, 이제 우리가 한국 교육 전체를 가슴에 품고 생애를 던지는 거대한 규모의 운동을 해야 한다는 것이었습니다.

모순을 피하지 않음

그 후로도 중요한 인생의 갈림길에서 어떤 길을 선택할 것인지를 고민할 때, 저는 그때 그분이 하신 말씀, "교육 고통으로 신음하는 사람들의 신음소리에 응답하는 사명"을 제 마음을 붙잡는 강력한 삶의 기준으로 삼고 있습니다. 좋은교사운동의 대표직을 내려놓기 전 2007년 4월 무렵, 앞으로 무엇을 할 것인가를 고민하던 때, 습관처럼 새벽 기도회에 가서 기도했습니다. 입시 사교육 문제를 해결하는 새 운동이 필요하다는 생각도 했지만, 그 일이 제게 주는 두려움과 고단함, 답이 없는 과제로 제 인생을 낭비할 수는 없다는 생각으로 마음이 복잡할 때, 문득 제 기도 속에 갑자기 한 줄기 고백이 터져 나왔습니다. "주님, 고통받는 사람들이 머무는 모순의 자리에 나를 세워주십시오. 비록 내게 답이 없어도, 내가 그들과 함께 있음이 답이 됨을 고백하오니, 아버지, 나를 그 자리에 머물게 하소서." 생각지도 못한 그 기도 내용에 그날 새벽 기도회 시간, 제 속의 어떤 답답한 것이 뚫리는 경험을 했습니다. 그러나 그때의 그 경험도 가만히 따져보면, 박상진 목사님과 만났을 때 들었던 '세상의 고통에 응답하는 신자의 삶'이라는 한 마디 말씀과 이어져 있었던 것 같습니다.

나는 이런 마음을 품는 것이 저만의 특별한 자세가 아니라 이 땅을 사는 모든 신자들 삶의 기본 자세라고 생각합니다. 세상의 고통을 나의 고통과 동일시하고, 모순의 자리에서 이를 피하지 않고 직면하며 자신을 고통 받는 사람들이 있는 자리에 세우려는 마음. 삶의 구체적 현장 속에 발을 두되, 그 땅 전체를 품으며 하나님의 마음을 읽고 거기에 답하려는 사람. 이런 마음을 가진 사람들을 과거에나 지금이나 주님은 찾으신다고 봅니다. 문제는 무엇인가요. 이 마음을 어떻게 얻을 것인가, 아니, 이 마음을 어떻게 하면 잃지 않고 삶의 중요한 선택의 기로에서 나를 붙드는 힘으로 경험할 것인가, 하는 것입니다. 이런 마음이 있는 사람은 누가 뭐라고 하지 않아도, 부지런히 자신을 다그치며, 변화를 위해 용감히 자기를 쇄신하는 일에 힘씁니다. 이 마음을 지키며, 그 불씨를 지키며 살아가는 사람은 행복한 사람입니다.

웨슬리 선교사님과 박상진 목사님, 이 두 분과의 만남이 계기가 되어 때로 제 삶은 고단해졌지만, 저는 한 번도 그분들과의 만남을 불평하거나 후회한 적이 없습니다. 괜히 그때 뜨거워져 사서 고생하고 있다는 생각도 해본 적 없습니다. 고생은커녕 행복한 일이기 때문입니다. 보십시오. 하나님이 역사 속에서 세상을 변화시키며 고통 받는 사람들의 삶에 개입하시기 위해 어떻게 사람을 쓰시는가를. 하나님은 당신의 역사를 맹렬하게 펼쳐가시는데, 그 일을 감당할 사람에게 맨 정신으로는 안 되기에 하나님의 마음을 부어주시며, 세상의 어떤 것도 두렵지 않은 믿음의 기백을 주시며, 위기 속에서 십자가를 지고 갈 수 있도록 마음속에 말씀의 능력을 주십니다. 멈춰버린 정미소 기계는 녹이 슬지만, 기름을 먹고 엔진을 돌리며 열기를 뿜어내면서 탈곡을 끝낸 벼를 정미하는 기계는 결코 녹스는 법 없이, 기계로서의 사명을 다하는 것입니다. 하나님의 사명을 받는 사람들도 마찬가지입니다. 쓰임 받는 삶이 주는 행복을 결코 놓쳐서는 안 됩니다.

물론 육신은 피곤합니다. 그러나 어차피 삶은 무엇을 해도 고단합니다. 이 땅에서의 삶은 피곤하고, 쉼과 안식은 그 사이에서 얻는 잠정적인 것일 뿐입니다. 믿음이 있다고 해서 다를 것 없습니다. 그러므로 어떻게 하면 안정되고 편안한 삶을 살 것인가를 궁리할 것이 아니라, 고통스러운 삶을 받아들이되 '가치 있는 일' 때문에 고통을 감당하리라 생각하며, 하나님 나라의 가치에 자신을 던지는 선택을 해야 합니다. 행복은 그 이후에 찾아옵니다. 정작 우리에게 슬픈 일은 고통의 문제가 아니라, 더듬이가 잘려나간 곤충처럼 하나님 나라의 가치에 감각을 잃고, 하나님의 부르심에 뜨거움을 잃고 사는 둔감한 삶에 머무는 것입니다.

처음 장신대를 방문했을 때 박상진 목사님과 사진이나 하나 찍어둘 걸 싶었다. 그분과 함께 찍은 사진이 없다. 98 기독교사대회 때 박상진 목사님의 강의 장면.

아마 98 대회 끝나고 나서 《기독교사신문》에 실릴 인터뷰 때문에 찍은 사진일 것이다. 목사님에게도 참 푸르렀던 시절이었다.

8장

정병오,
헤드록에 걸리다

웨슬리 선교사님과 박상진 목사님의 권유에 힘입어, 우리는 1995년 상반기에 4개 기독 단체(성서교육회, TCF, 기독교학문연구회, 기윤실 교사모임) 대표자들에게 연락을 취해 모임을 갖자는 제안을 했습니다. 1995년 8월 대전 제일교회에 4개 단체 대표자들이 모였고, 저와 정병오 선생님은 구체적 연합 사역을 제안하는 문건을 준비했습니다. 그때 정병오 선생님의 문건은 선교사적 차원에서 기독 교사 단체들이 연합할 때임을 설명한 것이고, 제가 준비한 것은 실무적 의제였습니다.

지금은 자료로 남아 있지 않아 정 선생님이 제안한 요지를 제 기억에 남은 대로 말씀드리면 아래와 같습니다. "하나님이 역사 속에서 나라들을 통해서 한 시대 선교의 역사를 주도하셨습니다. 18세기에 영국, 19세기에 미국 등, 신앙의 큰 부흥이 있었던 나라는 그 부흥의 열기를 세계 선교를 위한 불씨로 활용하고, 그렇게 하나님께 한 시대 온전히 쓰임 받다가 약화되었습니다. 약화되더라도 쓰임 받고 약화되어야 합니다. 역사가들은 이제 세계 선교의 중심축이 한국으로 넘어왔다고 합니다. 사실 우리는 큰 부흥의 역사를 경험해왔습니다. 이제는 받은 것을 세계 선교를 위해 내어주어야 할 때입니다. 그런데 교회가 제대로 힘쓰기도 전, 최근 한국 교회가 약화되고 있는 조짐이 있고, 특히 다음 세대의 선교가 도전을 받고 있습니다. 우리 다음 세대가 이 흐름을 이어받지 못하면 한국은 선교 역사에 제대로 쓰임 받지도 못한 채 약화되는 불행을 겪을 것입니다. 그 불행을 반전시키는 것이 우리 기독 교사들의 역할입니다." 이런 취지의 문건이었습니다.

정병오 선생님이 정리한 그 문건은 당시 우리 기독 교사들이 처한 위치를 교회사적으로 정확히 지적한 아주 통찰력 있는 내용이었습니다. 그리고 저는 여기에 덧붙여, 연합의 가장 중요한 사업으로 '선교한국대회'와 같은 행사를 개최하여 기독 교사들을 선교사로 발굴하여 학교로 파송하는 일에 함께 나설 것과, 단체들의 협력 형태는 '통합'보다는 개별 단체의 정체성을 유지한 채 '연합'하는 수준이 낫다는 점을 제안했습니다. 나름 꽤 기대하고 준비하고 모인 모임이었습니다.

이러다가 흡수당하는 것 아냐?

그러나 그날 모임은 실망스러웠습니다. 서로 뭔지 모르게 긴장하고 경계하는 분위기가 역력했습니다. 혹시나 이런 연합 모임을 통해 기윤실 교사모임 측이 무엇을 의도하는가, 또는 그로 인해서 겨우 힘겹게 버텨온 개별 기독 교사 단체가 약화되는 것은 아닌가, 하는 의구심과 우려가 있었을 것입니다. 특히 문건 가운데 '통합'과 '연합'에 대해 언급한 부분에 긴장했고 성서교육회가 '통합'을 주장하면서 더 긴장했을지 모르겠습니다. 그때 이용세 전 TCF 간사(현 대구 주님의 교회 목사)가 제안했습니다. "선생님들, 한국 교회에서는 연합을 해서 잘된 경우가 별로 없습니다. 연합을 해봤더니 중심 단체나 개인은 성장하지만, 나머지 단체는 이용당하거나 흡수당하는 그런 경험이 너무 팽배해서 다들 경계하는 것입니다. 연합 사역은 필요하되, 성급하게 연합 사역에 대한 논의를 하기보다 먼저 대표자들끼리 그리스도 안에서 신뢰를 쌓는 과정이 중요합니다." 틀린 이야기는 아니었지만, 우리가 준비해 간 의제를 처리하지 말자는 데 한 표 행사한 발언인 셈이었으니, 그 교훈이 잘 귀에 들어오지 않았습니다. 그 회합에서 결정된 것은 딱 하나, 6개월 후에 모임을 재개하자는 사항뿐이었습니다.

저와 정병오 선생님은 낙심했습니다. 가져간 문건은 처리되지 않고, 신뢰를 쌓는 것이 먼저라니, 참 한가하다 싶었습니다. 그 후 우리는 서울에 올라와서 연합 운동에 관한 관심을 끄고, 기윤실 교사모임 내부 운영에만 집중했습니다. 그리고 세월이 흘렀지요. 그러던 어느 날, 성서교육회 신병준 선생님으로부터 전화가 걸려 왔습니다. "아니, 선생님, 연합 모임 날짜가 가까워 오는데 왜 공지를 안 하시나요?" 1996년 1월이 가까웠던 때였습니다. 화들짝 놀랐고, 사람들이 기억은 하고 있구나 싶어서, 부랴부랴 준비해서 1996년 1월 19일, 모임 장소인 유성 '경화장'이라는 여관으로 내려갔습니다. 하지만 큰 기대는 없었습니다. 단체의 중간 리더들도 제법 와서 십수 명이 모인 자리였는데, 이 난제를 더 많은 사람들이 와서 해결을 본다는 것이 도무지 가능해 보이질 않았습니다. 빡빡한 대화, 또 공전.

그런데 다음 날, 좀 이상한 일이 일어났습니다. 떠나기 전 마지막

회의를 하는 자리에서, 우리가 포기했던 의제가 다 처리된 것입니다. "참여한 기독 교사 단체들은 앞으로 연합 사역을 한다, 그 일환으로 1998년부터 격년제로 기독교사대회를 개최한다, 그때는 자체 수련회를 갖지 않는다, 이 대회를 위해 간사 단체로 기윤실 교사모임을 위촉한다, 대표자들은 이를 위한 정기 모임을 지속한다." 놀라운 일이었습니다. 어안이 벙벙했지요. 전날과 차이가 있었다면, 새벽에 일어나 함께 축구를 하고 목욕을 한 것이 다였습니다. 무엇이 그런 결정을 내린 이유였을까요? 축구와 목욕처럼 살을 맞대는 친교의 덕도 좀 보았을 것입니다. 그러나 저는 주님이 그날을 한국 교회와 교육에서 결정적 이정표의 순간으로 보시고 초월적으로 개입하신 것이라 믿습니다. 보십시오. 그 사건이 계기가 되어 이후 기독교사대회가 시작되었고, 좋은교사운동이 촉발되었으며, 이 운동이 한 계기가 되어 2000년 중반 이후부터 '성서한국운동'이 시작되었고, 또 제가 좋은교사운동의 책임을 내려놓은 후 사교육걱정없는세상이 시작되지 않았습니까? 그 결정이 없었다면, 기독교사대회도, 좋은교사운동도, 성서한국운동과 사교육걱정없는세상도 없었을 것이라 말해도, 무리한 주장은 아닐 것입니다.

1,000명에 집착 마세요

중요한 결정이 이루어진 후, 서울로 올라온 저에게 걱정이 밀려왔습니다. 이 거대한 행사를 어떻게 준비해야 할까 생각하니, 난감하기 그지없었습니다. 기윤실 내에서 큰 규모의 행사를 좀 해본 사람이라야 저밖에 없고, 저 역시 고작해야 학교 축제를 책임져왔던 경험이 전부였지요. 그 상태로 1,000여 명의 교사들을 4일 동안 먹이고 재우며 변화

시킨다는 것이 참 막막했습니다. 그때부터 사방팔방으로 전문가를 찾

아다녔습니다. 같은 수준의 행사를 치러본 선교한국대회 한철호 총무,

IVF 신웅섭 총무 등을 만났고, 1996년 7월 22일, 10여 명의 기윤실 회

원들이 호주까지 가서 1,200명이 모인 세계 기독교사대회를 살펴보기도 했습니다. 세계 기독교사대회는 그렇게 무리하게 고생해서 방문했지만, 집회 운영과 관련해서 우리가 배울 것들은 그리 많지 않았습니

대회에 대한 노하우를 쌓기 위해 1996년 7월 22일 호주에서 열린 세계 기독교사대회를 방문했다. 그러나 강의 중심의 소박한 행사라서, 조직 운영에서 배운 것이 그리 많지 않다. 역시 대규모의 다채로운 행사는 한국이 최고다.

다. 3박 4일 동안 찬양과 설교, 교제와 나눔, 기도와 강의 및 다양한 특별 행사가 어우러지는 우리의 행사와는 달리, 그 대회는 정말 강의가 중심이 된 '지적이고 소박한' 집회였기 때문입니다.

여하튼 집회 경험을 쌓기 위해 온갖 노력을 했으나, 그것이 대회의 성공을 보장할 수는 없었습니다. 도대체 1,000명의 기독 교사들을 어떻게 모을 것인가, 그것 자체가 심란한 일이었습니다. 어느 한 대표자가 이야기했습니다. "선생님, 참석 인원 1,000명에 너무 집착 마세요. 500명이 현실적입니다. 그리고 사실 기독교사'대회'라는 표현도 부적절해요. 기독 교사 단체 '연합수련회'가 맞습니다." 사리에 맞는 말씀이었지만, 이상하게 동의가 안 되었습니다. 제 마음속을 뒤져봤더니, 시대와 교육을 새롭게 하시기 위한 하나님의 역사를 '수련회'라는 이름으로 담아내기는 부적절하다는 느낌 같은 것이 있었습니다. 그리고 1,000명이 많아 보여도 전체 10만 기독 교사들을 깨우는 목표에 비추어 볼 때, 그 숫자는 정말 최소한의 단위라고 생각되었습니다. 그래서 고집을 부렸지요.

저에겐 98 대회에 기대하는 것이 딱 두 가지 있었습니다. 하나는, 그 대회를 통해서 기독 교사 공동체들이 자신의 사역에 집중하면서 서로의 사역을 인정하는 균형 잡힌 기독 교사 세계관을 공유하기를 원했습니다. 그 당시만 해도 '학원 복음화'에 집중하는 분들은 교육 정책에 관심을 갖는 것은 인본주의적이라 생각했고, 또 교육 정책에 관심을 갖는 기독 교사들 눈에는 복음의 열정과 기도의 체험이 약해 보였습니다. 또한 기독교적으로 교과를 분석하는 것과 학원 복음화는 양립할 수 없는 것처럼 서로 부딪혔습니다. 이런 충돌이 해소되고 모두가 그리스도

안에서 그 위치가 질서 있게 자리 잡히기를 원했습니다. 그러나 그런 교사 신학이 당시 우리에게는 빈곤했습니다. 둘째로, 제가 선교한국대회에서 주님께 저 자신을 선교사로 바쳤듯이, 수많은 기독 교사들이 교육계에서 주님의 종으로 자신을 드리는 그런 헌신하는 모습이 있기를 원했습니다. 이렇게 1,000명을 모으고 새로운 교사 신학으로 기독 교사 공동체를 통합해내고, 주님께 우리를 헌신하는 역사. 그것은 대규모 행사 운영의 기법을 넘어서는 문제였습니다.

집사님 기도가 시끄러워요

그때부터 곧바로 새벽 기도를 시작했습니다. 어린 시절 어머니를 따라 교회에 가서 졸다 온 기억이 새벽 기도 경험의 대부분이었지만, 주의 도우심과 개입을 얻기 위해서는 그 길밖에 없다는 절박감이 찾아왔습니다. 거의 매일 새벽마다 예배당 창가에 붙어 앉아, 기독교사대회만을 위해 기도했습니다. 작은 소리로 하면 졸릴까봐 일부러 소리를 키웠고, 남들의 기도 소리에 기도가 엉키지 않도록 귀를 막고 큰 소리를 내 기도 했습니다. 턱턱 막히는 문제를 끌어안고 기도하는데 잠잠히 있기가 어려웠습니다. 그러다가 슬픔과 감동이 찾아오면 소리 내어 울기도 했고요. 그러니 새벽 기도회에 오신 교우들에게 저는 민폐거리였습니다. "최은상 목사님과 집사님 기도 소리 때문에 도무지 기도에 집중할 수가 없어요" 하는 불평을 들었지만, 어쩔 수가 없었습니다.

기도와 관련해 한 가지 일이 생각납니다. 대회를 위한 장소를 찾는 문제로 한참 고민하던 1997년 하반기였습니다. 교사들 1,000명을 수용할 수 있는 강당과 숙소를 갖춘 곳이 드물어, 적절한 장소를 찾는 데 너무 애를 먹었습니다. 서울여대 경우에는 총장까지 만났지만 여건이 맞지 않았고, 숭실대는 실무 선에서 막혔습니다. 장소 같은 가장 기본적인 데서 막히니, 난감했습니다. 홍보물에 대회 장소를 기입해 배포해야 하는데 장소 문제가 해결되지 않는 채 마감 시간이 목까지 차오르던 어느 날, 너무도 답답해서 교회 텅 빈 기도실에 올라가 기도를 시작했습니다. "하나님, 어떻게 합니까. 도무지 길이 없습니다. 도와주세요……" 한참 그랬을 것입니다. 기도 중 갑자기 제 마음속에 그림 하나가 환히 보였습니다. 그것은 모세가 이스라엘 백성을 데리고 홍해를 마주했을 때 장면이었습니다. 뒤에서 바로 군사들이 밀고 오는데 무심한 바다가 턱 가로막고 있는 답답함, 그런데 그것을 뚫고 이스라엘 백성들이 홍해를 건넜고, 미리암 등 이스라엘 여인들이 홍해를 건넌 후 소고 치며 찬송 부르는 장면이었습니다. 불가능한 일이라 절망했던 가운데 희망의 길이 보이는 그 장면. 기도 중 뜬금없이 찾아온 그 그림에 저는 몹시도 놀랐고, 어둠은 사라지고 갑자기 시원한 기쁨이 찾아왔습니다. 답답함은 날아가고, 너무 기뻐서 기도 중 히죽대기까지 했으니 뜻밖의 일이었습니다. 기도가 끝나고 모세와 미리암의 노래가 실린 〈출애굽기〉 15장을 열어 읽어보니 마치 주님이 저에게도 동일한 말씀을 주시는 것 같았습니다.

그 후 놀랍게도 일이 일사천리로 진행되었습니다. 생각지도 않게 강원대학교 캠퍼스가 후보지로 올랐고, 강원대에서 IVF 전국 대회를 치른 경험이 있던 엄기홍 춘천 IVF 대표간사(MBC 엄기영 전 사장의 동생)를 알게 되어, 그분의 도움으로 기독교사대회 개최 장소 문제가 해결되었습니다. 지금도 기억나는데, 춘천 강원대학교에 장소 교섭하러

가서, 우리는 아무 애도 쓰지 않고, 그 간사님 뒤만 따라다니며 대학 관계자들에게 인사만 드렸던 기억이 납니다. 이 모든 순조로운 과정이 예사롭지 않게 느껴졌습니다.

정병오, 헤드록에 걸리다

기윤실 교사모임 차원에서도 기도하는 일을 시작했습니다. 매달 1회 기독교사대회를 위한 철야 기도회. 보통 철야 기도는 11시에 모여 12시를 좀 넘기고 끝내는 약식 기도회일 때가 많지만, 우리는 진짜 무식하게 철저히 철야 기도를 했습니다. 금요일에 영등포 지역 두레교회에 모여 저녁 식사를 하고 8시 정도에 기도를 시작해서, 새벽 1~2시까지 진행했습니다. 4시간이 넘는 고된 강행군이었지요. 그리고 그것으로 끝나는 것이 아닙니다. 기도회 후에는 야식 라면을 끓여 먹고 근처 국회의사당으로 가서 나라와 민족을 위해 기도한 후, 탁구를 치고 잠깐 잠을 잔 후 새벽에 출근해서 수업하는 그런 무모한 일정이었습니다.

처음에 제법 많던 기도회 참석 숫자가 차츰 줄기 시작해서, 3~4명의 단출한 모임으로 끝날 때도 빈번해졌습니다. 몸이 버틸 수가 없었던 것이지요. 참석하되 '지혜롭게' 완급을 조절하는 분들도 나타났습니다. 대표적인 분이 김현섭 선생님이었습니다. 김 선생님은 저와 정병오 선생님과 스타일이 많이 다르고, 다른 고민과 관심사도 많아서 당시 모임에 집중하기 쉽지 않았습니다. 그리고 재미없는 일에 억지로 헌신하고 억지로 자리를 지키기보다는 유쾌하고 즐거운 분위기를 좋아해서, 이렇게 사람 진을 빼는 기도회는 그분에게 참 어색했을 것입니다. 그날도 기도회가 한참 진행된 10시 정도였을까요. 선생님은 개인 용무를 본

후, 남들이 진이 빠진 '적당한' 시간에 기도실로 들어왔습니다. 이것을 보고, 기도회 마친 후 정병오 선생님이 한마디했습니다. "그러니까 김현섭이지~"

"뭐라구요?" 그 뜬금없는 한마디에, 쌓여왔던 화가 터졌나 봅니다. 김현섭 선생님이 갑자기 정병오 선생님에게 돌진해서, 선생님의 목을 헤드록으로 조였습니다. 장난으로 그러는 줄 알았는데 얼굴이 벌게질 정도로 힘을 주어 졸랐습니다. 조임 당한 정병오 선생님 역시 당황했습니다. 평상시 남들이 들으면 과할 정도로 뼈있는 농담을 주고받으면서도 싫은 내색 없이 넘어가던 기윤실 교사모임 사람들인데 말이지요. 느닷없이 일어난 일에 모두가 당황했으나, 곧 헤드록은 풀렸습니다. 우리가 감당할 수 없는 규모의 기독교사대회를 꿈꾸지 않았다면 무식한 수준의 철야 기도도 없었을 것이고, 따라서 그런 헤드록 사건도 없었을 것입니다. 꿈을 꾼 것만큼 요구되는 대가의 고달픔이 있었던 세월이었습니다.

몇 년 후 기윤실 중보기도회는 중단되었습니다. 이제는 대회를 위해 전국에서 수많은 교사들이 함께 기도하니 지난날의 그 부담은 많이 완화되었기 때문이지요. 하지만 저는 그 시절 그 기도회가 그립습니다. 늦은 밤을 새며, 뜻을 같이하는 동지들이 새 시대의 변화를 위해 함께 기도하며 아파하고 기뻐하는 그런 경험은 삶의 귀한 시간들일 것입니다.

기독교사대회, 아니 기독 교사 운동 전체는 그렇게 우리의 절망과 낙담을 넘어서 1996년 1월, 하나님의 뜻밖의 개입으로 시작되었고, 또 무수한 어려움을 기도로 돌파한 역사들이었습니다. 저 역시, 주님이 주실 은총에 대한 기대감으로 새벽을 털고 일어나서 기도의 자리를 찾고,

그렇게 해서 운동의 고비고비마다 통찰력과 깨달음을 얻으며, 새로운 돌파구를 얻어냈으며, 그런 과정을 통해 주님을 만나는 소중한 경험을 얻었습니다. 그 기도의 시간이 없었다면, 기독 교사 운동 십수 년의 부담을 견디지 못했을 것입니다.

좋은교사운동의 짐을 내려놓고, 사교육걱정없는세상을 시작한 2008년 6월 이후, 저는 다시 이곳 삼각지 사무실에서 그 시절의 월례 중보기도를 시작했습니다. 좋은교사운동의 과제보다 훨씬 더 힘겨운 과제인지라 피곤해도 멈출 수 없는 일. 이제 주어진 언권만큼이나 책임 져야 할 부분도 많아지고 그런 만큼 안팎의 시련도 거세어집니다. 제 한계와 경험의 틀로 도무지 해결이 안 되는 일들이 수없이 몰려들어 무력감이나 분노가 찾아올 때, 하나님의 경륜과 역사하시는 일의 규모, 우리의 실패를 통해서 승리하시는 그분을 헤아리며, "도와주세요"라고 부르짖는 기도. 그 기도가 있었기에 운동이 있었고, 제가 있었고, 또 넘어져도 일어날 수 있었다 생각하니, 더욱 기도에 힘써야 한다 생각합니다. 무릇, 삶에서 끊임없이 실패를 경험한다 해도 그 기도의 자리를 놓치지 않는다면, 우리는 실패자가 아닐 것입니다. 고달프고 힘겨운 문제로 지치고 외로울 때, 밤으로 새벽으로 무릎 꿇다가 주님으로부터 '내가 너를 안다'는 그 위로의 한 말씀을 듣는다면, 우리의 일은 실패가 아닐 것입니다. 그 사실을 몸으로 경험한 자의 행복이 우리 생애 가운데 넘치면 좋겠습니다.

당시 대표자들 사진을 보관하고 있었는데, 찾을 수 없다. 다음 날 새벽 충남대 운동장 축구 사진으로 대신한다.

6개월 후 대구에서 열린 대표자 모임. 여전히 축구 사진. 그때는 지금과 달리 1박 회의가 잦았다. 교직을 그만 둔 지금, 전혀 축구를 못하고 있다.

1996년부터 대회를 위해 두레교회에서 철야 기도회를 가졌다. 7시에 모여 새벽 3시경에 끝나고, 잠깐 눈 붙이고 곧바로 출근하는 마라톤 기도회. 지긋지긋했다. 그러나 그 뚝심이 있었기에 어려운 시절을 뚫었다.

기도회가 끝나면 야식으로 라면을 먹고 탁구 치고 국회로 갔다. 김진우 선생님 (오른쪽에서 두번째)의 검은 머리가 세월을 짐작케 한다.

그 노래를
부르며 울다

98 기독교사대회를 준비하는 과정은 그야말로 '무'에서 '유'를 창조하는 기분으로 시작된 일입니다. 우리의 경험이 워낙 일천한지라, 대회 준비에 도움이 될 만한 곳이라면 어디든지 찾아다녔습니다. 부흥한국 콘서트, 선교한국과 IVF 사무실 방문, 세계 기독교사대회 등. 그중 선교한국대회는 주된 벤치마킹 대상이었습니다. 전체 집회 운영 방식과 선택식 강좌 배열, 부스 운영 등, 지금이야 보편화된 방법이지만 당시만 해도 다른 곳에서는 찾아볼 수 없는 집회 운영 방식, 특히 홍보 방법이 인상적이었습니다. 선교한국대회는 홍보와 관련, 이른바 '구걸식 홍보'를 하지 않았습니다. 대규모 선교 지망생들의 참여를 목표로 설정했지만 '제발 참가해달라'고 부탁하기는커녕, 체크 리스트를 만들어 점검을 하게 한 후 준비가 안 된 사람은 참가하지 말라고 권고하는 아주 '오만하기 짝이 없는' 홍보 방식을 선택했습니다. 그것은 자기 프로그램에 대한 자신감이나 그 집회가 갖는 시대적 긴급성에 대한 절박함이 없으

면 상상할 수 없는 자세였습니다. 아무나 오지 말라는 말이 오히려 모두의 시선을 끄는 묘함. 그 후 저는 좋은교사운동이나 사교육걱정없는 세상에서 각종 행사를 할 때, 주변 사람들에게 사람들이 아무리 안 모여도 절대 '구걸식 홍보'는 하지 말라고 말합니다. 잘 안 되니까 제발 도와달라는 식의 메시지는 왜 그 일을 해야 하는지에 대한 근본 성찰이 부족한 요청이거니와, 그렇게 도와달라고 할수록 돕고 싶은 마음이 사라지는 것이 보통 사람들의 심리니까요.

집회를 널리 알리기 위한 대책도 필요했습니다. 요즘처럼 인터넷 통신 수단이 있었던 것도 아니고, 기껏해야 천리안, 하이텔, 유니텔 같은 컴퓨터 통신이 막 시작된 시점이었고, 이메일의 개념도 발달되지 않았던 때였습니다. 오프라인 홍보를 중심으로 삼아, 개별 교사들에게 영향을 끼칠 단체들을 찾아내어 이 대회에 참가 단체로 초대하는 것, 그리고 전국 12,000개 학교에 보급할 《기독교사신문》을 제작하는 것이 주된 홍보 방법이었습니다. 수소문 끝에 인천에 근거를 둔 교사선교회, 광주의 교직자선교회, 진주의 후세대선교회 등을 알게 되었고, 이후 참가 단체는 13개 단체로 확대되었습니다.

인생에서 버릴 경험은 없다

《기독교사신문》은 편집 디자이너를 찾는 일이 관건이었습니다. 마침 인천 하늘교회 최광렬 목사라는 분이 매킨토시 컴퓨터로 편집을 잘하신다는 이야기를 전해 듣고 《기독교사신문》 제작을 의뢰했습니다. 원고를 넘긴 후 최종 편집 디자인 작업을 마감할 때면, 정병오, 김진우, 홍인기 선생님과 목사님 사무실로 가서 밤샘 작업으로 편집 교정을 마무리 짓곤 했습니다. 선생님들이 교정을 끝내면 저와 최 목사님이 모니터 화면을 보면서 새벽까지 편집 마무리하는 끔찍한 과정을 신문 낼 때마다 반복했습니다.

신문을 만드는 과정은 제가 대학 시절에 교회에서 소식지 편집장 역할을 한 경험이나, 또 교직 생활 초기 영어 성경 해설서 사도행전, 영어듣기 참고서 등을 집필하고 교정본 경험과 유사했습니다. 지난 세월의 경험들이 제법 쓸모가 있었던 셈이지요. 새벽까지 버티며 날밤을 새울 수 있었던 것은 책임의식이 가장 중요한 역할을 했겠지만, 어린 시절 어머니를 따라서 닭 장사를 하며 숱한 밤을 새며 닭털을 뽑고 손질하던 그 끈기 같은 것도 한 몫 거들었을 것이고, 대회 전체 운영에 대한 기획력은 발령지의 첫 학교에서 6년간 학교 축제 담당 교사로 쌓아왔던 경험도 다소는 도움이 되었을 것입니다. 하다못해 대회 팸플릿을 만드는 과정은 중고등학교의 미술 시간에 쌓은 색깔에 대한 감수성 정도 수준으로 버틴 것이었지요.

지나온 인생살이에서, 그때그때의 현실적 필요를 따라서 경험했던 삶의 자산들이 대회를 준비하는 데 없어서는 안 될 요긴한 재료로 활용되는 것을 보면서, 어느 날 저는 "하나님 나라를 위해 인생에서 버릴 경험은 하나도 없다"는 생각을 했습니다. 그리고 상담자로 살아갈 자신에게 별 소용도 없을 대학 기획처장 행정 업무로 인해 힘겨워하는 아내에게, "당장은 그 뜻이 무엇인지 몰라도 지금 당신이 경험하고 있는 것들이 미래에는 없어서는 안 될 자산이 될 것이니 불평하지 말아요"라고 이야기한 것도 제 경험에서 나온 그런 확신 때문이었습니다. 어찌 그것이 저와 제 아내에게만 해당될 일이겠습니까? 무릇 하나님 나라를 위해 자기 인생을 바치는 사람들에게 삶의 모든 경험은, 그것이 비록 실패의 경험일지라도 주의 나라를 위해 버릴 수 없는 요긴한 자산이라는 것을 저는 믿습니다.

짜장면 값이 더 비쌌다

당시, 대회를 준비하기 위한 변변한 사무실 하나 없었던 시절, 우리는 기독교윤리실천운동 본부 사무실을 활용했습니다. 낮에는 기윤실 간사들의 작업터지만, 저녁 시간 이후에는 우리가 사무실을 장악했습니다. 플로피 디스켓을 가져와서 간사들의 컴퓨터에 넣고 대회 관련 작업을 하느라 학교 바이러스를 기윤실 사무실에 퍼트려 애를 먹이기도 했습니다. 전국 12,000개 학교에 신문을 보낼 전산 봉투 겉에 주소를 기록하는 일은 시간과의 싸움이었습니다. 전산 용지를 걸어놓고 도트(dot) 프린터로 출력을 했는데, 잠시 한눈을 팔았다가는 엉켜서 멈출 수도 있기 때문에 뜬눈으로 날밤을 새우며 옆에서 지켜야 했습니다. 이렇게 해서 출력한 전산 봉투를 여러 지역으로 보내면 각 지역은 해당 지역 학교로 우편물을 발송하는 책임을 졌습니다. 서울 지역의 경우 1,000여 개 학교에 편지와 신문을 담아서 밀봉하는 작업은 워낙 큰 일이라, 우리 반 아이들 십여 명에게 봉사활동 확인증 발급과 한 끼 짜장면을 사줌으로 진행했습니다. 나중에 전산 봉투 출력하는 것도 대행 서비스가 있고 우편물 발송도 대행업체가 있을 뿐 아니라, 그 지출비용(10만 원)이 아이들 짜장면 값(13만 원)보다 저렴하다는 사실을 알고는 당황하기도 했습니다. 그러나 저는 그런 시간이 결코 낭비가 아니었다고 봅니다.

삶은 고단했지만, 불평이 없었습니다. 세상에 이런 축복이 어디 있습니까? 지금 우리가 감당하는 일은 오랜 세월 기독 교사들이 그토록 열망해왔던 것들로, 은총이 우리 시대에 부여되었다는 것은 분에 넘치는 축복이었으니, 그 일을 위해 쓰임 받는 것은 아무리 힘겨워도 행복한 일이었습니다. 저는 늘 그런 이야기를 합니다만, 제가 기독 교사 운동에 쓰임 받아온 13년간은 그 이전의 30년 인생과 결코 바꾸고 싶지 않습니다.

대회 프로그램 준비도 쉬운 일은 없었습니다. 대회 주 강사를 선정하는 것은 혼란의 연속이었지요. 당시 청년 사역으로 유명하던 동안교회 김동호 목사님을 섭외차 방문했지만 안식년 기간과 겹쳐 성사되지 못했고, 1997년 IVF 전국 대회 주 강사였던 이동원 목사님은 비서실 등 문턱이 높아서 접근 자체가 불가능했습니다. 대통령보다 만나기 더 힘들다고 투덜대던 기억이 납니다. 결국 특별 긴급 기도회를 통해 제자들교회 김서택 목사님(현 대구 동부교회 담임목사)을 알게 되었고, 그분을 찾아뵈었을 때 설교는 걱정하지 말라고 하시던 그 확신에 찬 말씀에 안심이 되었습니다.

대회의 밤 시간을 김서택 목사님이 책임져주신다면, 낮 시간 기독 교사의 시대적 안목을 틔워줄 시간은 다른 사람들의 몫이었습니다. 세계 선교 지평 속에서 기독 교사의 역할을 풀어내는 일은 한철호 총무님(선교한국대회), 교육 현장 속에서 기독 교사의 역할은 홍세기 선생님(교사선교회), 기독 교사들의 균형 잡힌 온전한 사역은 박상진 목사님의 몫으로 맡겼습니다. 당시 박상진 목사님은 미국에 유학 중이었지만, 기독 교사 운동에 그분이 불을 지핀 책임도 있으니, 미국에 있더라도 오셔야 한다고 생각해서 그분에게 강의를 부탁했습니다. 그분 역시 대회 강사 역할을 흔쾌히 수락했습니다. 그분의 강의는 98 기독교사대회 이후에도 교사들의 머릿속에 오랫동안 남게 되는 아주 인상적인 강의였습니다. 미국 대학 도서관에서 강의를 준비하며 심령의 뜨거움을 경험하는 등, 이미 강사 자신이 대회 준비 전 부흥을 맛본 내용이었기에, 그만큼 생명 넘치는 강의였습니다.(그분이 강의 도중 균형 잡힌 온전한 기독 교사를 설명할 때 썼던 '기독' 교사, 기독 '교사', '기독' '교사', '기독 교사'는 아직도 선명히 남아 있습니다.)

고형원, 〈보리라〉 작곡하다

대회가 임박해서도 해결되지 않은 하나의 과제는 대회 주제가였습니다. 대회 주제가는 고형원 전도사님이 맡아주기로 했습니다만, 그분과의 사적 관계는 없었습니다. 다만 1997년 무렵, 두레교회에서 대회를 위한 중보기도를 하다가 함께 부르던 찬양 중에서 매우 영감 있는 두세 곡을 통해 그분을 처음 알게 되었고, 그래서 무턱대고 이분에게 작곡을 의뢰하자고 해서 시작된 만남이었습니다. 신림동 YWAM 관악 회관에서 그분을 처음 만난 순간은 잊을 수 없습니다. 영감 넘치는 작곡가라는 느낌은 전혀 찾아볼 수 없는, 주근깨투성이의 농사꾼 같은 인상. 그러나 그분이 '고형원'임에는 틀림없었습니다. 이 운동에 대한 작곡을 의뢰했을 때, 그분은 초면임에도 불구하고, "일제시대 나라가 어둠 가운데 있을 때, 기독교는 교육과 의료 등을 통해서 민족에 기여했습니다. 이제 다시 기독 교사 운동을 통해 복음이 이 땅 교육 속에서 아이들을 치유하는 그런 역사가 있어야 합니다. 기독 교사들뿐 아니라 모든 사람들이 함께 부를 노래로 만들기 위해 '기독교적 용어나 표현'은 모두 뺀 곡으로 작곡하겠습니다." 그렇게 시원하게 약속했습니다.

그런데 대회가 임박하여 준비팀이 강원대학교 캠퍼스로 가야 할 날이 가까워오는데도 그분으로부터 와야 할 소식이 없어 속이 타 들어갔습니다. 자료집 인쇄를 걸어야 하고 찬양팀도 주제가 연습을 해야 하는데 정작 주제가가 오질 않아서 발만 동동 구르고 있던 차에, 가까스로 캐나다에 있는 그분과 통화가 되었습니다. 곡을 만드느라 여러 날 금식했고, 이제야 곡을 완성해서 팩스로 보내겠다고 말했습니다. 그 후 캐나다에서 팩스 한 장이 날아왔습니다. 팩스로 들어온 〈기독 교사의 노래〉라는 제목의 악보 한 장. 성보중학교 음악 선생님이자 고형원 전도사님의 지인인 한 교사를 통해 악보를 급히 연주곡으로 녹음했는데, 우리는 그 반주 음악 테이프를 따라 노래 부르며 감격했습니다.(〈기독 교사의 노래〉는 그 후 고형원 전도사님과 협의를 통해 〈보리라〉라는 제목으로 바뀌어 널리 보급됩니다.)

대회 임박해서 팩스로 날아온 고형원 전도사님의 곡, 〈기독 교사의 노래〉. 그분의 서체는 늘 독특하다. 대회 이후 그분께 모든 기독인들과 함께 부르는 노래로 보급해달라고 부탁하여, 지금은 〈보리라〉로 널리 알려져 있다.

교계 기자들을 대상으로 1998년 7월 23일 실시한 98 기독교사대회 설명회. 종로 여전도회관에서 가졌던 것으로 기억한다

98 기독교사대회를 준비하는 과정에 자주 들렀던 강원대 부근 춘천 닭갈비집. 같은 값에 1.5배를 더 준다는 뜻으로 가게 이름이 '1.5닭갈비'였다. 20년이 훌쩍 넘어 춘천을 갔는데 아직도 성업 중이었다. 맛도 여전했다.

《기독교사신문》 1호. 유독 창간호만 찾지 못했는데, 다행히 우리 집 베란다 책꽂이 파일에서 어렵사리 찾아냈다. 조사하면 다 나온다.

소리엘이 부른 〈기독 교사의 노래〉(〈보리라〉)는 감미롭다. 그러나 98대회 안준길 선생님이 이끈 찬양팀이 부른 역동적인 〈보리라〉가 더 원곡의 정신을 살린 것이라고 생각한다. 그 찬송을 부르며 많이 울었다.

서울에서 준비할 일을 어느 정도 마치고 우리는 대회장이 있는 춘천으로 가서 집회를 준비했습니다. 집회 준비를 끝내고 강원대 후문 인공폭포 맞은편 '1.5닭갈비'라는 춘천 닭갈비집에서 먹은 닭고기 요리는 잊을 수 없습니다. 그 맛이 너무도 그리워 작년에 다시 그 집을 방문했는데, 13년이 지나도 그 맛은 변함이 없었습니다.

폭우로 유실된 경춘선

그런데 일이 터졌습니다. 춘천에서의 준비 과정이 거의 끝난 대회 이틀 전쯤, 충격적인 소식이 날아왔습니다. 경기 북부에 큰 홍수가 났다는 것입니다. 대회 참석을 결심했던 교사들이 등록을 취소하는 사태가 빗발쳤습니다. 부모님이 계시는 연천 지역으로 수해 복구공사를 하러 가야 한다고 불참 통보를 한 어느 교사의 전화는 무척 심란했습니다. 그것으로 끝날 문제가 아니었습니다. 대회 하루 전에는 춘천으로 오는 경춘선 철로 곳곳이 유실되었고, 교각에도 문제가 생겼다는 이야기까지 들려왔습니다. 전화를 해서 확인해보니, 관계자는 복구공사를 서둘 것이나 장담은 할 수 없다는 말만 했습니다. 위기였습니다.

1998년 8월 9일 주일 저녁 시간, 춘천 IVF 회관에 준비팀 전원이 모였습니다. 아무래도 긴급한 기도가 필요한 상황이었습니다. 기도를 시작하기 전, 누가 말씀을 전해야 할 상황인데, 직감적으로 책임자인 제 몫임을 알고 부담을 느꼈습니다. 평상시 예고 없이 말씀을 전해야 하는 시간을 제일 공포스럽게 생각하는 저에게, 문득 스치는 한 말씀이 있었습니다. 그것은 대회 장소를 찾을 수 없어 절망 가운데 몇 개월 전 교회 골방에서 기도하던 때 제게 찾아온 바로 그 그림이었습니다. 홍해의 기적…… 쫓아오는 이집트 군사들, 그리고 앞은 바다, 그 와중에 모세를 원망하고 하나님을 원망하던 이스라엘 백성들에게 홍해가 갈라지는 기적이 임한 사건, 그리고 그 기적으로 인해 미리암과 여인들이 소고 치며 기뻐 노래하던 장면이었습니다. 그로 인해 제가 비로소 영혼의 자유를 경험했고, 그렇게 해서 춘천 강원대학교 캠퍼스와 연결되었던 그 그림 한 장. 주께서 인도하신 곳이니, 집회는 실패하지 않을 것이고, 하나님이 이 폭우를 뚫고 교사들을 인도하실 것이라는 확신이 들었습니다.

그 〈출애굽기〉 말씀을 펴자고 하여 함께 읽은 후, 저는 선생님들께 이야기했습니다. "선생님들, 여기로 인도하신 우리 주님이, 홍해를 가르고 이스라엘 백성을 구원해주신 우리 주님이, 폭우를 뚫고 우리 기독교사들을 이곳으로 인도하실 것이며, 대회를 지키실 것입니다." 그렇게 말했습니다. 짧은 나눔이었지만, 그것은 약속의 말씀을 붙들고 인도하심 받은 사람들이 환란과 위기의 역사 속에서 늘 해왔던 고백들이었습니다. 눈앞의 현실은 위협적이나 그 현실보다는 크신 하나님이 주신 약속을 더 큰 것, 현실보다 더 현실적인 것으로 붙들고 믿음의 고백을 하는 그것이 우리에게 필요했던 순간이었습니다. 그리고 우리에겐 다행히 그 약속이 있었습니다. 기도회를 마치고, 대회가 연기되는 것이 아니냐고 전화 문의하는 교사들에게 대회는 예정대로 진행되니 걱정하지 말고 오시라고 말했습니다.

십수 년이 지난 지금, 98 대회의 모든 것은 다 잊어도 저는 그때 그날의 기도회, 그날의 말씀은 잊을 수 없습니다. 이미 골방에서 거둔 승리의 역사가 있는 사람은 현실의 위협에 굴하지 않는 법입니다. 광야에서 역사의 주인과 승부를 걸어 답을 얻은 사람은 현실의 위기에 눌리지 않은 법입니다. 골방에서 받은 말씀이 있고 이미 얻은 답이 있으니, 두려울 것이 없다는 확신이 있으니까요.

대회 당일이 되었는데, 비는 여전히 내리고 있었습니다. 등록 인원 비율이 가장 높았던 수도권 지역의 물난리가 아직 한창인 상황에서, 서울 경기 소속 교사들이 얼마나 참석할지 장담할 수 없는 상황이었습니다. "선생님, 500명만 모여도 성공입니다. 1,000명 기대는 하지 마세요"라고 하셨던 어느 선생님의 말씀을 무시하고 1,000명을 목표로 모든 준비를 해왔는데, 모든 것이 헝클어질 것 같은 위기. 그런 위기 속에서 우리는 교사들을 맞을 준비를 하고 있었습니다.

폭우를 뚫고 찾아온 920명

그런데 대회 시작 시점이 가까워오자, 놀라운 일이 일어났습니다. 그 비를 뚫고 수많은 교사들이 강원대학교로 쇄도하기 시작했던 것입니다. 광주에서, 부산에서, 대구에서, 서울과 경기에서 자가용으로 전세 버스로 폭우를 뚫고 수많은 기독 교사들이 대회장인 백령 문화회관으로 찾아왔습니다. 교사들만 920명, 아이들을 포함하면 1,000명이 넘는 그 규모는 놀라움 그 자체였습니다. 그 자체로 대회는 이미 성공이었습니다. 큰 폭우를 뚫고 함께 모였다는 안도감, 그래서 만난 사람들, 학교 현장에서 기독 교사라는 이름으로 홀로 외로이 살던 나와 같은 교사들이 이렇게 많구나, 하는 사실이 주는 위로는 너무도 커다란 감격이었습니다.

첫날부터 시작된 성령의 역사에, 모인 교사들은 놀라움과 감격으로 흥분했습니다. 대회장에서 많은 분들이 우리에게 찾아와 이렇게 고백했습니다. "집회장을 들어설 때마다 성령이 어떻게 일하실지 기대하는 마음으로 매 시간 설레었습니다." "우리는 혼자가 아니었음을 알았습니다. 나만 혼자 학교 현장에서 고군분투하는 줄 알았는데, 이렇게 많은 순결한 주의 종들이 있는 것을 보고 많은 위로를 받았습니다." "고형원 전도사님이 작사 작곡한 주제가를 부르며 참으로 많이 울었습니다."

정말 놀라운 성령의 역사였습니다. 이 대회 강사로 참석한 김정한 교수, 안동규 교수 등 많은 교수들과 선교 단체 관계자들도 이 대회 가운데 있었던 성령의 강력한 역사에 크게 감동을 받은 나머지 대회의 중요성을 여러 번 강조했습니다. "이 대회처럼 기도로 잘 준비된 대회를 나는 미처 보지 못했습니다. 미국의 어바나 대회와 같이 사회와 교회를 새롭게 하는 중요한 대회가 될 수 있을 것 같습니다."(안동규 교수, IVF 이사) "이 대회는 저에게 하나의 충격이었습니다. 어떻게 해서든 앞으로 이 모임을 살려가야 할 것입니다."(김정한 교수, 연세대) "제가 오랜 동안 꿈꾸어왔던 비전이 성취되는 것을 봅니다. 나는 이 대회를 통해서 기독 교사들의 타는 목마름을 보았습니다. 여러분은 이 대회를 왜 하나님이 허락하셨는지를 잘 분별해야 할 것입니다."(박상진 목사, 장신대)

기독교사대회 중 중요하지 않은 대회가 없었겠지만, 98 대회는 기독 교사 운동사에서 특히 잊을 수 없는 전설로 남아 있습니다. 준비된 것을 뛰어넘는 성령의 특별한 기름 부으심이 강력했던 대회. 십여 년의 세월이 지난 지금, 저는 왜 주께서 그날의 기적을 우리에게 허락하셨는지를 돌아봅니다. 전교조 해직 교사 사태 외에 특별히 어떤 위기가 없었던 시점에 기독교사대회에 임한 부흥의 역사는 이례적인 일이었습니다. 그러나 하나님은 그 이후 우리 교육계에 일어날 수많은 문제와 갈등, 그리고 절망적 교육의 위기 상황을 내다보시고, 당신의 마음에 합한 사람을 준비시키고 그들에게 그 모든 것을 감당할 능력을 부어주시기로 작성하시고 98 대회를 붙드셨다고 저는 믿습니다. 만일 그 대회가 아니었다면, 곧이어 일어났던 전교조 합법화 이후 기독 교사 공동체에 불어 닥친 혼란, 도무지 이전의 전통적 스승상으로는 감당할 수 없는, 교사의 권위에 아이들이 도전하는 교실 붕괴 사태, 교원 평가 국면, 그리고 입시 사교육으로 인한 고통의 문제 등 수많은 과제들에 기독 교사들이 제대로 대처하지 못했을 것입니다.

위기가 찾아오고서야 군사를 모으는 것은 늦습니다. 물론 위기가 왔어도 낮잠을 자는 것보다는 나은 일입니다. 가장 좋은 자세는 평온한 때 위기를 대비해 군사를 모으는 것입니다. 98 대회는 그 '가장 좋은 일'을 위해 마련된 주의 은총이었습니다.

김서택 목사님의 설교(야곱의 꿈)를 패러디한
TCF의 연극 장면. 연극 콘티는 대회 마지막 날
박은철 선생님의 머리에서 전광석화처럼 재구성
되어 대박을 터트렸다.

주 강사 김서택 목사님. 야곱의 꿈
으로 한 강해 설교 장면이다. 유머
와 인생에 대한 깊은 이해로 풀어
내는 그분의 강해 설교는 참석한
모든 이들을 사로잡았다.

사상 유례없는 중부권 폭우로 대회 개최 여부가 불투명할 정도였다. 그러나 그
폭우를 뚫고 920명이나 되는 기독 교사들이 대회장을 찾았다. 일가친척을 보는
것보다 더 기뻤다.

다음세대를
책임지는
기독교사

98 대회의 감동을 모아 참가한 교사들 전체가 폐회식 직후 찍은 사진이다. 왜 불가능한 모든 조건
을 넘어 주께서 이렇게 많은 기독 교사들을 모이게 하셨는지, 그 뜻을 잊어서는 안 된다.

10장

퇴직의 마음을
거두다

98 기독교사대회를 앞둔 7월 24일, 4차 실행위원회를 춘천 IVF 회관에서 개최했습니다. 임박한 대회의 최종 마무리를 위한 회의였습니다만, 대회 이후 기독교사연합의 진로에 대한 고민도 의제였습니다. 한번 대회를 치르고 말 것이 아니라면 운영 경험이 계속 축적되어야 하고, 또 1,000명의 교사들이 대회 이후 각지로 가서 지역 모임을 개척하면 지원 업무도 감당해야 하는데, 이는 대회를 돕는 간사 단체 차원의 업무를 넘어, 사업의 중심을 잡고 일할 중앙 사무 조직과 상근자를 필요로 했습니다.

하지만 이 문제를 다루는 것이 쉽지 않았습니다. 기독교사대회가 겨우 처음 시작된 마당에, 필요가 있다고 해서 선뜻 그 논의를 할 만큼 가벼운 주제가 아니었으니까요. 또한 이 일에 전념할 사람을 세운다는 것은, 그에게 일을 수행할 권한을 부여한다는 것이요, 그 권한을 행사할 적절한 직위와 일터, 생계를 책임진다는 것을 의미하는 셈인데, 이

제 막 시작된 연합 운동이 그 부담을 끌어안는다는 것은 시기상조였습니다. 사무처를 두면 일은 효율적이지만 각 회원 단체가 감수해야 할 부담이나 사무처 중심 쏠림 현상 등, 회원 단체 입장에서는 사실 적잖은 고민거리가 생기는 셈이었지요. 명분과 현실 속에서 회의는 매끄럽지 않게 진행되었고, 여기저기에서 발언 간에 충돌이 생겨, 마치 1995년 8월 최초의 연합 회의 때 같은 긴장이 흘렀습니다.

간판을 내릴 각오가 되어 있습니다

그때 이런 상황을 정리해준 한 분이 계셨습니다. 교사선교회 대표 간사인 이풍우 선생님. 교육계에서 하나님 나라 운동을 위해 큰 틀의 비전과 전망을 갖고 계시던 분이었습니다만, 많은 말씀 없이 온유하게 계시다가 그때 핵심을 찌르는 한마디를 하셨습니다. "선생님들, 우리가 왜 모였습니까. 우리가 어떤 일을 생각할 때 중요한 것은 교육계에 하나님 나라를 세우는 것입니다. 그 일을 위해서라면, 단체의 이름은 아무것도 아닙니다. 저와 저희 단체는 하나님 나라의 유익을 위해서라면 지금이라도 우리 단체의 간판을 내릴 각오가 되어 있습니다." 그 한 말씀은 반전이었습니다. 그분의 말씀에 다들 잠시 침묵했습니다. 마치 우리가 잃어서는 안 될 소중한 가치를 확인했다고나 할까요.

저는 우리 기독 교사 운동이 세대를 관통해서 잊지 말아야 할 소중한 가치가 있다고 생각합니다. 13년간 좋은교사운동을 할 때, 내부의 어려움이나 바깥의 문제를 헤쳐 나가는 데 제가 가졌던 중요한 가치는 딱 세 가지였습니다. 첫 번째, 무례하지 않고 온유와 겸손의 마음으로 운동을 한다. 두 번째, 이념이 아니라 상식과 합리적인 관점으로 대안을 제시하는 자세로 일한다. 세 번째, 교육과 아이들의 유익을 우리의 직업적 이해관계보다 우선시한다. 이 세 가지 가치였습니다. 그런데 그 가치 가운데 가장 중요한 것 하나를 선택하라고 한다면, 저는 주저 없이 세 번째 것을 지목하겠습니다. 교육과 아이들의 유익이란, 타인에 대한 섬김이라는 복음의 핵심과 이어져 있는 가치이고, 그것을 개인과 단체의 이해관계보다 우선시한다는 것은, 복음 운동을 하는 단체라면 목숨처럼 지켜야 할 덕목이라고 저는 생각합니다. 좋은교사운동에 대해 기술할 때 더 자세히 말씀드리겠습니다만, 저는 그 하나의 가치를 지키기 위해 힘겹게 달려왔고, 운동과 저의 명운이 달려 있는 심각한 기로에서 늘 그 원칙을 제1의 가치로 붙들어왔습니다. 물론 그로 인해서 괴로움도 많이 경험했습니다만, 저는 결코 그 선택을 후회하지 않습니다. 후회하기는커녕, 그 선택이 오늘의 좋은교사운동을 다른 단체와 구별시키는 힘이요, 세상의 사람들이 이 운동에 소망과 기대를 거는 이유라고 저는 믿습니다. 그런데 이러한 중요한 가치는, 후일 좋은교사운동이 시작되면서 새롭게 발견된 것이 아니라, 초창기 기독 교사 운동 때부터 이풍우 선생님 같은 기독 교사들의 가슴속에 면면히 흐르는 정신이었다고 저는 생각합니다.

퇴직 순번 내정하다

이풍우 선생님의 그 발언이 계기가 되어 대표자들은 더 효율적인 연합 사역의 틀을 만드는 일에 마음을 열고, 자세한 것은 98 대회를 끝낸 직후 실행위원회에서 결정하기로 했습니다. 그 회의를 끝내고 저는 막연하나마 이런 추세라면 대회 이후 사무국이 생길 것이고, 그 일을 전담하기 위해 누군가가 퇴직해야 하겠구나, 하고 예상했습니다. 그리고 누가 그 짐을 져야 할 것인가를 생각했지요. 사실 정 선생님과 저는 여러 번 기독 교사 운동의 장래를 생각하면서 언젠가 우리 둘이 퇴직을 해서 이 짐을 져야 할 때가 올 것이라고 예견했습니다. 우리가 저지른 일이니 우리가 수습해야 한다는 책임감 같은 것이 있었지요. 그리고 동시에 퇴직할 수 없기에 순서를 정한다면, "1번 송인수, 2번 정병오" 이렇게 해야 한다고 정 선생님이 제안하여 그렇게 내정된 바 있었습니다. 그때가 아마 98 대회 준비를 위해 IVF 중앙 회관에 들러 신웅섭 총무를 뵙고 오는 길이었을 것입니다.

아무튼, 2학기에 퇴직하게 된다고 생각하니, 우리 반 아이들이 걱정되어 제 담임 업무를 대신할 분을 미리 섭외해야 하겠다고 판단하고, 믿을 만한 선배 기독 교사인 홍순기 선생님께 부탁을 했습니다. "선생님, 2학기가 되면 대회 이후에 퇴직을 해야 할지 모릅니다. 저희 반 아이들을 챙겨주시고 저 대신 담임교사가 되어주십시오." "네, 그렇게 하겠습니다." 제가 기독 교사 운동으로 퇴직한다는 이야기에 전혀 놀라는 빛 없이 홍 선생님은 그렇게 제 요청을 받아주셨습니다. 대회가 시작되고 수많은 기독 교사들이 춘천 대회장으로 쏟아져 들어올 때, 그 무리들 가운데 홍순기 선생님을 포함해서 제가 근무하던 삼성고등학교 신우회 교사들이 보였습니다. 그 반가운 사람들, 특히 홍순기 선생님을 뵙자마자, 알 수 없는 어떤 감정으로 제 눈에는 눈물이 글썽거렸습니다.

그렇게 대회는 은혜 가운데 끝났습니다. 놀라운 변화와 충만의 체험들. 대회에 참석한 분들이 대회 이후 몇 달이 지났는데도 그때 받은 감동을 잊지 않기 위해 대회 팔찌를 끼고 수업에 들어간다는 이야기,

대회에 참석했던 교사들의 변화된 모습으로 인해 소속 교회와 학교에서 무척 놀랐다는 이야기 등, 변화의 열매에 관한 수많은 이야기들이 여기저기에서 들려왔습니다. 무엇보다도 흩어진 사람들이 자기 지역에서 교사 모임을 개척하는 일이 대대적으로 벌어졌습니다. 지난 십수 년간 단체들이 고립된 상태로 고군분투하며 30여 개 모임을 운영했는데, 그 이후 몇 년 사이에 3~4배 이상의 모임이 탄생했으니 놀라운 일이 아닐 수 없습니다.

깨끗이 접고 다 넘깁시다

대회가 성공적으로 끝나니, 7월 실행위원회에서 남겨놓은 과제가 더 고민스러웠습니다. 삶의 자리를 옮겨야 할 이유가 더욱 분명해졌습니다. 대회 이후 서울로 올라와서 뒷정리를 한 후, 10월 26일 우리는 대전 안창호 선생님 댁에 내려가서 실행위원회를 가졌습니다. 대회에 대한 평가 및 기독 교사 운동을 위한 중앙 사무 조직을 두는 문제가 주요 의제였지요. 그런데 그날 실행위원회 참석자들의 면면을 보니, 당황스러웠습니다. 7월 대표자 회의 맥락을 아는 대표자들이 대거 빠지고, 정황을 잘 모르는 단체 중간 리더급들이 참석해서 그 논의를 이어가야 했던 것입니다. 공교롭게도, 중심 잡아주실 이풍우 선생님도 그때는 오시지 않았습니다. 오늘 회의가 좀 어렵겠다는 걱정이 생겼습니다.

아니나 다를까, 중앙 사무처 조직을 두는 문제는 정리가 잘 되지 않았습니다. 토론은 무성해지고 논의는 복잡해졌으며, 매듭은 풀리지 않았습니다. 회의를 중단하고, 잠깐 각 단체별로 모여 입장을 정리하는 시간을 가졌지요. 그때 기윤실 교사모임에서 회의를 하다가 정병오 선

대회 직전 1998년 7월 25일 개최되었던 실행위원회. 대회 마지막 점검과 대회 이후 갈 길에 대해 고민이 깊었던 시간이었다.

실행위원회에서 기도하시는 이풍우 선생님. "하나님 나라를 위해서 우리 단체는 언제든지 우리 간판을 내릴 각오가 되어 있습니다." 회의 시간에 단체들 간 긴장이 있었을 때 그분이 고백한 그 말을 나는 아직도 기억한다.

생님이 한마디 했습니다. "더 이상 모든 것을 주장하지 말고, 우리 기윤실이 깨끗이 접어야 하겠어요. 모든 것을 정리해서 다음 간사 단체인 TCF에 넘깁시다. 그 길밖에 없습니다." 당황스러웠습니다. 특히 저의 경우는 사무처와 상근자가 필요하면 제가 그 짐을 맡아야 한다고 결심하고 굳은 각오를 하고 회의에 참석했는데, 엉뚱한 결론이 내려지니, 정신이 하나도 없었습니다. 하지만 정 선생님이 제안한 그 수밖에 다른 길 또한 없어 보였습니다.

기윤실 교사모임의 그 결정으로 상황은 종료되었습니다. 기윤실이 내려놓게 되니, 이 논의를 이끌어갈 힘을 가진 그룹이 없어졌습니다. 회의를 마치고 돌아오는 길은 허탈했습니다. 제가 학교생활을 지속할 수 있게 된 것은 다행이지만, 열려야 할 문은 닫혀버렸으니, 참으로 난감하고 힘 빠지는 일이 아닐 수 없었습니다.

가정에 찾아온 위기

여기에, 대회 이후 가정적 어려움까지 겹쳐 상황은 더 힘겨워졌습니다. 그동안 대회 준비에 전념하느라 허다한 날 남편의 늦은 귀가를 견뎌온 아내가 대회 이후에도 그 생활 패턴이 지속되자 저의 모습에 짜증을 내기 시작했습니다. 그때 여명이가 세 살 때였고, 아내 역시 직장 생활 등으로 분주하던 시절이었으니, 남편의 지원이 없는 가정생활이 아내에게는 참으로 힘겨운 짐이었을 것입니다. 여기에 같은 연립주택 아래층에 사시던 어머니 상황도 좋지 않았습니다. 평생 '걸어 다니는 병원'이라는 별칭을 가질 만큼 젊은 시절 고생으로 온 몸에 연약함을 안고 사시는 분인데, 대회 이후 갑자기 몸이 더 약화되었습니다.

어머니 입장에서는, 큰아들 가정이 가까운 곳으로 이사를 왔으니, 힘겹고 어려울 때 최소한의 관심과 돌봄을 기대하는 것은 당연했습니다. 하지만, 대회 이후 저는 저대로 대회 마무리 업무로 바빴고 아내는 직장과 아이 육아로 지쳐 있었던 상태라, 어머니를 보살피는 것이 물리적으로 소홀한 시점이었지요. 결국 어머니가 폭발했습니다. 어느 날 오랜만에 인사드리러 내려가보니 어머니는 싸늘한 표정을 지으셨고, 그리고 아들과 며느리에 대한 섭섭함으로 확 마음을 닫아버렸습니다. 그 이후로 오랜 시간 침묵과 단절의 세월이 흘렀습니다. 일의 형국이 묘하게 뒤틀려 어머니와 우리 부부 간의 갈등이 시어머니와 며느리 간의 갈등으로 좁혀지게 되었습니다. 저는 어머니와의 관계도 힘들었지만, 아내의 힘겨움이 숨도 쉴 수 없을 만큼 고통스러웠습니다. 그 냉랭함과 단절의 기운들이란……

대회를 통해서 겪은 놀라운 역사로 인해서 너무도 고양되었는데, 운동의 전망이 닫힌 것 같고, 가정은 가정대로 깊은 늪에 빠진 것 같은 절망감은 견딜 수 없었습니다. 대회를 준비하면서 얻은 기쁨과 새 일에 대한 확신은 한순간 날아가고, 가정의 문제 하나 해결 못하는 저의 초라한 모습이 너무도 무력했습니다.

그렇게 한 달 이상 시간이 흘러갔을 것입니다. 그러던 어느 주일날, 저는 어머니와 아내를 두고 혼자 예배를 드리러 교회로 갔습니다. 답답한 마음으로 예배를 드리는데, 예배 순서에 따라 설교 전 성경 구절을 함께 읽던 시간이었습니다. 설교 본문 말씀이 제 눈에 확 들어왔습니다. 〈여호수아〉 1장 말씀. 모세가 죽은 후 이스라엘을 이끌어야 하는 여호수아에게 주신 말씀이었습니다. "네 평생에 너를 능히 대적할 자가 없으리니, 내가 모세와 함께 있었던 것 같이 너와 함께 있을 것임이니라. 내가 너를 떠나지 아니하며 버리지 아니하리라, 강하고 담대하라." 그런데 그 말씀이 문득 하나님이 제게 주시는 위로의 말씀처럼 다가왔습니다. 나는 아무것도 아니라 생각하고, 대회 이후 두려움과 연약함으로 좌절해 있었는데, 하나님이 제 영혼에 찾아오셨다는 느낌, 그리고 눈물이 쏟아졌습니다. 예배를 끝내고 집으로 돌아가보니 또 놀라운 일이 생겼습니다. 제가 혼자 예배를 드리고 있던 그 시간에, 어머니와 아내는 서로 화해를 했던 것입니다. 주께서 한편으로는 저를 위로하시고 또 다른 편으로는 아내와 어머니를 서로 화해케 하시는 역사, 그것은 말할 수 없는 은총이었습니다. 저는 그 후 그 말씀을 붙들고 삽니다. 제 삶이 어렵고 힘들 때, 집채만 한 어려움이 엄습하며 제 영혼을 낙담시킬지라도, 〈여호수아〉 1장의 그 말씀을 붙잡으며 살아왔습니다. 비록 저 자신의 연약함과 실수, 잘못으로 자주 넘어질지라도 약속에 신실하신 하나님은 저를 붙드시고 지키신다고 생각하며, 그 말씀을 붙들어야 하겠다고, 지금도 새삼 마음을 다져봅니다.

하나님 나라에서 직선은 없다

실행위원회 이후, 모든 것을 정리하여 대구 TCF에 넘겼습니다. 해왔던 일들을 영역별로 분류해서 지침을 매뉴얼화해 전달했습니다. 대회를 준비하는 팀을 돕기 위해 수시로 대구로 내려가서 함께 회의를 하기도 했고, 신문 업무도 이젠 대구로 넘겨, 팩스로 주고받으며 편집 작업을 하기도 했습니다. 생각해보면, 그 과정은 낭비와 비효율의 시간이었습니다. 하지만 저는 그 이후 그 낭비와 비효율의 시간을 불평하지 않았습니다. 주어진 조건 속에서 하나님은 또 당신의 일을 빈틈없이 하시는 분이라는 생각에, 일이 반듯하게 진행되지 않아도 초조해하지 않았습니다. 오히려 대구 TCF 분들과 잦은 대화와 협력을 통해 그리스도 안에서 참다운 우정을 나누고 큰 위로를 얻기도 했습니다.

돌아보니, 만일 1998년 2학기 때 제 속생각대로 본부 사무실이 생기고 제가 그 일에 전념하기 위해 학교를 그만 두는 길이 열렸다면, 무척 위험했을 것입니다. 한 사람의 생애를 함께 책임지는 공동체 기반이 취약했던 시절에, 덜컥 퇴직하고 뒷감당하지 못하는 공동체의 모습에 상처받고 서로가 당황하게 될 경우, 기독 교사 운동은 오늘처럼 든든히 이어지지 않았을 것입니다. 지금도 우리 운동은 생각과 관점의 차이가 있을지 모르겠지만, 그래도 그 모든 것을 덮고도 남을 만큼, 서로에 대한 깊은 신뢰와 우정이 있습니다. 그리고 무엇보다도, 복음을 위해 우리의 이해관계를 내려놓겠다는 마음이 우리 가운데 견고히 자리 잡고 있습니다. 이것은 다른 어떤 일반 조직에서도 찾기 힘든 우리만의 자산입니다.

뜻대로 풀리지 않고, 돌아가는 길이었다고 생각했는데, 지나고 보니 그 여정은 의미 있었습니다. 그래서 저는 "하나님 나라에서 직선은 없다"는 로버트 뱅크스의 말을 좋아합니다. 직선이 없다는 말은 무엇입니까? 우리는 우리 개인사와 공동체의 일에서 직선을 선호합니다. 낭비와 비효율을 극복하고 일이 되게끔 하는 데 최적의 코스를 추구합니다. 개인의 삶에서도 뜻한 바가 좌절되지 않기를 바랍니다. 목표를 향해 직선으로 달려가는 삶, 낭비와 시행착오와 실패가 없는 삶. 그러나 이런저런 이유로 우리의 생애는 종종 우리가 만든 시간표가 부서지고 낙심 속에 새로운 시간표를 짜야 할 때가 더 많습니다. 돌아보니, 연약함과 실수, 뜻하지 않은 고난의 상황을 돌파하지 못하여 인생의 물길이 그 장벽을 휘감아 도는 것, 그것이 인생이요 그것이 하나님께 붙들려 사는 사람들의 삶이라고 저는 생각합니다. 지나온 삶을 돌아볼 때, 저에게는 직선이 없었습니다. 어린 시절, 모든 것이 곡선이었고, 그 곡선의 길에서 늦어지는 것으로 인한 절망과 낙담이 숱한 세월을 울게 만들었습니다. 그러나 곡선의 삶, 곡선의 운동을 통해 우리는 겸손을 배우고, 자신의 낮아짐으로 주님을 알게 되고, 어그러진 우리 개인의 시간표 대신 하늘의 시간표를 사모하게 되는 것입니다. 그러니 곡선을 불평할 일이 없습니다. 그렇게 그리스도의 경륜을 셈에 두고 진행되는 곡선의 운동은 위기에도 흔들림이 없고, 여유와 풍요를 누리며 가야 할 바다에 끝내 이르게 되는 것입니다.

대전 안창호 선생님 가정은 자주 실행위원회 회의 공간으로 집을 개방했다. 독립
운동가와 같은 이름을 가진 교사답다.

한강 유람선을 타고 아내와 어머니, 여동생과 찍은 결혼 초기 가족 사진. 휘몰아
치는 남편의 삶을 용납하고 함께 한 길을 걸어온 아내에게 감사한다.

98년,
교사들 길을 잃다

기독 교사 운동의 역사를 설명하는 맥락에서 이제 저는 1998년의 정치사회적 격변 상황을 언급하고자 합니다. 어찌 보면 다소 딱딱할 수도 있는 이야기지만, 좋은교사운동을 이해하려면 빼놓고 가서는 안 될 너무도 중요한 사건이 즐비해서, 앞으로 한두 차례에 걸쳐 주변 상황을 설명하고자 합니다.

아시다시피, 1998년은 정치적으로 만년 야당이 집권한 시기였습니다. IMF 금융 위기로 나라가 거덜이 나는 황당한 사건이 터지자 민심은 1997년 11월 김대중 후보를 대통령으로 선택했습니다. 보수적 한국 사회 정치 지형 속에서 거의 처음으로 진보적 정권이 들어선 셈입니다. 그때 쓰나미처럼 찾아온 IMF 경제 위기로 인해서 대우 등 잘 나가던 많은 대기업들이 무너지고, 금융권이 외국 자본에 팔리고, 수많은 직원들이 길거리로 내몰리고, 이전에는 상상도 할 수 없었던 이른바 '비정규직' 채용 관행이 전면화하기 시작했습니다.

사회적 지위, 26위에서 1~2위로

그로 인해 교육계에 미친 영향 또한 적지 않았습니다. 잘 나가던 직종이 휘청거리면서 '안정성'이라는 관점에서 직업을 재평가하는 바람이 불었고, 교직이 상종가를 치기 시작했습니다. 제가 교직에 입직하던 1989년 당시 교직의 사회경제적 지위가 26위(사회 공헌도는 4위)였는데, 10년 만에 수직 상승하여 제가 퇴직한 2003년에는 1, 2위를 오르내리는 등, 그 지위가 달라져도 엄청나게 달라진 것입니다. 이런 현상이 교사들에겐 당황스러운 일이었습니다. 자신들의 삶의 질은 전혀 달라진 것이 없고, 입시 경쟁과 행정 중심의 학교 시스템 속에 눌려 부속처럼 살아가는 삶의 고단함은 여전한데, 그런 자신들의 직업을 사회가 '꿈의 직장'인양 부러워하는 바람이 맹렬하게 불었으니 말입니다. 직업이 주는 절대 만족감은 낮지만 다른 모든 영역이 무너져버려 선호하는 영역이 되어버린 황당함…… 지진으로 산꼭대기가 무너져버리니, 무너지지 않은 평지가 갑자기 산 정상이 되어버린 격이라고나 할까요.

이런 상황 속에서, 한 유력한 정치가가 교육부장관으로 임명되었습니다. 이해찬 의원. 그의 이름만큼 교육계에서 논쟁거리가 된 분도 드물 것입니다. 그는 5공 청문회 때부터 노무현 의원 등과 함께 청문회 스타로 각광받던 분으로서 탁월한 일처리와 비상한 분석력, 선거 전략 기획 능력 등으로 국회의원 및 서울시 정무 부시장 등으로 두각을 나타내던 분이었습니다. 당시 저희 학교 학부모님이기도 하였는데, 여하튼 예기치 않는 깜짝 인사로 교육부장관이 된 것입니다. 그분이 장관이 되자마자, 전례 없는 변화들이 불어 닥쳤습니다. 입시 경쟁에서 한 줄로 세워서 점수와 등수 경쟁을 시키는 한국 교육 병폐를 없애기 위해 이른바 '여러 줄을 세우는' 다양한 대입 전형 방식이 도입되었고, 입시 과목 중심의 보충수업과 강제 야간자율학습을 폐지하고 '비교과 중심 방과 후 교실'을 운영하였으며, 당시에는 생소한 개념이었던 '체험학습'을 도입해서 학교에 나오지 않아도 결석이 되지 않는 희한한 제도도 도입했습니다. 적지 않은 교사들이 이런 변화의 바람을 환영했습니다. 입시 경쟁에 휘둘려서 고단한 삶을 살았던 아이들에게 시간과 여유를 주는 정책은 신선하기까지 했으니까요.

교사들에게도 좋은 제도들이 도입되었습니다. 학습과 연구를 위한 교사 동아리가 장려되었고, 연구 프로젝트 공모제를 실시하여 교사 동아리 활동을 재정적으로도 지원했습니다. 이것은 참 반가운 일이었습니다. 그 당시는 전교조 파동 등으로 학교 내에서 교사들이 만든 일체의 모임이 불온시 여겨지고, 영어 교사들의 《타임(TIME)》지 연구 모임' 같은 것마저도 탄압받던 시기였습니다. 대신 고스톱과 중국 마작 같은 퇴폐 활동은 묵인되고, 술자리가 아이들과 교육을 걱정하는 거의 유일한 통로이다시피 한 엄혹한 세월이 바로 엊그제였는데, 갑자기 세상이 뒤집어진 것이지요. 거기에다가 그동안 평교사들에게는 늘 비판의 대상이 되었던 교육 관료들 세계에서 변화의 바람이 분다는 소문이 무성했습니다. 장관이 현안을 모두 꿰며 살피고 있고, 토요일에 차관과 각 국과 실별로 국장급들을 모두 불러 모아 현안에 대해서 몇 시간씩 토론하며 정책 조율을 하니, 이전의 무사안일은 버틸 수 없고, 내용 없이 허세만 부리는 사람은 발을 못 붙인다는 이야기가 들리기 시작했습니다.

이해찬 교육부장관. 그에 대한 교육계 여론
이 너무 나빴고 그도 교육부장관 경험을 정치
적 자산을 가장 많이 잃은 사건으로 아쉬워했
다.(출처 : 시사인)

교직 사회, 정체성을 다시 묻다

교사들 사이에서는 술렁거리기 시작했습니다. 아주 잠깐이긴 했지만, 그때 교사들 사이에 이런 말이 돌기 시작했습니다. "우리가 그동안 그렇게 비판하던 교육 관료들 사이에서 변화의 바람이 불기 시작했다. 이제는 더 이상 그들의 큰 잘못을 탓하며 우리의 작은 잘못에 눈감을 수 없게 되었다. 우리 스스로를 바꾸는 일을 해야 할 때인가보다." 적어도 깨어 있는 교사들 사이에서 그런 자각의 논의가 시작되었던 것이지요. 아주 잠시 있었던 자기 성찰적 대화였습니다.

그러나 곧 그 논의는 자취를 감추었습니다. 정부가 교원을 상대로 하는 일련의 부정적인 교원 정책('교사 촌지 수수 금지', '체벌 교사 신고제', 그리고 '교원 정년 감축 정책')을 시행하면서 교직 사회가 꽁꽁 얼어붙었기 때문입니다. 저는 이런 교원 정책이 들어오게 된 배경을 정확히는 잘 모릅니다. 다만 당시 상황으로 짐작해볼 때, 특히 IMF 사태 이후 채용 시장의 변화로 교직이 상종가를 치고, 여기에다가 법외 노조로 여겨지던 전교조를 합법 단체로 인정해주는 사회적 맥락과 맞물리면서 교사들도 이제는 사회경제적 약자가 아니며, 따라서 교사에 대한 국민들의 누적된 불만에 대답하는 시도가 필요하다는 현실 인식이 그 정책에 반영된 것이 아닐까 싶습니다. 물론 교원 정년 단축 문제에는 좀 더 다른 정치적 맥락도 있어 보입니다. 표면적으로는 한 사람의 원로 교사 월급으로 젊은 교사 2~3명을 채용할 수 있다는 경제 논리가 작용했지만, 교사들 사이에서는 교육계 내 기득권의 중심을 이루고 있는 사람들을 정리하여 새로운 질서를 만들어내려는 의지가 반영된 것이라고 분석하기도 했습니다.

그런데 이 정책들이 학교 현장에 적용되면서, 교사들이 들고 일어났습니다. 들고 일어났다기보다는 분노감으로 좌절했다는 표현이 더 적절할지 모르겠습니다. 이제까지 어렵고 힘든 시기를 쥐꼬리만 한 월급에 의지하여 교사로서의 자긍심 하나 붙들고 버텨왔는데, 교사들을 범법자로 매도한다는 불만이었습니다. "체벌 교사 신고하라고? 좋아, 안 때리면 되잖아. 그 대신 욕먹으면서까지 굳이 힘든 일 이젠 하지 않을 테야." 교사들은 정부 정책에 대한 분노로, 체벌만 중지하는 것이 아니라 체벌 속에 담아냈던 교육에 대한 열정과 의지도 내려놓기 시작했던 것입니다. 잘리지 않는 수준에서 최소한의 일만 하면서, 교사의 돌봄과 따뜻한 시선이 필요한 영역에 대한 손길을 거두기 시작한 것이죠. 저는 이를 심각한 문제라고 보았습니다. 전교조 해직 교사 사태 또는 교육계 비민주적인 관행과 제도의 문제만 해도 일부 개혁적 교사들 중심의 이슈였지, 전체 교사들의 일상에 관련된 문제는 아니었습니다. 더욱이 그 엄혹한 세월에도 교실은 교사와 아이들 간 신뢰의 끈이 있었고 교사 공동체에는 교사됨의 자긍심이 어느 정도는 유지되고 있었습니다. 그런데 이 끈이 끊어진 교사들에 의해 진행될 생명력 없는 수업을 생각하니, 이것이야말로 위기 중의 위기라고 생각되었습니다.

낡은 것만 물러갔다

여기에 이른바 '교실 붕괴' 사태가 한몫 거들었습니다. 즉 아이들이 수업 시간에 교사의 지도에 반발하고 여교사에게 모욕을 주는 등 교권에 도전하는 일이 그 무렵부터 심심치 않게 벌어졌습니다. 이런 일련의 사태를, 교총은 교사의 사기를 꺾는 정부의 교원 정책 탓이라 비판하였고, 전교조는 '전근대적인 주입식 암기 교육에 대한 학습자의 저항'이라는 담론으로 분석했습니다. 이 문제를 정확하게 정리하고 처방을 내리는 것은 쉽지 않은 일이고 많은 논의가 필요한 일이라, 또 다른 기회로 돌려야 하겠습니다. 다만, 저는 당시 교실 붕괴 사태에 대해 이런 소박한 관점을 가지고 있었습니다. 즉 "아이들은 오랜 동안 입시 고통의 부담을 안고 늘 힘겹게 살아왔다. 그런데 IMF 경제 위기로 가정이 해체되면서 경제적 심리적 안전망이 무너졌다. 현실에서 살아갈 길이 막막하기 때문에 아이들에게 미래는 안중에도 없고, 그래서 미래를 위한 투자인 '공부 의욕'은 실종되고, 수업에 몰입하지 못하게 되었다. 기성세대가 만들어낸 고통으로 인해 어른들에 대해 분노를 품고 있다가, 기성세대의 대표 격인 교사들에게 그것을 쏟아낸 것이다." 이 분석 또한 한계는 있겠지만, 나름의 일정한 진실은 안고 있다고 저는 아직도 생각합니다.

이런 관점이 나름의 타당성을 갖고 있다면, 문제를 푸는 해법에도 어떤 변화가 요구됩니다. 즉 교육 시스템과 제도를 고치고 지식의 체계 및 유통 방식을 고치는 거시적인 방식뿐 아니라, 무너진 가정 속에서 고통 받고 기성세대에 대한 분노를 품고 있는 아이들을 찾아가 그들의 상처를 만져주는 어떤 관계적 접근 또한 긴급한 것이지요. 이런 문제의식은 나중에 좋은교사운동을 시작했을 때 '가정방문'이나 '일대일 결연' 캠페인으로 반영되었습니다.

여하튼, 그때 저는 앞으로 이런 일련의 사태로 인해, 교사들의 교직관에 상당한 변화가 오겠구나, 하는 것을 직감했습니다. 지금까지 교사들은 어찌되었던 자신들의 힘들고 고단한 교사로서의 삶을 '전통적 스승상'과 결부된 관점에서 이해하며 그 속에서 선생으로 살아가는 삶의 에너지를 끌어냈습니다. 물론 그런 스승으로서의 교사상이 공교육 제도의 근간이 되는 서구식 산업사회의 철학과 어느 정도 간극은 있었습니다만, 교사들은 그 빈틈을 우리 식 정서와 의식으로 메워왔는데, 이것이 1990년대 들어 도전받다가 새 정부의 교원 정책이 계기가 되어 급격히 해체되었던 것입니다. 이 붕괴를 굳이 나쁜 것으로 볼 필요는 없습니다. 낡고 바뀌어야 할 것은 바뀌는 것도 좋은 일입니다. 문제는 새것으로 메우지 못한 채 낡은 것만 물러갔다는 점입니다. 물론 전교조가 붙들었던 교직 노동자상도 있고 교총의 전문가상도 있기는 하지만, 그런 교사상은 일부 교사들에게만 유효한 것이거나 또는 깃발로만 펄럭였지, 대부분의 평범한 교사들에게는 자기 삶을 매일 움직이게 하고 위기 속에서 자신을 버티게 하는 힘으로 작용하지는 못한다는 약점을 안고 있었습니다.

교실에서 아이들과 교사들 간의 관계에 심각한 변화가 오고 교사의 정체성에 대한 전통적 신념 체계가 무너지는 상황에서, 교사됨의 근거와 자기 정체성을 붙드는 가치를 어떻게 새로 만들어내야 할지는 여간 곤혹스러운 문제가 아닐 수 없었습니다. 그렇다고 해서 이 문제에 대해 다른 교원 단체들이 그리 심각하게 고민하는 것 같지도 않았습니다. 아니 고민하고 안 하고를 넘어서, 저는 그런 상처 입은 교사들을 '이용하는' 교원 단체들의 태도가 너무도 실망스럽고 화가 났습니다. 원로 교사들로부터 정부를 비판하는 육두문자가 난무하고, 도무지 최소한의 품격을 갖춘 교사들이라고는 볼 수 없는 분노로 그 영혼이 삼켜지는데도, 교총이나 전교조 할 것 없이 모두가 이들의 분노를 결집해서 대정부 투쟁의 동력으로 활용하는 데만 골몰하는 것이 참 걱정스러웠습니다. 그들의 분노를 결집하면 잠시 쓸모는 있을지 모르나, 그 분노가 휩쓸고 지나간 자리는 이전보다 더 큰 공허로 채워지기 마련이기 때문입니다.

대화는 실패로 끝나고

그 당시 저는 '교육연대'라는 교육 시민 단체들의 연합 모임에 기윤실 대표 자격으로 참여했습니다. 기윤실 같은 보수적인 전통 시민 단체들과 전교조, 참교육학부모회 같은 진보적인 단체들이 참여해서 함께 교육 개혁을 고민하던 자리였지요. 그때 만난 전교조 집행부를 설득하고, 한교조와 교총과 연락을 취해 1999년 무렵, 서울대 호암생활관에서 이들을 만났습니다.(교총 대표는 취지는 좋으나 시기가 적절치 않다는 이유를 들며 그 자리에 불참했습니다.) 제가 그분들에게 말씀드린 요지는 이랬습니다. "지금 우리 교직 사회의 가장 큰 위기는 교사들의 교사로서의 삶의 자부심과 자기 정체성이 무너지고 있다는 것입니다. 정부를 대상으로 싸울 때는 싸우더라도, 한편으로 격앙된 교사들에게 '우리가 정부의 눈을 의식해서 아이들을 가르치는 것이 아니니 학교 현장의 중심에 굳게 섭시다'라는 요구를 해야 합니다. 어차피 정부는 교사들에게 그런 요구를 할 언권을 상실했으니 교사 조직이 이를 감당해야 할 것입니다. 그리고 그것은 쉽지 않은 요구이니, 어느 한 교원 단체만의 힘으로는 어렵고 모든 교원 단체들이 함께 나서야 가능한 일입니다. 함께 공동으로 실천 운동을 합시다." 그러나 모인 단체들끼리도 입장이 달라서 그 논의를 제대로 이어가질 못했습니다. 큰 실망이었습니다.

그때 저는 비로소 이 과제를 기존의 교원 단체들에게 기대할 것이 아니라, 우리 기독 교사들의 몫으로 끌어안아야 한다는 것을 깨닫게 되었습니다. '소명'이라는 개념으로 비교적 오랜 동안 무장되어온 우리 기독 교사들에게 그 문제는 이미 삶으로 풀어낸 바요, 그래서 쌓은 자산이 있었으니까요.

저는 하나님이 역사의 주인이심을 믿는 교사들이라고 해서 그들이 모든 시대에 어떤 역사적 과제에도 다 부응할 수 있는 것이라고 생각하지 않습니다. 그런 것으로 본다면 1980년대 교육 민주화 사태로 인해 해직된 수많은 교사들의 고통도 기독 교사들이 짊어져야 할 몫일 것입니다. 그러나 우리 보수 기독 교사 공동체에는 그런 정의로움에 대한 자산이 부족했습니다. 그래서 그 문제를 풀어낼 몫이 일반 기독 교사들이나 진보적 기독 교사들에게 돌아간 것은 당연한 이치였습니다.

그러나 이제 세월이 바뀌어 교직 사회에 불의함의 관행이 개선되고, 이제는 '교사됨이라는 정체성의 혼란'이 문제가 되었습니다. 그런 과제를 아프게 느끼는 세밀한 감수성이 전교조나 교총에게는 부족했습니다. 그 문제를 고민하며 살아오지 않았으니까 말입니다. 그러나 우리 기독 교사들은 교직에 입직하기 전부터 항시 '부르심'에 대해 고민해왔고, 또 교직 생활을 이어가면서도 '소명'을 생각하며 자신을 돌아보는 데 너무도 익숙한 집단이었습니다. '전통적 스승상'이 아니더라도 열심을 내며 교실을 지키니, 시대는 이제 우리의 자산을 필요로 하게 된 것입니다. 즉 이제 교육을 새롭게 하시는 하나님의 요청이 우리에게 머물게 된 셈입니다. 그러니 일어서야 할 때가 가까워졌던 것입니다.

하나님 나라 이치를 살펴보면, 무릇 그 공동체가 소중한 것으로 지켜온 자산만큼 하나님께 쓰임 받는 법입니다. 그 자산을 넘어서 쓰임 받는 삶은 역사 속에 그 어디에도 없습니다. 시대 속에서 위기와 절망을 보고 안타까워한다 하더라도, 그 공동체가 세상에 줄 수 있는 자산이 하나도 없다면, 그 위기를 해결할 몫의 촛대는 비켜갈 것입니다. 그것은 냉정하고 가슴 아픈 진실입니다. 그러나 그것이 어디 공동체에게만 해당되는 일이겠습니까? 우리 모든 그리스도인들은 그 냉엄한 진실에 늘 직면해 있습니다. 그러므로 세월을 지나면서 시류가 주는 유혹에 따라 가진 것을 다 소모해버리는 어리석은 삶은 결코 반복해서는 안 될 것입니다. 그렇게 다 소모하여 지켜낼 유산이 없다면, 우리는 세상에 쓰임 받을 수 없는 비루한 인생으로 남겨질 뿐입니다. 지나온 세월이 부끄러운 삶이었다 할지라도, 거기서부터 이전 삶과 단절하고 다시 주를 의지하며 순결한 마음으로 그리스도의 가르침을 따르며 순종의 유산을 쌓아간다면, 또 다른 시기에 우리는 주 앞에 쓰임 받는 일생을 살게 될 것입니다. 그리고 그렇게 주 앞에 쓰임 받는 경험이 깊은 사람은 참으로 행복한 인생입니다.

DJ 정부 들어 '보수'와 '진보'가 함께 연합한 교육개혁시민운동연대. 여러 해 활동했는데 찍은 사진이 딱 한 장밖에 없다. 이때 기획실장으로 활동한 내 이력 때문에 나중에 《조선일보》는 나를 '진보 좌파'라 말했다.

12장

이젠 전교조
가입해야 하나요?

기독 교사들에게는 교실 붕괴 사태뿐 아니라 1999년 진행되었던 전교조 합법화 상황 역시 너무도 중대한 고민거리였습니다. 불법 노조인 전교조에 이제 내가 가입할 것인가 말 것인가를 고민해야 할 상황이 되었으니까요.

전교조 합법화는 국민의 정부 김대중 전 대통령이 IMF 사태 이후 국내 경제 문제를 해결하는 과정에서 도출한 정치적 선택이었습니다. 경제 위기를 극복하기 위해 노사정위원회를 구성하여 부실 기업을 퇴출시키고 기업 내 직원의 숫자를 줄여가는 과정 속에서, 노동자들이 겪어야 하는 고통에 대한 반대급부 형태로 노동조합의 요구 사항인 전교조 합법화를 수용한 것입니다.

교직 사회에 '노동조합'이라는 형태의 교원 조직이 적합한 것인가의 문제는 교육학적, 신학적 관점에서 정리하기가 쉽지는 않습니다. 그러나 당시 정치 상황 속에서 전교조를 합법화시키는 것은 불가피한 일이었습니다. 1,800명의 조합원 교사들의 해직을 무릅쓰고 출범해서 '불법' 단체의 과정을 거쳐 '법외' 단체로 용인을 받으면서 실제적으로 학교 현장에 엄연한 실체로 자리를 잡은 교원 노조를 무시할 수는 없는 일이었습니다.

전교조 합법화 전망이 유력한 상황 속에서 1999년 초 무렵, 서울대학교 학생회관에서는 교육연대의 이름으로 "전교조 합법화 이후 시민사회에서 전교조를 어떻게 바라볼 것인가"에 대한 토론회가 있었습니다. 사실 그 문제는 시민사회 진영에서도 제법 심각한 문젯거리였습니다. 이전까지는 전교조가 법외 단체이고 핍박받는 힘없는 노조였기에, 비록 노동조합이지만 시민사회 진영에서는 전교조를 공익을 위해 일하는 시민 단체 영역으로 간주했습니다. 그러나 이제 합법화가 되어 전교조가 힘을 얻고, 교사들의 권익을 위해 일하게 될 경우, 전교조를 시민 단체로 포함시켜야 할 것인가의 문제는 그리 간단하지 않았습니다. 그때 당시 인간교육실현학부모연대 김명신 사무국장(현 서울시 시의원)은 발제를 통해 "이제는 전교조도 합법적 강자이기 때문에 학부모들도 전교조에 대해서 매우 엄격한 책무성의 잣대로 지켜보며 그 합당한 역할을 요구할 것이다"라는 정확한 발언을 한 바 있습니다.

송인수는 진보 좌파 인사다?

논지에서 좀 빗나간 이야기입니다만, 당시 전교조가 속해 있던 교육연대에 기독교윤리실천운동이 회원 단체로 속해 있었고 제가 기윤실 파견 대표였다는 이유로 저는 그 후 일부 언론으로부터 이념적으로 '진보'이고 '좌파'라는 평가를 받게 됩니다. 실제로 2010년 7월 22일 서울시교육청에서 곽노현 교육감이 저를 서울시교육청 인사위원회 위원으로 위촉하고 이를 발표하자, 언론에서 일제히 저를 '진보 좌파 인사'로 분류하면서, '전교조 1세대'거나 '교육연대 기획실장을 역임했다'는 것을 그 근거로 삼았습니다. 그중 저를 전교조 1세대라고 분류한 《문화일보》 기사는 참으로 어이없는 일이었습니다. 기사를 쓴 기자에게 전화해서 평생을 전교조에 가입하지 않았는데 무슨 근거로 전교조 1세대라고 이야기를 하는지 설명하라고 하니 기자는 당황하면서 어느 취재원이 들려준 제보 사항이라는 것이었습니다. 그 취재원이 누구냐고 묻자, 기자는 그 이름을 밝혔는데, 그 이야기를 듣고 너무도 어이가 없었습니다. 그는 과거 전교조 본부 핵심 간부로서, 이미 교육계에서 신뢰를 잃어 존재감이 없는 사람으로 낙인찍힌 교사인데, 저간의 상황도 모르고 그의 허위 제보를 믿고 발표를 했으니 기자도 참 난감한 일이었겠지요. 그는 미안하다고 하고 기사를 수정했습니다.

또한 《조선일보》는 저를 좌파 인사라고 분류하면서, 그 이유를 제가 교육연대 기획실장을 맡은 적이 있고, 전교조 합법화를 지지하는 발언을 했다고 보도했습니다. 그래서 기자에게 내가 언제 그런 발언을 했는지 대보라고 했더니, 제대로 답변을 하지 못했습니다. 참 황당한 노릇이었습니다. 저는 마음속으로 노동조합이라는 형태의 조직이 교직 단체의 특성으로 적합한 것인지에 대해 결론을 내려본 적이 없고, 다만 이미 피를 흘려 현실 속에 실체로서 존재하는 노동조합을 무시할 수는 없는 것 아닌가 하는 상황 논리만 갖고 있었습니다. 그러나 그것조차도 공개 발언을 한 적이 없을 뿐 아니라, 그런 발언을 했다손 치더라도 그 당시에는 전혀 존재감이 없던 사람이었기에 기록으로 남아 있을 리 없

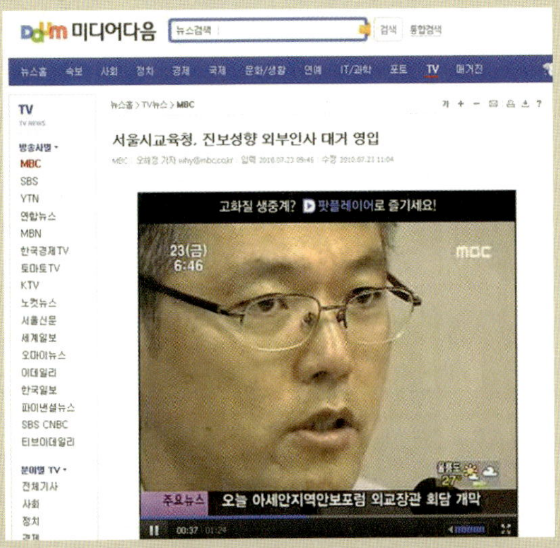

서울시교육청 곽노현 교육감이 인사위원회 구성을 발표하자, 일부 언론이 전교
조 1세대라는 등 허위 사실로 나를 진보, 좌파라고 보도했다. 일일이 정정 보도를
요청해서 거의 대부분 수정했다. 2010년 7월 22일 DAUM 뉴스에 뜬 MBC의 관
련 뉴스 장면.

전교조는 출범 초기부터 꾸준히 합법화를 요구하다, 1999년 드디어 합법화되었
다.(출처 : 민중의 소리)

었습니다. 나중에 자세히 이야기를 하겠지만, 2004년 무렵에는 교육연대에서 전교조가 갖는 비중과 부담 문제로 전교조에 탈퇴 요구를 하다가, 그것이 받아들여지지 않아서 제가 탈퇴한 이력까지 있었는데, 그런저런 것을 균형 있게 살피지 않고 단순한 논법과 구도로 좌우를 나누다니, 언론의 왜곡과 단순성은 참 속편하다 싶었습니다. 모든 것을 양보해서, 전교조 합법화를 지지했다고 칩시다. 아니 그렇게 발언하면 그게 좌파임을 증명하는 것인가요? 그 후 신문사 해당 기자들에게 일일이 항의를 하고 정정 요청을 하자, 모든 유력 언론사가 이를 수정했습니다만, 우리 교육계 좌우파 논쟁이 얼마나 천박하고 피상적인지를 알려주는 단적인 예라고 할 것입니다.

전교조, 이제 가입해야 하나요

여하튼, 전교조가 합법화되는 국면은 저 개인에게도 그랬지만 우리 기독 교사들 전체에도 남의 문제가 아니었습니다. 전교조가 합법화되면 수많은 교사들이 가입하게 될 것이고, 우리 기독 교사들 역시 가입의 부담을 그 어느 때보다 많이 느낄 것이라고 예상했습니다. 이제는 불법 단체도 아니고, 교사들의 권익을 지켜주는 '합법' 단체에 가입하지 않을 명분이 크지 않겠다고 생각했지요. 물론 저는 그래도 가입하는 것이 유익하지 않다고 보았습니다. 제 몸에 맞지 않는 운동 방식, 비록 사회를 위해 유익할지라도 기독교적 세계관과는 다른 색깔로 표현하고 실천하고 희생하는 그런 낯섦이 도무지 제게 맞지 않다는 불편함은 변함없었기 때문이었습니다. 하지만 이제 전교조가 합법 단체로서 교원들의 권익 투쟁을 위해 기여함으로 그 열매를 모두가 누리게 될 때, 비조합원 상태로 남아서 그 혜택을 함께 맛본다는 것은 사람의 도리로 여간 미안한 일이 아닐 것입니다. 더욱이 주변의 양심적 동료 교사들이 대거 전교조에 가입할 때, 혼자서 가입하지 않고 고립되는 상황도 참견디기 어려운 일이 될 것입니다.

실제로 학교에서는 전교조 가입하는 교사들의 숫자가 폭발적으로 늘면서, 기독 교사들이 흔들리기 시작했습니다. 주변의 후배들이 "가입을 해야 하나요?" 묻기 시작했고, 그 대답에 "아니요"라고 말할 분명하고 설득력 있는 이유를 대지 못한 채, 애매하고 추상적인 논리로 가입을 유보시키는 것이 쉽지 않았습니다.

전교조 합법화 이후 기독 교사 공동체가 갖는 위기의식과 관련하여 제가 가진 문제의식은 이런 것이었습니다. 제대로 준비하지 않고 기독 교사들이 별 생각 없이 덜컥 전교조에 가입하게 되면, 앞으로 기독 교사 운동 진영은 두 가지 면에서 큰 문제에 봉착하게 될 것이라고 보았습니다. 하나는, 전교조의 세계관이 기독교적 정신과 일치하지 않거나 부분적으로 충돌하는 상황에서, 기독 교사들이 전교조 회원이 되면 기독성이 약화되리라는 것이었습니다. 실제로 당시 기독 교사 중 전교조에 가입한 교사들과 대화를 해보면, 전교조가 교육 문제에 대해 갖는 대표적 철학과 분석 프레임을 거의 천편일률로 자신의 것으로 받아들여서, 기독교적 관점에 근거한 개인의 자유와 창의적 논거가 자리 잡지 못하는 경우가 왕왕 있었습니다. 좋은 분들인데 기독 교사 운동의 관점에서는 참 애석하다 싶었습니다. 이것이 집단적으로 쌓이게 될 경우, 심각한 위기라고 생각되었던 것입니다.

두 번째 가능성은, 전교조가 대중 조직이 되면, 이념성은 약화되면서 교사들의 직업적 이해관계를 추구하는 이익집단으로 변질될 경우에 관한 것이었습니다. 실제로도 우리 학교에서 당시 교사로서의 자질에 문제가 있는 교사들이 전교조에 가입하면서 조합의 보호를 받는 상황을 보았던지라, 이 점 또한 무척 걱정되는 상황이었습니다. 이렇게 되어도 기독 교사들에게는 위기라고 보았습니다. 교사의 권익을 추구하는 전체 분위기에 기독 교사라고 해서 영향 받지 않을 수 없을 뿐 아니라, 설령 문제의식을 느끼고 변화를 시도한다고 해도, 수만 명의 조합원을 거느린 조직의 그런 퇴행을 소수의 기독 교사들이 내부에서 바로잡을 수는 없는 노릇이었으니까요.

물론 이 둘 중에 어느 편으로 전교조가 갈 것인가를 정확히 예측하기는 그리 간단한 것이 아니었습니다. 이는 수학 문제처럼 답이 나오는 것이 아니라, 그 조직에 참여하는 사람들이 조직의 변화를 위해 어떻게 일하느냐에 따라 열려 있는 미래이기 때문입니다. 그러나 5,000~10,000명 정도로 유지되던 지사적 공동체 시절과는 다르게, 대중화 시대에 접어들면 전교조가 교육의 본질에 맞추어 자기를 희생하는 운동을 선명하게 전개하기는 쉽지 않을 것은 비교적 분명해 보였습니다.

여하튼 이 두 가지 가능성 모두가 합법화되는 전교조가 직면해야 할 두 가지 운명이라고 보았고, 그 가능성이 현실이 되어가는 상황이 보이는데, 기독 교사들이 가담하여 그 조직의 부채와 자산을 공유하며 힘을 소진할 일은 아니라 보았습니다. 어찌 보면, 그런 사태를 바라보면서 바깥에서 그런 경향에 건강한 도전을 가하며 새로운 흐름을 만들어내는 역할이 더 중요할 것이고, 바로 그 일에 집중하는 것이 기독 교사 공동체를 위해서나 전교조, 그리고 전체 교육을 위해 더 중요하지 않을까 판단했던 것이지요.

기독교사노조를 결성하자?

물론 전교조 합법화 이후 우리 고민은 또 한 가지 가능성으로 이어졌습니다. 즉 기독교사노조를 만들자는 것이었습니다. 차라리 기독 교사들의 감수성에 맞는 기독교사노조를 만들어 우리 식대로 조직을 꾸리고 회원들을 지키자는 것이었습니다. 당시 이 문제에 대한 자문을 구하기 위해 기독교 사회운동 진영의 대표적 전문가인 서경석 목사님을 만났는데, 그분의 조언 중 새로운 기독교사노조 구성이 포함되어 있었습니다. 당시만 해도 서 목사님은 요즘처럼 강한 우파 정치 운동의 기수도 아니었고, 나름의 중심을 잡으면서 매우 건강한 통찰력을 주셨던 분이었습니다. 그분은 단기적으로는 노조가 교사들의 권익 투쟁에 몰입할 가능성이 높기 때문에, 기독 교사 공동체는 교육 단체로 남아서 직업적 이해관계를 추구하는 것에 대한 반대적 혁신이나 학생과 학부모들로부터 박수 받는 선한 운동을 전개하되, 궁극적으로는 기독교사노조를 만들어 활동하는 것도 나쁘지 않다고 권고했습니다.

그러나 생각할수록 새 기독교사노조를 만드는 것은 간단한 문제가 아니었습니다. 우선 우리 기독 교사 운동이 '노동조합'으로서의 정체성을 인정해야 하는데, 이렇게 우리 정체성을 정리하는 것이 과연 맞는지가 석연치 않았습니다. 물론 교사직을 '노동'의 관점에서 볼 수도 있고, 우파적 또는 기독교적 철학과 포용성을 갖춘 노동조합의 형태도 띨 수 있습니다. 하지만 그렇게 될 경우 '노동'이라는 이름의 정치적 기독 교사 운동은 우리가 애초에 시작하려 했던 기독 교사 운동의 보편적 가치와 관심사를 제대로 담아낼 수 없으며, 나아가 자칫 권익 투쟁으로 타락할 수도 있었을 것입니다. 더욱이 이렇게 새로운 노조를 만들 경우, 우리가 명령한다고 해서 전체 기독 교사들이 일사분란하게 그 노조에 가입하는 것이 아니기 때문에, 무소속, 전교조, 새 노조 등으로 분산되어 전체 기독 교사들을 품어낸다는 애초의 목표를 달성하기 어렵다는 것 또한 자명한 일이었습니다.

당시 이 문제에 대한 고민이 있던 기윤실 교사모임 정책 관심 교사들을 대상으로 의견을 확인해본 결과, 10명 중에서 전교조 가입 2명, 새로운 노조 설립 찬성 1명, 무소속으로 남기를 원하는 교사 7명으로 확인되었습니다. 저는 그것이 기독 교사 공동체 민심의 전반적 경향일 것으로 짐작했습니다.

새로운 운동으로 위기를 돌파하자

이래서는 안 되겠다 싶어서, 1998년 12월 경주에서 열린 대표자 모임에서 이 주제로 긴급 회의를 했습니다. 대표자 회의를 한다고 하니, 후일 전교조 위원장이 되는 이수일 당시 참실연구소장, 한만중 정책실장 등은 저에게 우리 모임이 전교조 내 기독 교사 모임으로 자리를 잡도록 할 수 없겠는지, 또는 당시 대표자 모임에 직접 와서 전교조 가입과 관련해서 설명을 하고 협조를 요청하겠다는 의사를 밝히기도 했습니다. 하지만 이에 응하지 않고, 우리 내부적으로 모임을 가졌습니다.

그런데 당시 경주에서 열린 대표자 모임에서 일부 대표자들은 이런 상황을 그리 심각하게 여기지 않았습니다. 너무 염려가 지나치다며, 격정하지 말라는 것이었습니다. 사실은 저처럼 걱정한다면 기독교사연합을 이렇게 '대회만 꾸리는 조직' 형태로 유지해서는 안 될 일이며, 반대로 사태를 심각하게 보지 않는다면 현재와 같은 상태를 한동안 존속시켜도 무방한 상황이었으니, 그 회의는 중요한 정책적 기로가 되는 시점이었습니다. 저의 경우 아무래도 서울의 상황에 익숙하고, 제가 속해 있던 지역이 전교조가 전국에서 가장 강력한 서울 관악 동작 지역이며, 전교조와 함께 일하는 교육연대에서 단체 연합 운동을 하면서 경험하는 문제의식이 큰 작용을 했을 것이니, 이런 경험을 공유하지 못하는 분들이 다른 관점을 갖는 것이 이해는 되었습니다. 그러나 다른 한편으로 임박한 어두운 미래를 보지 못하는 것이 너무도 답답했습니다. 다행히 깊고 진지한 대화 속에서, 대표자들 대부분이 저의 문제 제기를 무겁게 받아들이는 가운데, 앞으로 기독 교사 공동체가 회원들에게 납득할 수 있는 대책을 제시하기로 정리했습니다.

지금 그 상황을 돌아보아도, 참 중대한 시점이었습니다. 한편으로 교실 붕괴 사태에 직면해 교사들이 흔들리고, 교원 단체들이 교사들의 중심을 잡는 자기 역할을 하지 못하고, 다른 한편으로 전교조 합법화 이후 기독 교사들이 어디로 갈지 알지 못하는 위기 상황은, 필연 우리에게 새로운 운동을 시작할 때가 되었다는 신호로 받아들여야 할 때였습니다.

그 후 1999년 8월 18일, 대구 주님의 교회에서 열린 기독교사연합 대표자 확대 회의에서는 매우 중요한 다음과 같은 몇 가지 결의를 하게 됩니다. 첫째, 우리는 전교조가 그동안 우리 교육을 위해서 피 흘리면서 수고한 것에 대해서 충분히 인정하고, 그들의 희생에 감사해야 한다. 둘째, 교원 노조 합법화 시대에 기독 교사들의 정체성에 입각한 강력한 조직을 만들어서 기독 교사들이 우리 교육에 공동체적으로 기여할 때가 되었다. 셋째, 그러나 기독교사노조는 강력한 조직이라는 차원에서는 의미 있지만, 우리 운동의 정신과 맞지 않으므로 노조 형태와는 다른 조직을 만든다. 넷째, 교사 출신의 풀타임 상근자를 두어 그에게 이 조직의 실무 책임을 맡긴다. 다섯째, 전체 기독 교사들에게는 앞으로 1년 동안 교원 노조 가입 유보를 요청하며, 2000년 8월 대회를 통해 우리가 갈 길을 연구하여 공동체적으로 선언한다. 이런 다섯 가지 중요한 사항을 결의하게 되었습니다. 그리고 이런 고민의 과정에서 좋은교사운동이 비로소 세상에 나오게 되었습니다.

지난 시간을 돌아볼 때, 저는 그때 그 결정이 참 잘된 결정이요 하나님이 우리 기독 교사 운동을 붙드신 사건이었다고 생각합니다. 만일 그때 우리가 사태를 안일하게 판단하고 어떤 조치를 취하지 않았다면 기독 교사 진영에 큰 위기가 찾아왔을 것입니다. 사실 그 후, 전교조는 합법화 이후 여러 정치적 격변과 내부 노선 투쟁, 8~9만 명이 넘는 조합원을 거느리는 대중화 시대를 거치면서, 초기 운동의 정치적 자산을 적지 않게 상실하게 됩니다. 전교조의 회원이라는 사실을 드러내는 것이 사회적으로 불편한 상황이 찾아오고, 조합은 내부적으로 노선 투쟁으로 역량을 소진하면서 교사 내부 논리에 갇혀 시대와 국민들의 필요에 맞는 운동을 할 기회와 에너지를 많이 잃게 되었습니다.

만일 우리가 그런 미래를 내다보지 못하고, 노조에 가입했더라면 우리 역시 10년간의 역사 속에서 전교조가 겪었던 어두운 자산을 함께 공유하며 약화되어갔을 것입니다. 이와는 달리 상황을 안일하게 보고 무대응으로 일관했더라면 오늘날과 같은 좋은교사운동은 존재하지 않았을 것이고, 기독 교사는 교육의 역사 속에서 제대로 쓰임 받지 못했을 것입니다. 또한 새로운 노조를 만들었다면, 한교조, 자유교원노조 등 복수 노조 시대 속에서 교사의 권익을 신장하는 사업을 중요 사업의 하나로 삼고 일하다가 도중에 길을 잃을 뻔했을 것입니다. 다행히 그 모든 길을 다 거절하고 우리는 법적 보장이 전혀 주어지지 않는 길, 교육의 본질과 아이들과 부모들의 유익을 위해 필요한 일이라면 우리의 직업적 이해관계도 내려놓는 선택을 해야 한다는 것을 핵심 사명으로 삼는 새 길을 선택하게 되었습니다. 이로써 전교조에 가입한 기독 교사들에게는 그 조합의 논리에 갇히지 않고 내부를 쇄신할 외적 논리 체계가 주어지게 되었고, 무소속 기독 교사들에게는 도덕적으로 주눅 들지 않고 또 다른 방식으로 교육계에 기여할 자신감을 심어주게 되었습니다. 그리고 이제는 어느 조직도 대신할 수 없는 건강한 운동으로 교육계에 우뚝 서게 된 것입니다.

새 선택이 필요한 때를 분별하는가

시기가 무르익어서 새로운 선택을 해야 할 때, 이를 분별하지 못하고 전체와 시대의 흐름을 조망하지 못한 채 안일하게 사태를 보다가 일을 그르치는 것은 역사 속에서 수없이 반복되어왔습니다. 그러나 우리는 그 중요한 시점에서 다행히 선택할 때를 포착했고 바른 결정을 내렸습니다. 왜 그 때를 잘 포착했을까 생각해봅니다. 그것은 우리가 특별히 똑똑하고 남다른 정치적 분석력이 있어서가 아닐 것입니다. 때를 포착하는 것은 똑똑함이 아니라 시대의 무너진 부분을 아파하고, 변화를 위해 필요한 일에 성심을 갖고 살아가는 마음에서 비롯됩니다. 자기의 사적인 이해관계에 경도되어 있을 때는 보이지 않던 위기가 하나님 나라와 고통 받는 사람들의 유익을 위해 가진 것을 소진해야 한다는 절박함으로 살아갈 때는 보이게 됩니다. 일이 가능해서가 아니라 그 길 외에는 길이 없기 때문에 그 선택을 할 수밖에 없는 태도를 취하게 되고, 그로 인해서 길이 열리고 변화가 찾아오는 것입니다.

때를 포착하는 것. 익숙한 것에 안주해서 주어진 것만 반복하는 것이 아니라, 아무도 위험하다고 말하지 않는 그때 우리 바깥의 시대 속에서 무너지는 것에 대한 위기의식 때문에 홀로 시대의 무너진 그 부분을 직시하며 안타까움으로 새 길을 찾는 마음. 그것은 10년 전 좋은교사운동이 시작될 때만 필요했던 것이 아닙니다. 지나온 세월, 아니 지금도 우리 기독 교사들에게는 너무도 절박한 역사적 시대적 소명이 '때를 분별하는' 우리의 통찰력을 요구하고 있습니다. 그 '때'를 보지 못하면 우리는 존재 의미가 없습니다. 때를 분별하지 못하면 굳이 새롭고 힘겹고 낯선 길을 선택할 필요가 없습니다. 때를 놓친 것은 없는지, 개인으로나 공동체로나 우리는 지난 시간을 돌아보고, 지금을 돌아보아야 할 것입니다.

교원 노조 출범과 관련해 기독 교사 진영에 '도덕적 구심점' 역할을 주문한 서경석 목사.(출처 : 뉴스앤조이)

1999년 8월 18일 대구 주님의 교회에서 열린 기독교사연합 확대 실행위원회 장면. 그때의 결정이 오늘의 좋은교사운동을 열었다.

2000년 기독교사대회까지 우리가 대안을 마련할 테니, 기독 교사들에게 교원 노조 가입 결정 여부를 1년만 미루어 달라고 요청한 《기독교사신문》의 기사.

13장

네, 성공을 자축하기는 이르지요

※아래 글은 지난 2011년 2월호 기독 교사 운동 열두 번째 이야기에 대해 기김진호 선생님이 좋은교사운동 홈페이지 게시판을 통해 올린 의견의 글과 저의 대답입니다. 지난 호 글에 대한 이해를 더 깊이 하기 위해 필요할 듯해서, 기김진호 선생님의 허락을 받아 싣습니다.

지난 글에 대한 기김진호 선생님의 반론

송인수 선생님.

'사교육걱정없는세상' 운동을 위해 분투하시는 모습을 언론을 통해 뵙다 가 《좋은교사》 2011년 2월호에 기고하신 〈이젠 전교조 가입해야 하나요〉를 읽고 이렇게 글을 드리게 되었습니다. 이 글에 전교조에 대한 선생님의 생각과 '좋은교사운동'의 입장이 잘 정리된 것 같아서 반론 성격의 글을 드리려고 합니다. 다소 무례하게 느껴지시더라도 뭘 모르는 후배가 투정한다고 보아주시고 너그럽게 이해해주시면 감사하겠습니다.

전교조가 좌파인가요?

선생님께서는 교육 운동을 하시면서 종종 좌파라는 오해를 받으셨나 봅니다. 수구 언론(저는 이런 언론을 보수 언론이라고 부르지 않습니다)이 선생님에게 좌파라고 딱지를 붙이는 것은 선생님께서 하시는 일이 자신들의 기득권적인 이해관계를 위협하는 것으로 보기 때문일 것입니다. 수구 언론이 '좌파' 딱지를 사용하는 것을 보면 그들이 과연 '좌파'라는 말의 의미를 알고나 있는지 의문이 생깁니다. 그저 자기들의 생각과 맞지 않는 사람이나 진영을 무조건 좌파로 몰아붙이기 일쑤입니다. 수구 언론에게 전교조는 의심할 여지 없이 좌파고 친북이고 빨갱이입니다. 한마디로 근거 없는 소리지요. 그동안 전교조는 과도한 경쟁을 조장하는 신자유주의적인 교육 정책을 비판한 일은 있어도 시장경제체제나 사유재산제도를 부정하는 말이나 행위를 한 적이 없습니다. 북한 어린이를 돕기 위해 나서기는 했지만, 북한 체제를 찬양한 일은 없었습니다. 대한민국의 자유민주주의 정치 체제를 전복하려고 시도한 일도 없었지요.

송 선생님께서는 전교조 조합원이었던 적이 없고 전교조 합법화에 지지를 표명한 적이 없으니 좌파가 아니라고 항변하셨습니다. 듣기에

따라 '전교조=좌파'를 전제하는 말씀 같기도 합니다. 정말 그렇게 생각
하시는지 궁금해서 드려본 말씀입니다.

기독 교사들은 전교조 가입하면 안 되나요?

선생님께서는 전교조 합법화가 기독 교사 운동에 큰 위기를 가져올
것으로 보셨습니다. 전교조 합법화 시대의 기독 교사 운동을 전망하면
서 "임박한 어두운 미래"라고까지 표현하셨으니 말입니다. 노조의 존재
는 인정하지만, 기독 교사들이 전교조에 가입하는 것이 유익하지 않다
고 하시면서 그 이유를 "제 몸에 맞지 않는 운동 방식, 비록 사회를 위
해 유익할지라도 기독교적 세계관과는 다른 색깔로 표현하고 실천하고
희생하는 그런 낯섦이 도무지 제게 맞지 않다는 불편함은 변함없기 때
문"이라고 밝히셨지요. 이런 말씀도 하셨습니다.

> "전교조의 세계관이 기독교적 정신과 일치하지 않거나
> 부분적으로 충돌하는 상황에서, 기독 교사들이 전교조 회원
> 이 되면 기독성이 약화되리라는 것이었습니다. (……) 전교
> 조가 대중 조직이 되면, 이념성은 약화되면서 교사들의 직업
> 적 이해관계를 추구하는 이익집단으로 변질되리라는 것이었
> 습니다."

제 경우를 말씀드리지요. 제가 기독교인으로서 철저하지 않아서인
지 몰라도, 지금까지의 전교조 운동이 저의 기독교적인 세계관과 별로
충돌하지는 않았습니다. 학생들을 사랑하고 희생적인 전교조 교사들을

보면서 기독교인으로서 부끄러웠던 적은 많았습니다.

선생님은 '기독교적'이라는 말을 자주 쓰시지만, 실제 경험하는 세계 속에서 기독교적인 것과 비기독교적인 것을 구분하는 일은 그리 쉽지 않습니다. '십자군 운동'처럼 어떤 시공간에서 기독교적인 것으로 여겨졌던 일들도 다른 시공간에서는 매우 비기독교적인 것으로 평가되기도 합니다. 기독교는 이념적으로 우파적으로도 좌파적으로도 바라볼 수 있는 광범위한 스펙트럼을 포함하고 있다고 봅니다. 또 기독교의 사랑은 우파적으로도 실천할 수 있고, 좌파적으로도 실천할 수 있습니다. 그러니 '기독교적 관점'을 어느 한 사람이나 일부 진영에서 독점할 수 없다고 생각합니다. 당연히 같은 기독교인끼리도 세계관에 차이가 있습니다. 선생님과 제 생각이 다른 것처럼요.

전교조는 왜 존재하는 것일까요?

아직도 "선생이 무슨 노동자야!" 하며 전교조의 존재 자체를 부정하는 사람들이 많습니다만, 선생님께서는 전교조의 수고와 희생에 대해서 감사한다고 말씀하셨습니다. 선생님께서도 기독교사노조 건립을 고민하셨다니 '노동자'나 '노동조합'에 대한 공통의 이해가 있을 줄 압니다. 아시다시피 노동조합은 소속한 조합원의 '이기적' 목적을 추구하기 위해 존재합니다. 그런데 왜 모든 민주주의 국가에서 노동자의 '이기적인' 권리를 헌법으로 보장하는 것일까요? 역사 발전 과정에서 노동자들이 노동조합을 통해서 자신들의 이익을 지키는 것이 사회 전체에 이롭다는 점이 인정되었기 때문입니다. 이는 좌파나 우파 모두 인정하는 상식입니다. 물론 잘못된 투쟁 방식은 비판의 대상이 될 수 있습니다. 노동조합이 투쟁 이슈나 방법을 잘못 선택하면 시민이 지지하지 않을 것이고 그렇게 되면 노동조합의 이기적 목적을 달성하기 어렵겠지요.(외람되게도 선생님께 가르치려는 것 같습니다.^^)

전교조라고 다르겠습니까. 선생님은 전교조가 교사들의 이익단체가 될 것에 대해서 우려를 표하셨지만 설사 이기적인 단체가 되어도 크게 잘못된 일은 아닐 것입니다. 그러나 지금까지의 전교조의 주장과 행위는 교사의 '이기성'과 거리가 멀다고 해야 하겠습니다. 전교조는 한 번도 임금 투쟁을 해본 일이 없습니다. (해석에 따라 다를 수는 있겠지만) 전교조가 제기한 대부분의 이슈는 학생과 학부모를 위한 것이었습니다. 또 불가피하게 연가 투쟁을 벌이기는 했지만, 폭력 투쟁을 조직하거나 전개한 일도 없습니다. 노동조합으로서 전교조만큼 이타적이고 희생적인 조직이 또 있는지 모르겠습니다. 그런데도 보수 세력들은 조합원 8, 9만을 넘나드는 조직체에서 생길 수 있는 일부 불미스러운 사건을 침소봉대하여 전교조를 무력화하려고 합니다. 공권력은 일제고사나 정당 후원 문제 등의 이유로 교사들을 해직시키고 있습니다.

'좋은교사운동'을 지지하면서 아울러...

저는 하나님께서 '좋은교사운동'을 일으키셨다고 믿고 이 운동의 영향력이 확대되는 것을 기뻐하고 있습니다. 전교조 합법화와 더불어 시작된 '좋은교사운동'의 역사가 십여 년이 되었고 많은 성과도 있었습니다. 하나님께서는 특별히 송 선생님을 사용하셔서 기독 교사 운동을 일으키셨고 지금도 우리 교육을 이끌고 계신다고 믿습니다. 선생님 말씀마따나 '좋은교사운동'은 "어느 조직도 대신할 수 없는 건강한 운동으로 교육계에 우뚝 서게" 되었습니다.

또한, 저는 하나님께서 이 땅의 교육을 바로 세우기 위해 전교조도 사용하신다고 믿고 있습니다. 그 영향력은 다소 줄어들었지만, 전교조가 숱한 박해 속에서 일군 결실에 대해서 감사하고 있습니다. 전교조가 아니었으면 지금 우리가 누리는 많은 민주적 결실을 기대하기 어려웠을 것입니다. 더욱이 진보적 교육감 탄생의 주역을 감당함으로써 죽어가는 교육에 한 줄기 숨을 불어넣고 있습니다. 이런 점을 인정해서 '좋은교사운동'도 그동안 전교조에서 제기하는 여러 이슈를 지지하고 힘을 보태온 것 아니겠습니까.

그런데 불행히도 교육 단체들은 모두 실패하고 있다고 해도 과언이 아닙니다. 우리 교육은 십 년 전과 비교해서 별로 나아지지 않았기 때문입니다. 오히려 학부모와 학생의 고통은 더 심해진 듯합니다. 사교육비는 날로 증가해왔고 청소년들의 자살 문제는 세계 유례가 없을 정도입니다. 교사들의 교육 의지가 더 고취된 것 같지도 않습니다. 학교 현장에는 피로감과 냉소가 더 가득해졌습니다.

선생님은 전교조 합법화 이후 기독 교사 운동을 독자적으로 끌고 온 것에 대해서 "때를 분별하는" 탁월한 선택으로 자평하셨습니다. 그 점은 저도 동의하지만 '좋은교사운동'이든 전교조든 아직 '우리가 옳았다'고 자축하기엔 이르다고 생각합니다. 단체의 회원이 늘고, 경제적으로 풍성해지고, 유력한 운동가가 세워지고, 영향력이 확대된다 하더라도 그것이 곧 '성공'을 의미하는 것은 아닐 것입니다. 운동의 성공 여부를 평가하기에는 우리 교육의 현실은 여전히 참혹하고 우리의 갈 길은 먼 것 같습니다. 더 좋은 선택의 가능성에 대해서 열어두고 겸허히 하나님의 인도하심을 구해야 하겠지요.

긴 글 읽어주셔서 감사합니다. 선생님의 하시는 일에 하나님이 늘 함께하시길 빕니다.

기김진호 올림

기김진호 선생님의 글에 대한 나의 대답

기김진호 선생님.

지난 2월 《좋은교사》 잡지에 제가 쓴 졸고에 대해 선생님이 보내오신 뜻밖의 편지가 반가웠습니다. 짧지 않은 긴 글로, 저의 글에 대해서 고민하셨다는 그 사실 하나만으로도, 분에 넘치게 과도한 관심을 받은 것 같아 죄송하고 또한 감사합니다. 선생님의 글은 곰곰이 생각해보니, 반박의 형태였지만 제 글을 보완하는 성격도 있고, 또한 제가 지난 호에 못 다한 말씀도 있었기에 독자들과 생각을 나누기 위해 오늘 공개 편지 형태로 제 답을 드리게 되었습니다. 이번 글 역시 완전하지도 않고, 또한 좋은교사운동의 입장을 대표한 것이 아님을, 서로 생각을 발전시키는 과정의 일부라고 이해해주시면 감사하겠습니다.

　선생님은 지난번 저의 글과 관련하여, △전교조를 좌파라 생각하는 가, △전교조 가입에 대해 부정적 입장을 견지하고 있는 것에 동의할 수 없다, △이익을 추구하는 교원 노조의 지위는 정당하고, 그럼에도 불구하고 전교조는 학생 학부모들의 권익을 더 우선시 여겨온 단체였다, △따라서 역사 속에서 하나님은 좋은교사운동뿐 아니라 전교조도 들어 사용하신다, △어느 단체든 성공에 대한 과신은 말아야 한다, 이런 지적을 하셨습니다. 하나하나가 긴 대답이 필요하지만, 한정된 지면에 다 담을 수 없어 간단히 답을 드립니다.

전교조를 좌파라 생각합니까에 대해

　지난번 일부 언론이 저를 전교조 1세대이므로 진보, 좌파라고 발표한 오보 기사에 대해서 저는 전교조 1세대도 아니고 진보 좌파도 아니라고 반박했고, 선생님은 그에 대해 제가 혹 전교조를 좌파로 보는 것은 아닌지 물으셨습니다. 사실 좌우 이념의 논쟁은 이런 짧은 글 속에서 담아내기에는 좀 복잡한 논의가 필요하고, 전교조 또한 일정한 경향성은 있으나 내부 사정이 그리 간단한 것은 아니니, 함부로 좌, 우를 말하고 싶지는 않습니다. 더욱이 한국 사회에서 '좌파'라는 평가는 국정원의 "좌익 사범 신고는 111"이라는 구호에서도 보듯이 분단국가의 특수성상 매우 불리한 정치적 지형에 서는 것을 의미하기에, 김규항 씨처럼 좌파를 자임하지 않는 이상, 남이 나서서 이를 단정할 일은 아니라 생각합니다.

　다만 오해를 무릅쓰고 제가 언론의 오보에 대응한 것은 이런 맥락이었습니다. 즉 저에 대한 이념 비판이 제가 몸담고 있는 좋은교사운동이나 사교육걱정없는세상이 일하는 데 본의 아니게 타격을 줄 수 있다고 염려했기 때문입니다. 저 개인에 대한 이념 비판이야 뭐가 문제가 되겠습니까? 그러나 좌우 이념의 틀에 갇히지 않고 교육 본질에 입각해 옳은 소리를 내고, 그러면서 국민 대중들과 소통하는 운동을 지향하겠다고 표방한 단체가 저로 인해서 이념 논쟁에 빠지면, 그것은 곤란하지 않겠습니까? 그래서 몇 년 전 어느 교계 유력 인사가 근거 없이 좋은교사운동을 이념적으로 비판하기에 그분과 공개로 또 비공개로 수차례 서신 왕래를 하면서 이의 시정을 요구한 적도 있습니다.

교육 운동 과정에서 경험한 저 나름의 문제의식이었습니다만, 저는 적지 않은 교육 운동 단체들이 일반 국민들과의 소통을 소홀히 한 채, 자신들끼리의 폐쇄적 운동에 전념하는 전통적 운동 방식이 싫었습니다. 아무리 좋은 명분의 운동이더라도 정말 세상을 바꾸기 위해서는 대중들과 소통하고 그들의 지지를 받아야 한다고 생각해서, 저는 단체 이름을 지을 때나 운동 논리를 풀 때도 사람들의 소박하고 상식적인 용어의 그릇을 선택하여 그 속에 내용을 담으려 애를 썼습니다. 좌우 대립 속에서 어느 한쪽에 서서 싸우면서 특정 대중만 품는 것이 아니라, 올바른 명분을 붙들고 전체 대중을 설득하며 일하고 싶었습니다. 또한 우리의 의제는 좋은교사운동 시절이나 사교육걱정없는세상 때나, 전통적 이념 좌표로는 설명할 수 없는 문제의식을 담고 있었기에, 더더욱 저의 행보가 단체에 부담을 주어서는 안 된다고 보았지요.

물론 제가 아무리 처신을 잘하고, 단체가 아무리 일을 잘해도, 비난으로부터 자유로울 수 없다는 것을 잘 압니다. 선생님이 지적하신 대로, 우리 사회에서 좌파니 진보니 하는 비판은, 엄격한 학문적 기준에 의한 것이 아니라 시대 상황 속에서 상대적 개념이거나 그 개인이나 단체가 끼치는 영향력을 우려한 인신공격성 비판일 때가 많습니다. 제가 아무리 특정 이념과 무관한 운동을 해도 그 운동의 결과가 힘 있는 이해 당사자들에게 부담을 주면 저도 좌파라는 공격을 받을 가능성이 높습니다. 그것을 부정하지 않습니다. 무엇보다도, 우리 주님 역시 인류의 죄를 대속하기 위해 십자가 위에서 죽으실 때 그분으로 인해 위협감을 느낀 종교 지도자들에 의해 정치범이라는 오명을 쓰셨으니, 그분을 따르는 제자 된 우리라고 해서 이를 억울해할 일은 아니라 생각합니다. 다만 제가 원하는 바는, 이념의 낡은 대립에서 남이 설정한 전쟁 속에서 그런 비판을 받기보다는, 우리가 중요하다고 여기는 의제를 붙들고 본질적인 영역에서 세상을 제대로 바꾸어내다가 그런 비난을 받아야 하겠다는 것입니다.

노조 가입에 대한 저의 부정적 태도에 대해

선생님은, 전교조 합법화 시점에 기독 교사들이 전교조에 가입하려는 것에 제가 부정적인 태도를 가진 것에 대해 우려하시면서, 선생님에게 전교조는 기독교 신앙과 부딪히지 않는다고 말씀하셨습니다.

사실 좀 해명이 필요한 것이, 제가 단체 책임자로 있었던 그 당시 저 개인이나 단체 차원에서 기독 교사들이 전교조에 가입해서는 안 된다고 말한 적이 없습니다. 다만 우리의 입장이 정리가 되는 2000년 8월까지는 가입을 유보해달라고 말했을 뿐입니다. 더러 주변에 전교조가 반기독교적 단체기 때문에 가입해서는 안 된다는 이야기를 하는 분도 계시지만, 저는 그렇게 극단적으로 생각하지 않습니다. 제가 기독 교사들에게 전교조 가입에 대해 유보해달라고 한 것, 그리고 비공식적으로는 함께 운동을 하던 제 후배들에게 전교조 가입을 하지 말라고 한 것은, 기독 교사들이 역사 속에서 하나님 앞에서 감당해야 할 시대적 과제가 있는데, 여러 단체에 걸쳐 활동하느라 역량을 소진할 것이 아니라는 문제의식 때문이었습니다.

그 문제의식을 이런 방식으로도 설명해보겠습니다. 저는 교사로 있던 13년 동안 학교에서 전교조 선생님들과 가까운 사이였습니다. 전교조를 매우 희생적이고 도덕적인 공동체라고 이해했고(그 점에서는 오히려 기독 교사 공동체의 수준이 너무 낮아서 민망하고 부끄러움을 느낄 정도였습니다), 또 학교에서 전교조가 제기하는 문제 중 비민주적이거나 비도덕적인 학교 운영의 문제에 대해서는 상당 부분 공감해서 저 나름대로 문제를 푸는 일에 협력하기도 했습니다. 그럼에도 불구하고 제가 전교조에 갖는 불편함은, 전교조의 운동 에토스(ethos)가 보수 신앙을 갖고 있던 제게는 잘 맞지를 않았다는 점입니다. 학교 안팎에서 운동을 할 때, 옳은 주장임에도 불구하고 피아를 날카롭게 구별하고 그 속에서 내가 아니면 저쪽으로 밀어놓고 일정한 선을 긋는 것 또한 끝끝내 불편했습니다. 또한 교육계 사안을 보는 관점이나 방법론에서 제가 온전히 공감할 수 없는 내용이 저의 선택을 요구할 때마다 이루 말할 수 없이 곤혹스러웠습니다. 촌지 추방은 100% 찬성하지만, 7차 교육과정 저지 연가 투쟁 서명이나, 교원 정년 단축 반대 서명 운동에서는 생각이 다르거나 혼란스러웠습니다. 전교조가 주장하는 교육 현실의 타개책 상당 부분이 저의 보수 신앙에 익숙한 논법으로 정리가 되지를 못했습니다. 생각의 어긋남으로 인해 힘이 실리지 않다 보니, 그런 커다란 이슈들이 제 일이라는 느낌이 들지 않고, 주변인으로 밀려나는 당혹감이 참 괴로웠습니다. 그것은 저만의 고민은 아니었을 것입니다.

그때 제 속에 답이 없음을 애석해했습니다. 그런데 제가 대학 시절부터 뼈저리게 느낀 것은, 현실을 보는 관점과 분석의 틀은 혼자서 만들어내는 것이 아니라, 같은 뜻을 가진 공동체가 고민한 산물이라는 것입니다. 집단의 고민이 담겨 있는 것인 만큼 힘이 있었던 것이고, 따라서 그 앞에 개인의 대응은 상대적으로 약할 수밖에 없다는 것이지요. 그런데 당시 기독 교사 공동체, 적어도 보수 신앙을 가진 기독 교사 공동체는 교육의 사안을 자신들의 세계관에 비추어 통합적으로 보는 분석의 자산이 없었습니다. 그러니까 그 속에 있던 기독 교사들 개개인이 학교 현장에서 주변으로 밀려나며 자신의 신앙고백을 교육 정책과 제도의 맥락에서 올바로 표현할 통로가 보이지 않았던 것이지요. 1990년대 후반, 기독 교사 단체 연합 운동으로 그 자산을 쌓아가는 데 필요한 사람들이 막 모이기 시작해서 반가웠는데, 전교조 합법화로 인해 사람들이 흩어질 것을 생각하니 걱정스러웠던 것입니다. 저는 아직도 기독 교사들은 할 수만 있다면 좋은교사운동에 집중하며 그 자산을 쌓아가라고 권하고 싶습니다. 그것이 교육계, 특히 전교조를 위해서도 유익한 일이라고 저는 확신합니다.

이런 이유로 인해서 제가 기독 교사들의 전교조 가입을 보류 내지 만류했지만, 그렇다고 해서 이런 노력이 기독 교사들이 현실 교육 속에서 선택할 '유일한' 기독교적 행동이라 말할 수 없다는 점을 인정합니다. 선생님 말씀대로 기독교의 사랑은 기독교의 핵심 진리를 인정하는 한, 좌파적 또는 우파적으로 실현될 수 있는 허용의 폭이 넓은 것이라 저도 생각합니다. 그리고 실제로 참된 신앙을 갖고 좋은교사운동에 가입하지 않은 채, 전교조 등 다른 교원 단체에서 활동하는 기독 교사들 또한 얼마든지 있고 전교조 위원장들 가운데 기독 교사들 또한 여럿 있는 것으로 알고 있습니다. 따라서 좋은교사운동이 '기독교적 관점'을 배타적으로 주장할 일은 아닐 것입니다. 그러고 보면, 기독 교사 단체임을 명시적으로 표방한 좋은교사운동은, 무엇이 기독교적인가에 대해 고민할 때, 기독교 정신의 본질을 굳게 지키면서도 역사의 주인 되신 하나님께서 우리 바깥에서 일으키시는 새로운 흐름을 바라보며, 그 속에서 주님이 말씀하시는 바를 겸손히 읽어내야 하겠다고 생각합니다.

노동자 권익 단체로서의 교원노조 성격과 관련하여

선생님이 제시하신 것처럼, 저도 노동조합으로서의 교원 조직 존재 자체를 부정하지는 않습니다. 기윤실 교사모임 당시, 교원 노조 문제를 다루면서 어떤 교원 노조인가가 문제일 뿐, 교원 노조 자체는 문제가 안 된다고 잠정 결론을 내린 바 있었습니다. 전교조의 경우에도 자본주의 사회에서 노동조합으로 출범한 이상, 노동자로서 교사 권익을 옹호하는 것을 조직 목표의 하나로 설정하고 이를 이루기 위해 애쓰는 것은 정당합니다. 물론 전교조 입장에서는 혼란은 있을 것입니다. 법적 정체성을 따르면 교사의 권리를 확대해야 하나, 단체가 헤쳐온 운동의 역사는 대의를 위한 희생에 방점을 찍었으니, 현실 속에서 이 둘의 조화는 간단한 문제가 아닐 것입니다. 여하튼 그것은 전교조가 고민해야 할 문제고, 저는 전교조가 교사의 이익을 옹호하는 일에 경도될 경우도 염두에 두고, 기독 교사 운동의 장래를 구상해야 한다고 보았습니다.

선생님이 말씀하신 것과 같이, 전교조가 교사의 권익을 주장하기보다는 학생과 학부모를 위해 일해온 역사를 저는 인정합니다. 그리고 아직도 그런 정신이 전교조 내에 면면히 흐르고 있습니다. 하지만 언제부터인가 그런 경향에 어떤 일정한 단절이 있었고, 그로 인해 전교조가 양심적 국민들과 유리되기 시작한 부분에 대해서는 애석하게 생각합니다. 저는 그때가 2005년 교원 평가 국면 때라고 생각합니다만, 그와 관련해서는 교원 평가 역사를 기술할 때 자세히 말씀 나누는 것으로 대신하겠습니다.

하나님이 역사 속에서 전교조를 쓰신다는 것에 관하여

선생님은 전교조가 역사 속에서 기여한 점을 생각하며, 하나님이 좋은교사운동을 들어 사용하시듯이 마찬가지로 전교조를 들어 사용하심을 믿는다고 말씀하셨습니다. 이것은 선생님의 신앙고백에 속하는 문제라 제가 뭐라 드릴 말씀은 없습니다만, 저 역시 과거 교육의 어두운 역사 속에서 주께서 전교조를 들어 사용하셨다고 생각합니다. 1980년대 교육이 비민주적으로 운영되고 온갖 불법이 만연할 때, 만일 전교조 선생님들의 희생과 수고가 없었다면 상황은 더욱 악화되었을 것입니다. 전교조 결성으로 인해 1,800명이 해직된 그 사건을 저는 아직도 늘 마음속에 담고 있습니다. 옳다고 생각한 신념을 지키기 위해 안정된 일자리를 포기하고 해직된 후 외판원으로 학원 강사로 전전하며 사셨고, 어떤 분들은 병을 얻어 일찍 돌아가시기도 했습니다. 전교조가 상당 기간 한국 사회를 변화시키는 영향력 있는 대표적 단체로 매년 언론에 오르내리는 것도, 사실 생각해보면, 투쟁의 선명성 때문이 아니라 그분들이 흘린 피 값이라고 저는 생각합니다. 그리고 틈날 때마다 우리 기독교사들에게 그런 희생의 가치를 인용해왔습니다.

다만 저는 하나님이 어떤 단체를 사용하신다 함을 불변의 고정된 것으로 보지는 않습니다. 역사 속에서 하나님의 경륜과 일치하는 문제의식을 갖고 시대를 준비하고 자신을 내던지는 마음이 퇴색한다면, 하나님이 그 단체를 언제까지 쓰실 수는 없는 일 아니겠습니까? 이는 우리 같이 '기독'이라는 명칭을 표방한 단체도 예외가 아닐 것입니다. 교육의 모순을 회피하지 않고, 그 속에서 고통 받는 아이들의 눈물을 씻어주는 일을 우선시 여기는 희생의 공동체로 남지 않을 경우, 하나님의 선택에서 우리도 제외될 수도 있음을 유념해야 할 것입니다.

그러므로 우리는 늘 우리 자신을 돌아보아야 하겠습니다. 우리가 스스로를 돌아보는 일을 게을리 하면, 우리 단체가 잘 나가고 재정이 늘어나고 회원이 느는 것에 심취하다가 문득 하나님이 우리를 존재케 하신 그 목표를 잊어버릴 수 있습니다. 저 역시 늘 그런 위험 속에 살고 있습니다. 우리 단체가 단체 운영을 잘했느냐의 평가는, 단체 살림의 풍요로움에서 찾을 것이 아니라, 단체가 목표로 설정한 세상 변화에 성공했느냐에서 봐야 한다고 저도 늘 생각합니다. 그런 의미에서 좋은교사운동이나 사교육걱정없는세상이나 아직 성공을 자축하기에는 이르다는 선생님의 말씀에 전적으로 공감합니다. 아니 자축은커녕, 남은 과제가 너무 무겁고 우리 힘으로 도무지 어쩔 수 없는 것이기에, 우리는 우리의 연약함을 인정하며 늘 주 앞에 서야 할 것입니다. 그리고 할 수만 있다면, 우리는 시대의 깊은 모순을 분별하면서 누구에게 그 책임을 떠넘기지 않고 짐을 지려는 십자가의 자세를, 일의 실패 성공에 관계없이 견지했으면 합니다. 솔직히 그 마음이 오늘날 우리 기독 교사들에게 너무 부족합니다. 저라고 예외는 아니고요. 그런 의미에서 '성공'에 대한 선생님의 마지막 말씀은 저와 모든 기독 교사들이 새겨들어야 할 귀한 말씀입니다.

후련함 대신 아쉬움이 큰 답신이었지만 부족한 부분은 앞으로 이어질 운동사에서 풀어보도록 힘쓰겠습니다. 선생님의 삶에 주님이 함께하시길 바랍니다. 감사합니다.

14장

운동은
개념을 남긴다

교실 붕괴 시대 속에서 주저앉아 있던 교사들을 세우고, 또 교원 노조 합법화 시대에 기독 교사 운동이 나갈 방향을 고민하면서 새로운 운동을 시작해야 하겠다고 결의는 했지만, 그 새 운동이 '좋은교사운동'이라는 이름으로 시작될 것이라고는 생각하지 못했습니다. 더욱이 그 운동 명칭이 기존의 기독교사연합이라는 이름 대신 우리 단체 명칭이 될 것이라는 것은 상상할 수도 없었지요. 다만 우리가 교육계에서 새로운 운동을 시작하려면, '기독교사연합'이라는 기독교적 색채가 강한 이름의 한계를 극복하기 위해 일반적 용어의 '운동 이름'이 있어야 하겠다고 생각했던 것이고, 그 명칭이 정해지면 기존의 《기독교사신문》이나 2000 기독교사대회 때 창간할 잡지명으로도 사용해야 하겠다는 생각 정도만 있었습니다.

여하튼 기독 교사 운동을 설명하는 '브랜드'를 찾는 것은 쉽지 않았습니다. '교사들을 격려하고 교직 문화를 바꾸어야 한다'는 우리 운동

의 지향점은 분명했으나, '교사 변화'를 브랜드 명칭으로 담아야 한다
는 데까지 생각이 미치지는 못했습니다. 더욱이 내부에서 그 작업을 한
다는 것도 막막한 일이었습니다. 누군가 외부의 도움이 필요했습니다.
지금이야 로고 작업에 필요한 전문가를 찾는 것은 어렵지 않지만, 당시
만 해도 교사 운동에 필요한 '브랜드명'을 사용한다는 것이 익숙지 않았
고, 그런 일에 봉사할 분들 또한 드물었습니다. 다행히 98 기독교사대
회 때부터 우리의 홍보물 디자인 업무를 도맡아 책임져왔던 최정훈 대
표가 이 분야에 조예가 깊어서, 그분과 첫 작업을 시작했습니다.

타조 알만큼 큰 글자

막상 최정훈 씨와 작업하는 과정은 순조롭지 않았습니다. 이분은
전문가로서의 자부심도 크고 자신의 작품에 대한 관리도 엄격하게 하
며(우리가 회원들에게 보낸 한 장짜리 편지에 박민혜 간사가 웹에서 '나
비' 무늬를 찾아 넣었는데, 그 디자인이 본인의 작품인데 의논 없이 쓴
것에 대해서 엄중하게 항의를 해서 깜짝 놀란 일도 있었지요), 또 고객
의 요구를 그냥 수용하지 않고 자신의 지식을 내놓고 설득해서 고객의
관점을 바꾸는 일부터 시작하곤 했습니다. 우리도 예외는 아니었습니
다. 98 기독교사대회 포스터 제작 의뢰를 했을 때, 우리는 그 포스터에
'98 기독교사대회'라는 명칭이 잘 드러나게 처리해주기를 원했습니다.
그러나 그분은 단박에 거절했습니다. "선생님, 그렇게 해서는 안 됩니
다. 하고 싶은 말을 조그맣게 숨겨야 합니다. 그리고 사람들의 마음을
사로잡을 카피 한 줄이 있어야지요. 그것으로 사람들의 시선을 끌면,
우리가 작게 처리한 정보에 눈길을 주고 그렇게 해서 알려주는 정보가

더 효과적입니다"라고 집요하게 우리를 설득했습니다. 지금에야 너무도 익숙한 상식이지만, 당시는 그게 무슨 말인지를 잘 몰랐습니다.

사진 작품 하나 찍는 것도 힘겨운 일이었습니다. 98 대회 홍보를 위한 포스터 이전 단계 전단지를 만들어달라고 부탁하니, 편집 디자인을 한다고 해서 사진까지 책임져주는 것은 아니라고 말하며 사진을 요구했습니다. 마땅한 것이 없다고 하니, 어느 날 기윤실 교사들을 십수 명 불러서 마포 지역 어느 초등학교 교정에 세워놓고, 석양이 질 때까지 수십 차례 하늘로 두 팔을 벌리고 뛰게 한 후, 사진 한 장을 겨우 건졌습니다. 98 기독교사대회 포스터를 만들 때는 인근 초등학교로 가서, 본인은 학교 옥상으로 올라가고 아이들과 교사들 10여 명이 어깨동무를 하고 하늘을 향해 웃으면서 함성을 지르라고 하며 수십 번의 서커스 같은 힘겨운 동작을 연출하게 하기도 했습니다. 그래서 또 사진 한 장을 얻었습니다. 그리고 그 사진에다 우리가 대문짝만 하게 처리해주기를 원했던 '98 기독교사대회'라는 제목은 파리똥만큼 작게 처리하고, 포스터 중앙 그 아까운 자리에 타조 알처럼 큰 글자로, 아이들과 교사들이 소리치는 장면을 배경으로 "선생님, 사랑해요!", "나도 그래!"라는 카피를 만들어 대회 포스터라고 내놓았던 것입니다. 근데 그 포스터가 너무 인상적이었습니다. 그냥 죽어 있는 그림, 《국민일보》 광고란에 실리는 심령대부흥회 집회 광고처럼 행사명과 유명 강사의 사진이 덕지덕지 붙은 그런 판에 박힌 포스터가 아니라, 보는 사람의 시선을 끌고 발길을 멈추게 하는 그런 포스터였습니다. 이런 포스터면 우리 학교 교무실에도 떡하니 붙일 수 있겠다 싶었던 것이지요. 저도 고집이 무척 센 사람입니다만, 그의 뜻이 표현된 인상적인 디자인 물을 보며 "아, 이분

98 기독교사대회 홍보 전단지. 최정훈 씨가 기윤실 교사들을 초등학교 교정에 세워놓고 수십 번 뛰게 한 후에 사진 한 장을 건져 만든 전단. 이 한 장의 전단지를 만드는 과정을 보고, 행사를 위해 사람들과 소통하는 원리를 배웠다.

기독교사대회 포스터. 분명히 보관해 놨는데 영 못 찾겠다. 대신, IVP 출판사가 당시 대회 포스터를 표지 삼아 낸 단행본이 있어서, 이 그림을 포스터로 약간 수정해서 그때 분위기를 대신 전한다. 98 대회 포스터 보관한 분은 연락 바란다.

과 일을 앞으로 계속하면서 배워야 하겠구나!" 하는 생각이 들었습니다.

힘겨웠던 로고 작업

그런 인연이 있었던지라 단체의 '로고'를 만드는 작업을 그분과 함께한 것은 자연스러운 일이었습니다. 그런데 비용이 문제였습니다. 제 기억으로 그분이 요구한 가격은 1,200만 원이었습니다. 실로 엄청난 액수였습니다. 1999년에 1,200만 원이면 지금은 3,000만 원에 상당할 정도가 될까요? 물론 지금 생각해보면 과연 그렇게까지 지급할 필요가 있었는가 싶습니다. 현재 제가 활동하는 사교육걱정없는세상의 로고도 어디 내놓아도 부끄럽지 않은 훌륭한 상징물이지만, 비용을 전혀 들이지 않고, 우리나라 최고 디자이너의 재능 기부를 통해서 이 문제를 해결했으니까요. 하지만 재능 기부라는 개념은 당시에 익숙하지 않았습니다. 그 개념이 제대로 정착된 것은 아름다운재단 등 비영리 단체의 기부 문화가 확산되면서 최근에야 생긴 개념이었습니다. 더욱이 좋은 로고 하나를 얻을 수만 있다면 그까짓 비용이 대수냐는 식의 돈에 대한 저의 평상시 자세 같은 것도 한몫했습니다. 돈을 쌓아놓은 것은 아니지만 필요한 것은 주께서 주실 것이라는 생각으로 강행했습니다. 마음속으로는 그 비용 중 500만 원은, 제가 교회 청년부 회장으로 있던 1992~93년 시절 한 장로님으로부터 받은 금전적 은혜(그분의 거절로 돌려 드리질 못해 갖고 있던 돈)를 후원해 충당할 수 있겠다는 생각도 있었습니다.

최 대표님, 정병오 선생님과 함께, 그분 사무실에 앉아 단체 브랜드 명칭을 찾는 기준을 미리 정리했습니다. 우선 '기독교사연합'이라는 말

자체가 딱딱하고 기독교만의 폐쇄적인 이미지를 줄 수 있는데, 이 이미지를 희석시킬 수 있는 이름이면 좋겠다, 오래 사용해야 하기 때문에 설탕 같은 맛보다는 물맛과 같은 로고면 좋겠다, '꿈, 비전, 희망, 믿음, 소망' 같은 청소년 문화 운동에 더 어울리거나 너무 흔한 기독교적 상징어는 피하자, 이런 기준이었습니다.

세 사람이 모여서 이름 후보들을 한 50개 나열했습니다. 그러나 그것으로도 충분할 것 같지 않아서 최 대표는 우리에게 학교로 돌아가 적절한 제목을 더 찾아오라고 했습니다. 그래서 우리는 《우리교육》, 학급 문집 등을 뒤지고 아이들 및 여러 사람의 추천을 받아 200여 개의 후보들을 모았습니다. 그리고 다시 모여서 3인이 후보를 몇 가지로 압축했지요. 하지만 적절한 것을 찾을 수 없어서 결정을 미룰 수밖에 없었습니다. 그러던 중 최종 후보를 결정해야 할 2000년 상반기 어느 날이었습니다. 최 대표의 마포구 사무실로 가기 위해 퇴근 후 학교 교정을 막 나서는 순간이었습니다. 로고 명칭을 정하는 문제로 머리가 꽉 차 있던 저에게 갑자기 가슴을 압도하는 힘으로 하나의 이름이 찾아왔습니다. '좋은 교사'. 그때의 느낌을 뭐라고 설명해야 할지 모르겠지만, "이것이구나!" 하는 마음속 깊은 곳에서 끓어오르는 어떤 뜨거움으로 그 개념이 저를 붙들었습니다. 그리고 머릿속으로 최정훈 씨가 요구했던 좋은 로고의 조건에 그 명칭을 대입해봤더니 통하는 것이었습니다. 물론 그 표현은 우리가 거론한 후보들 가운데 '좋은 교사들과 친구들'이라는 개념으로 있었습니다만, 그냥 수많은 후보들 중 하나였지, 특별히 우리의 시선을 끌 만한 것은 아니었습니다. 그런데 그날 최종 후보를 결정해야 하는 날, '좋은 교사'라는 표현이 느닷없이 찾아와 제 가슴을 뛰게 한 것에 대해, 저는 주께서 좋은교사운동이 꼭 필요했기에 결정적 순간에 부어주신 성령의 은총이라고 믿습니다.

그것은 홍인기 샘 제안이지요

사무실로 향하면서 흥분과 함께 한 가지 걱정도 생겼습니다. 이게 좋다고 할 때, 정병오 선생님과 최정훈 대표가 동의할까 하는 마음이었지요. 그런데 기우였습니다. 회의를 시작하며 제 생각을 전하니, 모두가 좋다고 하는 것입니다. 처음에 최 대표는 '좋은 교사와 친구들'이 어떠냐고 수정 제안을 했다가 좀 더 생각하더니 '좋은교사'가 더 낫다고 하며, 생각할수록 기가 막힌 이름이라고 무릎을 치는 것이었습니다. 그의 해석은 이런 것이었습니다. 우선 짧아서 기억하기 좋다는 것이고, '교사'라는 표현은 권위적이고 답답한데 여기에 '좋은'이라는 말이 붙으면 반전의 효과가 있다는 것입니다. 또한 긍정의 과잉도 없어서 좋다는 것입니다. 예컨대 '교사' 대신 '선생님'이라는 표현을 '좋은'과 붙여서, '좋은 선생님'이라고 하면, '긍정'과 '긍정'이 함께 결합되어 긍정의 과잉 상태를 만들어내고, 이것은 사용하는 교사들이나 듣는 일반인들에게 역반응을 일으키리란 것이었지요. 다만 《좋은 생각》이라는 잡지, 주병진이라는 코미디언이 만든 '좋은 사람들'이라는 속옷 회사, KBS의 〈좋은 세상 만들기〉 같은 프로그램이 있어서 새로운 것이 아니라는 아쉬움은 있지만, 그만큼 '좋은'이 좋다는 것을 의미하고, '좋은'이 '교사'와 붙으면 전혀 다른 신선함을 줄 것이니 걱정하지 말라는 것입니다. 그리고 그의 예측은 적중했습니다.

그렇게 해서 이름을 찾는 과정은 종결되었습니다. 참으로 기쁜 순간이었습니다. 흥분을 가누지 못하고 회의 끝나고 나서 정병오 선생님과 함께 자축을 했습니다. 그런데 정병오 선생님이 이런 이야기를 했습니다. "선생님, 그런데 '좋은교사'는 우리가 오늘 여기서 처음 만들어낸 것이 아니고, 98년 기독교사대회 때 포스터 작업을 하는 과정에서 홍인기 선생님이 우리 운동의 브랜드가 필요하다고 해서 제안한 것이에요"라고 지적했습니다. 순간 멍했습니다. 무슨 소리인가 생각해보니, 그말이 맞았습니다. 당시 98 기독교사대회 때도 최정훈 씨를 만나기 전 대회 홍보 포스터 작업을 이랜드 계열사 어떤 전문가에게 맡겼다가 그림 방향이 맞지 않아 포기한 적이 있었는데, 그때 홍인기 선생님이 포스터에 그 개념이 들어가면 좋겠다고 말한 것이 어렴풋이 기억났습니다. 기억 저편에서 머물러 있었던 개념인데, 때가 되어 필요하니 우리에게 그 이름을 기억나게 하셨구나, 하는 생각이 들었습니다. 홍인기 선생님은 그때의 기쁨을 기억하며, 그 이후 자신의 첫딸 이름을 '홍조은'이라고 붙이기도 했지요.

로고를 이미지화하는 일은 전혀 진척되지 않았지만, 이름이 결정되었으니 5부 능선은 넘은 것이고, 이제 디자인 실무는 최정훈 대표의 몫이었습니다. 우리는 편안한 마음으로 작업 결과를 기다렸습니다. 최 대표는 자기 회사 여러 스태프들에게 로고 샘플 작업을 하게 지시했던 모양입니다. 때가 되자 그는 우리 앞에 백여 가지 이상의 샘플을 내놓았습니다. 너무도 다양한 샘플들을 보면서 참 신기하고 행복했습니다. 그리고 그 안에서 10여 개의 괜찮은 후보들을 고른 후, 드디어 기독교사 연합 대표자 회의를 소집한 후, 그 샘플 중에서 적절한 것을 고르도록 했습니다. 그리고 난상 토론 끝에, 많은 사람들이 가장 선호하는 로고를 최종 후보로 내놓고 어떻게 할지를 논의했습니다.

원숭이 같아 싫습니다!

그런데 반대하는 몇 분들의 저항감이 아주 격했습니다. '유아틱하다', '원숭이 같다'는 식의 비판이 줄을 이었습니다. 특히 《좋은교사》 잡지에 오랜 동안 연재해온 '화가' 박은철 선생님의 태도가 제일 부정적이었습니다. 자신은 자신의 정체성을 표현할 상징물로 이런 로고를 쓰고 싶지 않다고 강력히 저항했습니다. 반대하는 분들이 많건 적건 상황이 이쯤 되니 더 진행해서는 안 될 일이었습니다. 저로서는 더 곤혹스러운 것이, 이렇게 되면 최정훈 대표에게 더 이상 일을 맡길 수 없는 상황이 되기 때문이었습니다. 그리고 이미 작업을 추진하면서 작업 중간 비용으로 500만 원을 선지급한 터라, 더욱 안타까운 일이었습니다. 그러나 할 수 없는 일이었습니다. 최정훈 대표에게 이제 여기까지만 일해야 하겠다고 말씀드린 후에 그분과의 작업을 마무리 지었습니다. 그때 중간 작업 비용으로 500만 원을 날려버린 것이 너무도 아깝고 속상했습니다만, 지금 생각해보니 '운동의 이름'을 찾아낸 것만으로도 500만 원의 가치는 족히 있었습니다. 만일 그분을 만나지 못했다면, 우리의 고루한 생각에 집착하여 '좋은교사'라는 이름을 찾지 못했을 것이고, 찾았어도 귀한 줄 모르고 기억의 골방 속에 방치했을 것입니다. 사무실 운영의 여러 격무에 몸을 혹사하여 최 대표는 그 후 병을 얻었는데, 지금은 건강하신지, 통 연락을 드리지 못한 채 감사함의 기억만 남아 있습니다.

그 후 로고 작업을 이어줄 전문가는, 제가 학교에서 시간이 좀 남던 시절 영어 학습서 저자로 활동하던 '비전 출판사' 안준근 사장님을 통

해 만나게 되었습니다. 박연학 씨로, 이분은 88올림픽 '호돌이' 제작 과
정에 참여했고 당시 프로야구 두산베어스의 브랜드 작업에 참여한 전
문가였습니다만, 적은 액수로 흔쾌히 로고 작업을 마무리해주셨습니
다. 그림이 들어가면 사람들을 설득하기 어렵다는 생각이 들어, 이번에
는 글자 자체만 담백하게 정리해서 로고화하는 이른바 '레터링' 방식으
로 작업을 하기로 했고, 그로 인해서 오늘의 '좋은교사'라는 제호가 나
온 것입니다.

'좋은교사'라는 이름을 짓고 나서, 이후 그 이름은 잡지와 신문 제호
는 말할 것도 없고, 대회의 주제가 되기도 했고, 나아가 기독 교사들이
시작하는 새 운동의 이름으로까지 채택되었습니다. 가만히 생각해보
니, 우리가 시작하려는 새 운동과 '좋은교사'라는 이름은 찰떡궁합이었
던 것입니다. 우리가 시작하려는 새 운동이 무엇입니까? 그것은 '희망
을 잃은 교사들을 일깨우고 교사들에게 실망한 국민들에게 신뢰를 주
는 운동'입니다. 그러면서 사람들의 긍정적 에너지를 이끌어내야 하겠
지요. 그런 의미에서 '좋은교사운동'만큼 그 취지에 부합하면서 긍정적
메시지를 주는 명칭도 없어 보였습니다. 문제를 푸는 길이 딱 하나 있
었는데, 그 길을 찾은 느낌이라고 할까요.

운동은 '개념'을 남기는 것

글을 마무리하다 보니, '운동'을 정의할 때, 운동은 '개념을 남기는
것'이라고도 말할 수 있구나 싶습니다. 기독 교사 운동은 우리 시대 속
에서 교사를 혁신하는 일에 관심을 갖고, '좋은교사'라는 개념 하나를
남긴 것으로, 또한 사교육걱정없는세상은 '사교육'이라는 개념 하나를

붙들고 씨름했던 운동으로 세상에 기억될 것입니다. 사실, 자신이 관심 있는 영역에서 세상을 실제로 변화시키는 것도 중요하지만, 변화를 이루려면, 그 이전에 운동 속에 담아낼 올바른 개념과 용어를 찾는 일이 선행되어야 한다고 저는 생각합니다. 이것은 카피라이터로서의 재주가 있어야 한다는 말이 아닙니다. 그런 문제의식만 있으면 글을 만들어주는 사람을 찾는 일은 어렵지 않습니다. 정확하고 쉬운 개념을 찾는다는 것은, 자신이 시작한 운동이 시대에 절실하고 사람들이 아파하는 수많은 문제들 가운데 어떤 문제를 붙들고 씨름하는지를 정확히 안다는 것이고, 그것을 쉽게 풀어낸다는 것은 그 문제를 혼자만 붙들고 씨름하는 것이 아니라 대중들과 함께하겠다는 자세이며, 운동을 통해 수혜를 입을 사람들에 대해 애정과 관심을 갖고 소통하겠다는 의지가 담긴 것입니다. 그러니 단순히 글자를 만드는 일에 머무는 것이 아니지요.

제가 1980~90년대에 운동할 때는 단체 이름만 10~20자 정도 되는 운동 단체(가상 예를 들자면, '반개혁적 개헌입법저지 투쟁을 위한 범국민연대운동')를 종종 보았습니다. 무엇을 하고자 하는 운동인지는 대충 알겠는데, 자신들 내부에서만 통하는 거칠고 투박한 용어로 가득한 이름을 보고 평범한 일반 사람들은 흠칫 거리를 두게 되거나 또는 말이 길어 기억할 수가 없는 경우가 비일비재했습니다. 그럼에도 불구하고 그런 이름을 썼다는 것은, 당시 시대 상황 자체가 주는 엄혹함으로 인해, 소수의 운동가들이나 단체들이라도 단결해서 세상을 바꾸어야 한다는 그런 절박한 마음이 깔려 있었던 것이지요. 그러나 세상은 변했고, 이제 세상은 그렇게 해서 바꾸기 힘든 시대로 진입했습니다. 더욱이 정보의 홍수 속에 수많은 지식과 정보가 넘치는 가운데 비좁은 틈을 열고 사람들의 머릿속에 운동의 이름 몇 자를 기억하게 한다는 것은 참으로 쉬운 일이 아닙니다.

무슨 문제에 관심이 있는지, 거기에 무슨 대답을 하려는지 궁금해하는 사람들에게 하나도 더하거나 뺄 것 없는 똑 떨어지는 개념을 찾아내어, 그 개념이 스스로 돌아다니며 운동을 설명하고 사람들의 가슴속 답답함을 풀어주며 소통하는 그런 방식은, 어떤 운동이든 많은 이들의 마음을 얻어서 제대로 운동을 하려는 사람이라면 소홀히 할 수 없는 전략일 것입니다.

이름이 자기 정체성을 지켜주는 시대는 지났습니다. 자기를 지키려는 수세적 자세에서 머물지 않고 문제 있는 곳에 뛰어들어 그것을 바꾸어내려는 사람들은, 자기가 고쳐야 할 세상을 알아야 하고, 그 속에 살아가는 사람들이 처한 상황을 알아야 하고, 그 속에서 그들과 소통하며 내 속에 있는 뜨거움을 저항 없이 가장 잘 전달할 수 있는 통로를 찾아야 할 것입니다. '기독성(基督性)'은, 운동의 이름으로 방어하는 것이 아니라, 왜 이 운동이 존재해야 하는지를 기억하고 같은 정신으로 자신을 주께 드리려는 사람들이 얼마나 있느냐로 결정되는 것입니다.

그 시대에 꼭 필요한 개념의 운동인지, 개념이 운동을 잘 표현했는지는, 세상이 얼마나 따라 하는가를 통해서도 알 수 있습니다. 좋은교사운동이 시작되고, 후일 단체 이름으로 정착된 후, 2003년 10월 말 한국교총의 고위 관계자 한 분이 저에게 "선생님, 우리도 내년부터 좋은교사운동처럼 새로운 교사 실천 운동을 시작하겠습니다"라고 알려왔습니다. 반가운 마음으로 기대했는데, 2004년부터 한국교원단체총연합회 이름 앞에 '좋은 선생님'이라는 용어를 붙여 우리를 놀라게 했습니다. 신규 교사 연수 때 교사들에게 교총이 '좋은 선생님'이라는 이름의 파일을 선물로 나누어주자, 좋은교사운동과 교총의 관계를 혼동하는 분들도 생기기 시작했습니다. 또한 비슷한 시기에 전교조 서울지부 초등 모임 잡지에도 '좋은 선생님'이라는 제호가 붙기 시작했지요. 그 큰 교원 단체들이 실제로 교사들을 바꾸고 깨우는 일과 관련해서 얼마나 내실 있는 운동을 했는가는 별도의 문제로 남지만, '좋은교사'라는 이름이 세상에 나온 후 3~4년 만에 큰 교원 단체도 따라 하는 것을 보며, 우리가 필요한 때 필요한 이름을 잘 찾아냈구나, 하는 생각에 감사의 마음이 절로 생깁니다.

최정훈씨가 만든 '좋은교사' 로고. 단체 대표자들이 부결해
서 폐기되었지만, 아이디어가 넘치는 아까운 작품이었다.

첫 로고를 폐기한 후 '좋은교사' 새 로고를 대회를 몇 달 앞두고 처음으로 공개하
고 있다. 이번 로고에 대해서는 만장일치로 통과되었다.

15장

윤영규 선생님이
말한 것

2000년 4월 12일, '좋은교사'라는 개념과 로고를 최종 완성한 후, 우리는 그 로고에 '운동'이라는 이름을 붙였습니다. 그렇게 해서 '좋은 교사운동'이라는 운동이 생겨난 것입니다. 아무런 논쟁이나 논란도 없 이 아주 자연스럽게 이루어진 과정이었습니다. 이 이름이 자칫 일반 교 사들에게 "그래, 너는 좋은 교사고 나는 나쁜 교사냐?"라는 냉소적 반 응을 불러일으킬 것이 약간은 부담 되었습니다만, 이는 어쩔 수 없는 일이었지요. 다만 우리 운동을 '좋은교사모임'이라고 부르는 것은 삼가 야겠다고 생각했습니다. 좋은교사'운동'이야 '우리 자신은 부족하지만 스스로를 변화시켜 좋은 교사가 되고자 힘쓰는 단체'라 말할 수 있지 만, 좋은교사'모임'이라고 해버리면, 진짜 나쁜 교사 또는 평범한 교사 는 그곳에 가지 못하는 교만한 모임이 되어버릴 테니까요.

운동의 이름을 정한 후 연이어 따라온 것은 좋은교사운동의 철학과 정신을 담아낼 어떤 개념을 발굴하는 것이었습니다. 물론 일반인들이야 '좋은교사운동'이라는 이름만 들어도 무엇을 하자는 단체인지를 대충 알아차릴 수 있지만, 이 운동을 실천하는 내부 기독 교사들을 위해서는 우리가 잃지 말고 지향해 나가야 할 어떤 나침반과 같은 개념, 요즘 경영학적 개념으로 '핵심 가치' 같은 개념이 필요하다 싶었습니다. 어느 운동이든 그 운동을 시작한 소수의 사람들이 그 단체의 운동을 시작하면서, 자신들의 가슴속에 들끓는 어떤 깃발과 같은 것을 찾아내어 그것을 회원 전체와 공유해 통일된 문화와 정신적 에토스(ethos)를 만들어야 하겠다고 생각하는 것은, 아주 마땅한 문제의식이라고 생각됩니다.

지금은 달라진 것으로 알고 있습니다만, 전교조의 경우는 창립할 때부터 수십 년간 그 핵심 가치가 '민족, 민주, 인간화 교육'이었습니다. 워낙 간결한 개념이라 전후 배경 설명을 다 들어야 하겠지만, 추정컨대 '민족'은 민족의 분단 상황을 타개하는 개념으로, '민주'는 우리 사회 군사 독재 시절 비민주적 사회 체제를 개선하는 개념으로, '인간화 교육'은 사람이 주인 되고 존중되는 세상을 위한 교육의 역할을 강조하는 개념으로 채택한 것이 아닌가 싶습니다. 그 세 가지 개념을 딱 보면, "아하, 전교조가 이런 단체구나" 하는 어떤 냄새를 맡을 수 있는 것이지요.

좋은교사운동을 시작하기로 결정한 후, 우리도 우리 운동을 설명하는 핵심 가치 서너 개가 필요하다고 생각했습니다. 그러나 그것을 찾는 것은 막연한 일이었습니다. 기독 교사 운동에 참여하는 우리가 이것만큼은 결코 놓쳐서는 안 된다고 생각하는 가치가 있다면 그것이 무엇인가? 기독교사연합 운동이 시작된 후 1996년부터인가 시작된 저의 새벽 기도회는, 생각 속 막힌 것으로 인해 답답할 때마다 그것을 뚫어내는 자리였습니다. 불가능한 것, 어두운 것, 내 힘으로 도무지 어쩌지 못하는 것이 있을 때마다, 그것을 붙들고 새벽에 하나님께 나아가서 하늘의 지혜를 구하고, 그래서 풀렸던 신기한 일이 여러 번 있었는데, 이 핵심 가치를 찾는 문제도 그렇게 기도로 응답받은 것 중 하나였습니다. 2000년 초 어느 날이었습니다. 좋은교사운동을 설명하는 핵심 가치 문제를 붙들고 기도하다가 기도를 마치고 막 교회 예배당 정문을 나서는데, 마음속으로 '복음, 사랑, 정의' 세 개념이 떠올랐습니다. 어떤 때는 기도하던 중 아이디어가 떠오르고, 어떤 때는 기도 후에 마음속 장애가 걷히며 생각이 떠오르기도 했는데, 기도회를 마치고 그날 교회 앞마당에서 세 개념이 떠올랐던 일은 참 신기한 체험이었습니다.

수술이 진짜 성공하려면

기도회 후 얼마 지나서 그때 떠오른 생각을 정리하고 개념 간의 관계를 분석해보았습니다. '복음'은 '사랑'과 '정의'를 포괄하는 상위 개념으로, 사랑과 정의의 길을 안내하고 통제하는 기독교적 핵심 가치라는 점에서 개념의 층위가 다르기는 하지만 포기할 수 없어 보였습니다. '사랑'은 우리에게 익숙한 가치였지요. 아이들과 동료들을 그리스도의 사랑으로 사랑하고 약한 이들을 돌보는 긍휼의 마음은 세월이 지나도 버릴 수 없는 것이었습니다. '정의'라는 개념도 소중했습니다. 하나님은 뇌물을 싫어하시고, 악을 싫어하시고, 거짓을 싫어하시며, 가난한 이들에 대한 압제를 싫어하시는 분이니, 당연히 우리도 정의로움을 추구해야 할 터였습니다. 그러나 당시 우리 기독 교사 공동체에겐 이 개념이 적지 않게 불편했습니다. 정의로운 기독 교사는 무엇을 의미합니까?

좁게는 아이들을 편애하지 않고 공정하게 가르치며, 또한 촌지와 채택료, 불법 찬조금 같은 뇌물을 받지 않으며, 나아가 불의한 학교 관행과 구조를 방치하지 않고 이에 의분을 갖고 바로잡기 위해서 애쓰는 삶을 의미합니다. 이런 일을 익숙하게 해내는 기독 교사들이 당시에는 흔치 않았습니다. 그러나 그것을 포기할 수는 없는 일이었습니다. 앞에서 말씀 드린 대로 하나님은 공의로우신 분이니, 그분을 따르는 우리라고 예외가 될 수는 없는 일이었으니까요. 더욱이 "사랑은 불의를 기뻐하지 않으며"(〈고린도전서〉 13장 6절)라는 성경 말씀에도 있듯이, 사랑과 정의는 서로 '구별'되지만 '분리'는 될 수 없는 관계 아니겠습니까?

그 후 저는 이 세 가지 가치를 품고 좋은교사운동 콘셉트를 잡는 준비 모임에 갔습니다. 모임을 시작할 때, 저는 기도회 이후 떠오른 세 가지 개념의 보따리를 풀지 않고 다만 저의 문제의식만 이야기했습니다. 좋은교사운동 속에 담겨야 할 가치로 우리에게 익숙한 가치, 익숙하지 않지만 붙들어야 할 가치를 찾아내자, 그런 이야기를 꺼냈습니다. 그런데 그 회의 시간에 제가 새벽 기도회 후 얻은 내용과 동일한 결론이 도출되었습니다. 그냥 평범한 일 같아 보일 수도 있겠지만, 저에게는 여간 신기한 일이 아니었습니다.

그런데 뭔가 이것만으로는 풀리지 않는 고민이 제 속에는 또 하나 남아 있었습니다. 이 세 가지로 좋은교사운동을 다 설명할 수 있을까? 석연치 않았습니다. 왜 그럴까 생각해보니, 배경은 이런 것이었습니다. 돌아보니 지난 교직 생활 기간 동안, 저는 대체로 '복음, 사랑, 정의', 이 세 가지를 붙들고 교사 생활을 해왔습니다. 아이들을 사랑하고, 전도하려 열심을 내있고, 촌지와 불법 찬조금을 거부하고 학교의 불의한 것을 바로잡기 위해 애를 썼습니다. 그러나 그 결과, 1992년 학교의 불의한 관행에 저항하다가 저의 모든 것을 잃었습니다. 그때 그 저항은 다른 어떤 교사들보다도 격렬했고 저 자신의 모든 것을 내어던지는 최선을 다한 선택이었습니다. 그러나 그 결과 저는 관계와 인격에서 실패를 경험하고, 깊은 절망에 빠지게 되었습니다. 그러다가 1992년 선교한국대회에서 주님을 만나고, 그 안에서 제 문제가 풀리며 '용서의 고백을 통한 관계의 회복'을 경험하게 되었던 것이지요.

학교에서 불의의 문제를 다루다가 저 자신은 파탄 나고 학교는 정의로움을 회복하지 못했던 실패의 경험. 저는 제 안팎이 모두 망가지는 그런 아픈 경험을 넘어서게 하는 또 다른 가치가 있어야 한다고 생각했습니다. 그러다가 '회복(recovery)'이란 가치를 찾았습니다. 그리고 2000년 기독교사대회 주 강사로 섭외하기 위해 당시 남서울 산본교회 이문식 목사님을 찾아뵙고 그분께 우리가 추구하는 세 가지 가치와 '회복'에 대해서 말씀드리자, 그분은 이렇게 말씀하셨습니다. "선생님, 옳습니다. 불의의 문제를 해결하기 위해 일하다가 그 공동체 자체가 망가지는 경우가 참 많습니다. 이런 예를 들어봅시다. 환자가 몸속에 종양이 있어서 수술을 했다고 칩시다. 그런데 오랜 시간 수술을 한 후 의사 선생님이 나와서 하시는 말씀이 '환자의 종양을 성공적으로 제거했습니다. 그런데 환자는 사망했네요'라고 한다면, 그 수술은 성공한 수술일까요?" 그 어떤 비유도 이보다 더 적절하게 '회복'을 설명한 것은 없겠다 싶었습니다. 수술의 성공 여부는 어디까지나 환자의 생명을 지킨다는 것이 전제입니다. 환자가 생명을 잃게 되면, 문제의 원인을 제거한 것은 아무 의미가 없습니다. 저의 지난 시간이 그런 셈이었던 것이지요. 학교에서 정의를 추구하며 불의를 바로잡기 위해 수고했지만 큰 변화 없이 심각한 갈등 속에서 인간관계만 망가지고 학교는 활력을 잃었으니까요. 좋은교사운동에 속한 선생님들이 저의 낡은 경험을 반복해서는 안 되었습니다. 좋은교사운동을 시작할 때 이를 넘어설 새로운 가치가 필요하겠다고 생각했던 것이지요. 그래서 '회복'이라는 개념을 만들었던 것입니다. 물론 이런 영역의 가치를 설명하는 개념으로 '회복'이라는 표현이 적절한지 '평화(peace maker)'라는 표현이 더 나은지는 잘 모르겠습니다. 그만큼 둘은 그 개념의 속성이 상당히 유사하다 할 것입니다. '회복' 또는 '평화'는 무엇입니까? 그것은 정의가 빈곤한 사랑, 비겁한 사랑이 아닙니다. 불의에 용감하게 직면하되 정의의 칼로 상처입지 않도록 사람들의 마음을 품어내어, 정의가 숨 쉬는 사랑의 상태를 만든다는 것을 의미할 것입니다.

이것이 학교에서 살아가는 기독 교사들의 실존에 주는 메시지가 저는 크다고 봅니다. '회복'은 기독 교사로 하여금, 학교의 불의한 관행을 외면하지 않고 바로잡되, 자신도 연약한 존재임을 인정할 것을 요청합니다. 또한 불의한 관행이나 그 불의를 옹호하는 사람들과 직면하되, 그들을 미워하지 않고 온유와 설득의 자세로 불의를 고치고 불의한 자들도 구원하려는 균형을 의미합니다. 이런 운동 방식으로는 이른바 전통적 운동 개념에서 '전투력'이 나오지 않을지 몰라도, 제가 경험해보니, 이것이야말로 가장 기독교적인 운동의 자세였습니다.

한 번도 다툰 적이 없다?

사실 저는 그때까지 제가 생각한 그런 '회복'의 삶을 살아간 사람을 거의 본 적이 없었습니다. '정의'를 구해야 할 때는 '사랑'이라는 구실로 불의를 외면해버리거나, 불의와 직면하면 사랑이라는 가치를 내팽개치고 사람에 대한 증오심이 자기 영혼을 삼키게 방치하는 사람들만 보았지, 그 두 가지를 함께 균형 있게 붙든 분들을 찾기가 매우 어려웠습니다. 그러다가 한 사람을 보았습니다. 1995년 무렵이지 싶습니다.《우리 교육》잡지를 읽다가 우연히 전교조 초대 위원장 윤영규 선생님의 인터뷰 내용을 읽었습니다. 그런데 그분이 이런 이야기를 했습니다. "저는 학교에서 교육 민주화 운동을 하면서 학교 내 불의한 구조와 직면하다가 한 번도 저와 입장이 다른 보직 교사들과 싸운 적이 없습니다" 하는 것이었습니다. 그 대목이 눈에 확 들어왔습니다. 뭐라고? 한 번도 학교의 불의한 관행을 대행한 보직 교사들과 다툰 적이 없다고? 다른 사람들이 그런 이야기를 했으면 거짓말이라고 생각하거나 불의와의 싸움이 치열하지 않았다고 생각했을 것입니다. 그러나 말하는 분이 전교조 위원장이니 사정이 달랐지요. 기자도 그 이유가 궁금했던 모양입니다. 이유를 묻자 윤영규 선생님은 "저는 그 보직 교사들조차 불의한 구조와 관행의 희생자라고 생각하고, 불의한 구조와 그 구조 속의 대행자인 사람을 구별했습니다. 그러니 다툴 일이 없지요." 저는 참 깊은 충격을 받았습니다. 그것은 제가 '회복' 또는 '평화'라는 말로 설명하고자 하는 바로 그 삶의 고백이었습니다.

제가 또한 놀란 것은 이것은 매우 기독교적 영성에 기초한 발언인데 운동의 방식에서 저와 이질감을 보였던 전교조 운동의 책임자가 어떻게 이런 고백을 할 수 있는가, 하는 것이었습니다. 그분께 여쭤볼 수도 없었으니, 그런 마음속 의문을 풀 길 없이 10년 세월이 흘렀습니다. 그

기독교사대회를 준비하면서 새벽마다 찾아간 우리 교회. 일이 막힐 때마다 새벽 기도로 뚫고 기운을 차렸던 세월이 얼마였던가. 젊은 시절 교회 뒤뜰에서 찍은 사진.

고(故) 윤영규 선생님. 전교조 초대 위원장이자 광주 무진교회 장로님. 신념을 위해 감옥 가기를 자청했으나, 학교에서 보직 교사와 다툰 적이 한 번도 없다는 그는 정의와 평화를 구현한, 내겐 뜻밖의 인물이었다. 2005년 70세를 일기로 돌아가셨다. 생전에 뵙지를 못해 아쉬움이 남는다. (출처 : 교육희망)

런데 2005년 4월 20일, 윤영규 선생님이 돌아가셨다는 기사를 접하고 비로소 답을 얻었습니다. 그리고 그분의 장례와 관련된 신문 광고 문구에서 그분이 한국신학대학교에서 젊은 날 신학을 하신 무진교회 장로님이라는 사실을 알았습니다. 그제야 마음속 의문이 풀렸습니다. "아, 그분이 그리스도인이셨구나. 그래서였구나……" 이제는 떠나신 분이니 어쩔 수 없는 일이지만, 돌아가시기 전 한번 뵈었더라면 하는 아쉬움이 남습니다.

참된 평화와 회복은 연약하고 부패한 우리 인생들에게서 기대할 수 없는 것이라고 저는 늘 생각합니다. 이것은 하늘에 속한 능력이요, 우리 주님이 주셔야 실천할 수 있는 능력입니다. 그래서 우리 주님이 "화평케 하는(또는 제 식대로 설명하면 '평화를 만드는', '회복하게 하는') 자는 복이 있나니 저희가 하나님의 아들이라 일컬음을 받을 것임이요"(〈마태복음〉 5장 9절)라고 말씀하셨던 것이라 추측해봅니다. 평화를 만드는 것은 하나님의 아들일 때만 가능한 일입니다. 그러니까 이 말은 그리스도인이라고 해서 자동으로 그런 능력이 생기는 것을 의미하는 것이 아닙니다. 불의한 세상에서 그리스도인이 하나님께 불의에 맞서며 평화를 이루는 힘을 달라고 기도할 때 비로소 주께서 부어주시는 능력이라는 것을 의미합니다.

윤영규 선생님의 고매한 인격이 악한 구조와 그 악한 구조 속 악한 사람을 구별하게 되었다고 말할 수 있을까요? 제가 살아보니 그렇지 않습니다. 그분도 별 수 없는 인간입니다. 교육의 불의를 고치기 위해 얼마나 싸워왔으며, 그 악한 구조를 유지하려는 사람들과 얼마나 자주 대결했겠습니까? 그 대결 속에서 인간에 대한 신뢰가 꺾이고, 사람에 대한 증오가 밀물처럼 찾아와 자신을 삼켜버릴 것 같은 그런 상황에서, 확신컨대 그분은 새벽으로 밤으로 우리 주님께 나아갔을 것입니다. "아버지, 불의와 타협하지 않게 도와주십시오. 그러나 사람에 대한 미움이 제 영혼을 삼키지 않게 도와주십시오." 그렇게 기도했을 것이라 저는 생각합니다. '평화'와 '회복'은 불의한 현실 속에서 그것을 방치하지 않되, 갈등과 대립의 한복판에서 힘겨운 싸움을 벌이면서, 자신과 상대를 미움으로부터 지켜달라고 그리스도인이 하나님께 부르짖을 때 주시는 축복이라고 저는 생각합니다.

회복의 가치가 반영된 보도 자료

우리 한국 사회에는 이 회복의 가치가 너무도 부족합니다. 회복과 평화의 가치가 부족한 상태를 어떻게 이 짧은 지면으로 다 묘사할 수 있겠습니까만, 여하튼 정의와 평화가 공존하는 사회가 되기에는 우리의 갈 길이 참 멀기만 합니다. 그런 의미에서 좋은교사운동을 통해 회복의 가치가 드러나는 것은 교육 운동만이 아니라 사회를 새롭게 하는 일, 또는 세상 속에서 하나님 나라를 확산시키는 일에서도 의미 있는 일일 것입니다. 또 때가 되면 말씀드리겠습니다만, 좋은교사운동의 여러 영역 속에서 그런 회복의 가치를 가장 잘 반영한 부분 중 하나가 바로 '보도 자료'였습니다. 저는 평소 교육 운동을 하면서 보수 진보를 막론하고 여러 시민 단체들이 정부나 기관의 문제를 비판할 때 내놓는 성명서나 보도 자료가 너무도 거친 것이 마땅치 않았습니다. 상대의 인격과 존재를 인정하지 않는 천박하고 공격적인 표현, 비판 내용의 옳고 그름을 떠나 선과 악의 구도로 피아(彼我)를 구별하는 오만함…… 그것은 제가 학교 내 갈등의 현장 속에서 그토록 환멸을 느끼고 절망했던, 저 자신과 동료들의 생명 없는 대결 모습과 다를 바가 전혀 없었습니다.

그래서 좋은교사운동이 내는 보도 자료는 공손한 경어체를 유지했습니다. 아무리 기분 나쁘고 심각한 문제일지라도, 경어체를 쓰며 저 자신 속에서 정부와 상대를 향해 일어나는 증오감을 다스리고, 사소한 말투와 표현의 실수로 공방하지 않고 문제의 본질로 곧바로 들어가서 상대방의 양심에 호소하고 설득하는 어조로 글을 써 내려갔습니다. 그런 보도 자료가 힘이 없다고 비판할 수 있습니다. 좋은교사운동 내부에서도 그런 보도 자료 쓰기 방식에 다 동의하는 것은 아니었습니다. 그러나 저는 그런 글쓰기의 힘을 확신합니다. 인격과 예의를 갖춘 그런 보도 자료가 힘이 없다면, 상대를 긁거나 폄훼하는 자극적인 보도 자료는 더욱 효과를 낼 수 없습니다. 아니 저는 그 '힘없는' 보도 자료가 세상을 바꾸고 사람의 태도를 바꾸는 경험을 여러 차례 했습니다. 상대를 존중하면서 쉽고 설득하는 언어로 표현한 보도 자료를 통해, 빗장을 닫고 귀를 막던 사람들의 마음이 열리고, 저런 품격과 여백을 갖춘 운동이라면 믿을 만하다고 신뢰를 보내주던 경험을 저는 여러 번 했습니다. 무엇보다 제 정신 건강이 좋아지니, 그것만으로도 많은 것을 얻은 셈이지요.

그리고 좋은교사운동을 떠나 사교육걱정없는세상을 시작하면서도 저는 그런 '회복과 평화'를 담은 보도 자료를 내고 있고, 또 운동의 전체 과정에 그런 격조와 여백이 담기도록 힘쓰고 있습니다. 저는 이 회복의 가치는 운동에서뿐 아니라 기독 교사 개개인이 교실과 교무실의 일상 속에서도 맛보고 성취해야 할 것이라고 생각합니다. 물론 어렵습니다. 그러나 여러분은 그 가치를 붙드는 삶이 무엇인지를 지난 10여 년 동안 좋은교사운동의 역사 속에서 경험한 바가 있기 때문에, 아무것도 없었던 15년 전 세월에 비해서 그래도 형편이 나은 것만은 틀림없습니다.

물론 이런 네 가지 가치는 누가 책임자가 되던 수학 공식과 같이 찾아낼 수 있는 정답은 아닐 것입니다. 또 때가 지나면 그 핵심 가치도 수정이 될 수 있다고 봅니다. 무엇보다도 그런 핵심 가치는 운동을 이끌었던 소수 리더들의 주관적 경험에서 길어 올린 것이니, 일반화시키는 데 한계가 있다고 말할 수도 있을 것입니다. 특히 '회복'의 영역에서는 말이지요. 그것은 일차적으로 제가 13년간 교직 생활을 하면서 불의한 구조 속에서 고민하던 문제를 풀어내기 위해 몸부림치면서 얻어냈던 주관적인 경험의 자산이니까요. 그러나 저는 여러분이 그런 핵심 가치를 쉽게 버려도 될 것으로 가벼이 여기지 않으셨으면 합니다. 기독교사연합 운동 초기에 주께서 저 같이 '치우친' 사람을 책임자로 부르셨다는 것은, 하나님께서 "네 주관과 경험이 기독 교사 운동에 필요하니 내가 너를 쓰겠다"고 선택하신 것이 아닐까 생각합니다. 그렇다면 그 속에 주께서 말씀하시는 바가 약간은 있지 않았나 하고 여겨야 할 것입니다. 그래서 '회복'의 경우도, 이를 저와 몇몇 소수의 경험이라 제한하지 않고, 사랑과 정의가 부족한 이 땅에서 살아가는 기독 교사들 모두가 결코 잃어서는 안 될 가치라고 저는 주장하려 합니다.

앞으로 저는 기독 교사 운동사를 설명하면서, 그 운동의 이면에 복음과 사랑, 정의와 회복의 정신이 어떻게 담겨왔는지를 더 자세히 설명할 것입니다. 그러나 그와는 무관하게 지금 저와 여러분의 삶, 그리고 오늘의 기독 교사 운동 속에 얼마나 이 가치들이 펄떡이며 살아 있는지를 살펴야 할 것입니다. 무릇 어떤 운동이든 세월이 가면서, 초기의 문제의식은 사라지고, 살아 있는 정신의 숨결은 멎은 채, 패턴화되고 매뉴얼화된 지침에 따른 반복과, 약간의 이익을 구하는 관성만이 주로 남기 쉽습니다. 이것은 우리가 경계해야 할 일입니다. 그러므로 우리가 붙든 가치 하나하나를 새롭게 돌아보고 우리가 어디쯤 와 있는지를 살펴봐야 할 것입니다. 특히 핵심 가치 중 '회복'의 능력을 깊이 묵상해야 합니다. 그리고 그 가치를 얻고 싶다면, 우리 각자가 교육 현장 속에서 불의와 맹렬히 싸우고 있는지를 돌아봐야 할 것입니다. 정의에 대한 관심이 없으면 '회복'과 '평화'를 이해할 길은 없으니까요.

좋은교사운동

교육을 새롭게 하는 힘, 좋은교사

151-054 서울시 동작구 상도4동 156-1 3층 전화02-876-4078.3 팩스 02-879-2430 www.goodteacher.org E-Mail. goodteacher2@korner.net

문서번호 : 2006-0613

수　　신 : 언론, 방송 교육 담당

제　　목 : 교원특위합의안 반대투쟁 관련, 한국교총에 드리는 공개 편지

한국교총, 이제는 돌아오십시오

20만 한국교총 교원들게 2500명밖에 안되는 한줌의 교원단체인 좋은교사운동이 '교육혁신위 교원특위 합의안' 관련, 공개 편지를 드립니다. 어차피 드릴 말씀이 사적 내용이 아니기에 공개 서한 방식을 선택했음을 헤아려 주시면 감사하겠습니다.

좋은교사운동 대표 시절, 모든 보도 자료는 경어체로 내보냈다. 분노의 감정을 다스리고 설득의 자세로 국민들과 이해 당사자들을 대하는 데 이런 문체가 적절했다. 이것 역시 정의와 평화가 공존하는 방법이라 생각했다. 사교육걱정없는세상을 시작하면서도 이 원칙은 아직도 고수하고 있다.

16장

언제든 교사론이
기본입니다

2000년 기독교사대회 이야기는 꺼내지도 못한 채 좋은교사운동의 배경에 대해서만 여러 차례 말씀드렸습니다만, 앞으로 한두 번 더 운동에 관해 이야기하고 2000년 기독교사대회로 넘어가려 합니다.

지난 글에서 설명한 대로 '복음, 사랑, 정의, 회복'이라는 네 가지 가치를 확정하고 나니, 운동에 대한 큰 틀은 정리되었다는 판단이 들었습니다. 문제는 그런 핵심 가치를 어떻게 삶으로 드러내며 살 것인가 하는 것이었지요. 저는 그때나 지금이나 모든 운동은 '이미지'가 아닌 '실천'으로 그 진정성이 드러나야 한다고 생각합니다. 아니 '좋은 이미지'를 얻기 위해서도 실천은 꼭 필요한 것이지요. 운동의 목표를 이루기 위해서도 실천은 중요합니다. 물론 모든 운동의 목적은 세상의 '변화'에 있고, 그 변화에 이르는 가장 손쉬운 길은 제도와 정책을 바꾸는 것입니다. 그러나 제도와 정책의 변화 역시 알고 보면 '실천'에서 그 동력을 얻어냅니다. 여기서 중요한 것은, 운동 속에서 이루어지는 실천은 따라하기 쉬운 형태로 구체화되어 통일된 형태로 펼쳐져야 한다는 것입니다. '정의'로운 교사가 되라고 말하자 누군가가 "저도 그러고 싶습니다. 그런데 어떻게 하면 정의로운 교사가 될 수 있나요?"라고 물어볼 때, "실천은 네 몫인데 왜 나에게 물어보냐"라고 말하거나 목표에 도달하는 길을 각자 제 소견의 옳은 대로 선택한다면, 운동으로서는 실패입니다. 방향만 정리해주어도 잘될 일이라면 세상에 어려운 운동이 어디 있겠습니까?

그래서 2000년 기독교사대회를 앞두고 우리는 각 핵심 가치 별로 대표적으로 추천할 수 있는 실천 지침을 정리하기로 했습니다. 교사의 삶 전반에서 '복음과 사랑, 정의와 회복'을 따라 산다고 할 때 그 삶은 어떻게 표현되어야 하는가, 그리고 그 삶으로 인도하는 방법론은 무엇인가를 찾아서 보편적인 가이드라인을 제시하는 일에 몰두했습니다. 그런데 그게 참 막연했지요. 초등과 중등이 다르고, 또 상황과 맥락이 다른데 그것을 관통할 지침을 만든다는 것이 말입니다.

물론 우리교육 출판사의 '학급 운영 자료집' 같은 기존 자료도 약간은 도움이 되었습니다. 그러나 우리의 실천 영역은 학급 생활 지도에 머무르지 않고, 수업과 교무실 문화, 학교의 행정 체계 전반에 뻗어 있기에 비는 부분이 많을 수밖에 없었습니다. 또 학급 운영을 소개한다고 해도 3권의 자료집 내용을 다 인용할 수는 없는 일이었지요. 결국 기존 자료 참고하는 것을 단념했습니다. 그리고 우리가 교사 모임을 하면서 몸으로 부대끼고 실천한 것 중에서 이것만큼은 따라할 만하다 추천할 수 있는 것들을 찾아 분류하기로 했습니다. 그런데 지금 생각해보니,

그런 접근 방법은 다른 대안이 없어서 선택한 차선책이 아니라 최선책이었습니다. 어떤 운동이든 그 중심에 있는 사람들이 스스로가 경험하지 않은 것을 말하는 것은 힘이 없습니다. 운동은 그 운동의 중심부에 있는 사람들이 삶으로 경험하고 확신한 것을 가지고 대중을 설득하는 것이며, 그것만큼 확산되고 거기에서 멈추는 것이라고 생각합니다.

리더로 적합한 사람 구별법

곁길로 새는 이야기입니다만, 요즘 좋은교사운동이 정병오 선생님의 후임을 찾는 과정을 거치고 있기 때문에 생각난 김에 이 부분을 조금 더 이야기를 하고 싶습니다. 우리가 어떤 조직의 리더를 찾을 때, 어떤 후보가 그 자리에 적합한지 아는 방법이 딱 하나 있습니다. 그것은 그가 살아온 과거를 살펴보는 일입니다. 누구든 자신이 살아온 만큼만 기여할 수 있는 법이며, 없는 것을 내놓을 수는 없는 일입니다. 대통령을 예로 들어봅시다. 저 사람이 대통령이 되면 어떻게 나라를 통치할까 알기 위해서 그가 하는 이야기를 꼭 들을 필요가 있는 것은 아닙니다. 대신 그가 지금까지 걸어온 길을 보면 됩니다. 김대중 대통령은 한평생 '민주주의'와 '통일'에 자기 삶을 바쳤고, 노무현 대통령은 '지역' 감정 해소에, 그리고 이명박 대통령은 기업의 사장으로 '토목' 사업에 자기 인생을 바쳤습니다. 그리고 대통령이 되어 그 자산만큼 일을 했고, 그것으로 국민들로부터 평가받았습니다. 자신에게 없는 것을 내놓을 수는 없지 않겠습니까?

우리 운동도 마찬가지입니다. 저는 저대로 제게 있는 장점으로 기독 교사 운동에 기여해왔고, 정병오 선생님도 마찬가지입니다. 단점을

2011년 4월 23일 좋은교사운동 비전 공청회. 정병오 선생님 후임을 찾기 위해
우리 운동의 시대적 과제를 탐색하는 시간이었다.

고쳐서 일할 수는 없습니다. 우리 뒤를 이을 후배들도 그렇습니다. 정병오 선생님 후임자를 잘 찾는 것은 우리 운동의 사활을 결정할 아주 심각한 과제입니다. 어느 조직이든 1세대가 물러날 때 위기가 찾아오기 마련인데, 지금이 바로 그때이기 때문입니다. 좋은 분을 찾아야 합니다. 그러기 위해서는 운동의 '미래'를 위해 어떤 리더의 '과거'를 선택할 것인지를 고민해야 합니다. 그런데 순서가 중요합니다. 먼저, 앞으로 찾아올 미래에 우리 시대 교육 문제의 핵심이 무엇인지를 내다봐야 합니다. 그런 후에 우리 운동은 그중 어느 영역에 초점을 맞추어 활동을 할 것인지, 그러고 나서 그 일에 필요한 경험을 누가 가장 잘 갖추고 있는지를 탐색하는 것, 이런 순서로 사람을 찾아야 합니다. 그렇게 하지 않고 역순의 과정을 거치면 모두가 불행해집니다. 책임자가 무능해도 문제지만, 사명에 맞지 않는 유능함도 문제입니다. 다른 대안이 없어 급한 김에 사람을 찾아 세웠는데, 엉뚱한 방향으로 일을 하고 있다 싶으면, 모임이 조금 숨을 돌리고 나면 여지없이 책임자가 흔들립니다. 견뎌낼 재간이 없습니다. 기껏해야 2, 3년 가다가 사표를 내기 쉽습니다. 그리고 모임은 다시 위기를 경험합니다. 제가 몸담았던 어느 시민단체에서 여러 해에 걸쳐 적나라하게 경험했던 이야기니, 소홀히 들으시면 안 됩니다. 좋은교사운동이라도 예외가 될 수는 없으니까요.

여하튼 실천 지침과 관련해서 다시 말씀드리자면, 리더가 경험하지 않은 채 말하고 쓰는 것은 힘이 없습니다. 내가 경험한 것이 아니니 확신을 가지고 이야기할 수 없고, 자연히 말과 글에 힘이 실릴 수 없습니다. 그 글과 주장에 힘이 실려 있는지 여부는 사람들이 금방 알아차립니다. 좋은교사운동 시절, 저는 운동과 관련해서 편지를 쓰며 여러분께 이런저런 요청을 많이 했습니다. 그런데 저는 그 한 장의 편지를 쓰기 위해 꽤 힘겹게 끙끙댔습니다. 썼던 편지를 다 삭제하기도 여러 번이었습니다. 마음이 실리지 않는다면 아무리 잘 써도 회원들을 움직일 수 없다고 생각되니까, 제 마음을 뒤지며 씨름하는 과정을 반복해야 했습니다. 참 희한한 것은, 제가 편지를 쓰다가 어떤 맥락에서 가슴이 뜨거워지면, 나중에 답장을 주시는 분들도 여지없이 그 부분에서 같은 마음을 느끼고 반응했다는 것입니다. 글로 표현되지 않아도 알아차립니다. 기쁘고 아프고 부끄러운 감정은 물론이요, 상황 때문에 할 수 없이 써야 하는 부담감, 빨리 끝내고 다른 일을 해야 하겠다는 조급한 마음에서 쓴 글, 나도 자신이 없다는 마음에서 약간의 비관이 담긴 글…… 비록 그런 감정을 표현하지 않았을지라도 읽는 사람들은 그 느낌을 정확하게 읽어냅니다. 그러니 글을 쓸 때 자신과 싸우지 않을 도리가 없습니다. 글이라는 것이 그렇습니다. 실천 지침은 다를 것이라고요? 다를 바 전혀 없습니다. 메마르고 딱딱하고 논리적인 글일지라도 자신이 경험한 것을 확신 속에서 풀어 쓰는 글과 그렇지 않은 글 간에는 큰 차이가 있습니다. 그 진실을 피해 갈 수는 없는 일입니다.

《좋은교사 길라잡이》, 계속 보급했어야...

저와 정병오, 김진우 선생님은 복음, 사랑, 정의, 회복 네 가지 정신에 맞는 실천 지침을 정리하기 위해, 기윤실 교사모임을 시작한 이후로 우리가 직접 실천했던 수많은 활동들을 모으기 시작했습니다. 그리고 그 활동들을 네 가지 영역으로 분류하고, 그 속에서 우선순위에 따라 지침을 정리하기로 했습니다. 학급 아이들에게 상담을 통해 복음을 전

하고 기독학생반을 운영했던 경험, 아이들 가정을 방문한 일, '촌지 걱
정 마세요'라는 내용의 가정통신문, 매일 1시간~1시간 30분씩 써주곤
했던 학급 모둠 일기, 촌지와 불법 찬조금과 부교재 채택료를 받지 않
기 위해 몸부림쳤던 일, 학운위 교사 위원으로 참여하면서 학교의 불합
리한 문제를 개선하려 했던 경험들, 그리고 교과서를 붙들고 기독교적
세계관의 의미를 고민했던 세월들, 1년에 3~4차례 내 수업에 대해 소
감을 쓴 아이들의 글을 읽으며 때로 부끄러워했고 감사했던 수업 평가
의 경험들…… 그 모든 경험들을 '복음, 사랑, 정의, 회복'이라는 그릇에
나누어 담고, 각각의 실천 지침을 A4 용지 2/3 분량으로 정리했습니
다. 그렇게 해서 《좋은교사 길라잡이》라는 것이 만들어졌지요.

이 매뉴얼은 2000년 기독교사대회 때 현장에서 배포하고 2002년
한 차례 단행본으로 더 발행한 후 지금은 절판되었습니다. 물론 그 길
라잡이 속 40개의 실천 지침 중 '가정방문', '수업 평가', '정직 편지 보
내기' 등은 우리 운동의 캠페인으로 끄집어내어 지금까지 실천하고 있
습니다만, 2002년 이후에 좋은교사운동에 입문한 분들은 그 밖의 허다
한 실천 지침들은 잘 모르고 있지요. 역사를 쓰다 보니, 그때 그 매뉴얼
을 한두 번으로 끝내는 것이 아니었는데 싶습니다. 해를 거듭하면서 계
속 보완해 매해 신규 회원들 및 교사들에게 이를 보급하면서 좋은교사
운동의 온전한 정신을 공유했어야 했구나, 하는 생각이 들어 아쉬움이
남습니다.

교사론 : 잃지 말아야 할 기본

미시적인 이야기를 하다가 이야기가 좀 커지기는 합니다만, 저는 이

런 매뉴얼을 통해서 우리 기독 교사들이 소명감의 뿌리를 견고히 세워 좋은 교사로 살아갈 뿐 아니라, 그 영향력이 주변 기독 교사들은 물론이요 일반 교사들에게도 확장되어가기를 원했습니다. 이 점은 두 가지 면에서 중요한 문제 제기를 하는 것입니다. 하나는 좋은교사운동이 무슨 일을 해도 언제나 무게중심은, 교사들의 삶을 새롭고 풍요롭게 하며 교사라는 직업의 정체성을 확고히 붙드는 일에 두어야 한다는 것입니다. 또 다른 하나는 우리의 운동이 전체 10만 기독 교사들을 품는 것은 물론이요, 40만 전체 교원 사회에 영향을 끼쳐 그들이 건강해지고 국민들에게 신뢰받는 집단이 되도록 해야 한다는 것입니다.

그중 앞의 지적 사항, 즉 교사의 실존에 관한 문제를 먼저 다루고 싶습니다. 경영학의 이른바 포지셔닝 이론에 의하면, 우리는 우리 교육의 허다한 문제 중에서 '교원의 문제'에 운동의 일차적인 초점을 맞춘 운동이었습니다. 예컨대 입시 문제, 교육 자치의 문제, 교육 재정과 교육 행정 구조 개편 등의 문제는 물론 중요한 교육 이슈이기는 합니다만, 우리가 풀 수 없거나 남들이 더 잘할 수 있는 일들이기에, 우리는 우리 시대에 중요한 과제이면서 우리가 잘 감당할 수 있는 '교원'의 영역에 관심을 집중하기로 한 것이지요. 그래서 그동안 교사들에게 소명감을 주는 다양한 실천 운동을 하면서, 동시에 관련된 교원 정책을 연구하며 대안을 찾는 일을 해왔습니다. 그러나 좋은교사운동의 포지셔닝은 그 후 2006년에 큰 변화를 경험하게 됩니다. 즉 이제 좋은교사운동은 교사들의 의식을 깨우는 일, 직업적 정체성과 소명감을 새롭게 하는 일을 넘어서, 학교 혁신, 통일 교육, 입시 개혁, 사회 개혁 등으로 관심 영역을 넓히기로 결정하게 됩니다. 이것은 상당히 중요한 사건이기에 앞으로 차차 때가 찾아오면 논의 전후 과정을 상세히 설명하겠습니다만, 여하튼 2006년 이후 좋은교사운동의 관심사가 넓어지게 된 것입니다.

그러나 이렇게 관심사를 섣부르게 확장시키는 것은 자칫 위험할 수 있습니다. 이것저것 건드리다가는 변화를 이끌어내지 못한 채 성과 없이 끝나기 쉽습니다. 그렇게 되면 세상의 변화를 갈망해 운동에 참여한 교사들이 실망해서 흩어지게 됩니다. 그래서 '집중'이라는 것이 중요합니다. 저는 '교사의 직업적 정체성을 회복시키는 일, 교사로서 삶의 보람을 유지하며 아이들과 부모들에게 신뢰 주는 교사로 살아가는 삶'의 문제는 좋은교사운동이 해산하는 날까지 결코 놓쳐서는 안 될 주제라고 생각합니다. 왜 그렇습니까? 교사론의 철학과 정신이 튼튼하지 않은 교사들은 학교와 교육, 사회를 바꿀 사람으로 설 수가 없기 때문입니다. 교사로서의 자기 정체성이 분명하지 않은 사람들은, 자신을 힘겹게 만드는 환경과 제도에 힘 있게 맞설 수 없기 때문입니다. 다른 일을 잘하기 위해서라도 '교사론'의 과제를 늘 운동의 기본으로 세워두고, 이 부분이 흔들릴 때 다른 일보다 우선적으로 개입해야 합니다.(그런 의미에서 최근의 교직 사회 상황은 매우 심각하고 위험하다는 것이 제 판단입니다.) 그리고 중요한 교육 문제이기에 교사들이 참여하도록 권고해야 하겠다고 판단되는 일이 생긴다면, 그냥 그 일의 내용을 알리는 것만 아니라, 교사론적 관점에서 그 과제의 의미를 해석해서 제시해야 합니다. 즉 그 문제가 교사로 살아가는 나와 어떤 관계가 있는지를 잘 설명하여 교사들의 삶의 문제로 엮어주어야 한다는 것입니다. 그래야지만 교사들은 그 일을 남의 일로 방치하거나, 안 해도 그만인 부차적인 일로 밀쳐내지 않게 됩니다.

예를 들어봅시다. 최근 '교장 공모제 학교' 또는 '혁신 학교'가 화두입니다. 요즘은 꼭 그런 것은 아닙니다만, 교장 공모제 학교가 시작되던 초기에 이 학교 운영에 필요한 교사들을 모집하고 훈련해야 할 상황인데도 일반 교사들이 모이지를 않는 것이 숙제였습니다. '학급' 경영과 수업에 관심이 집중되어 있는 대부분의 교사들에게 '학교' 경영이란 주제가 눈에 들어오겠어요? 대신 주로 학교장이 되려는 생각을 가진 중견 교사들이 관심을 보였지요. 그러므로 '교장 공모제 학교'라는 주제에 일반 교사들이 관심을 갖도록 하기 위해서는, 이 과제에 교사들이 관심을 가져야 할 이유를 교사로 살아가는 삶의 맥락 속에서 설명해내야 합니다. 입시 개혁도 마찬가지입니다. 아이들과 끙끙거리며 살아가는 것도 힘든데, 나같이 평범한 선생이 무슨 입시 개혁이냐 하고 생각하기 쉽습니다. 제도와 정책의 엄청난 변화가 필요한데, 아이들과 지지고 볶고 싸우는 일로도 분주한 내가 그 일을 어떻게 하느냐고 좌절할 수 있습니다. 그럴 때 일반 교사들이 입시 개혁에 관심을 갖도록 하기 위해서는, 그 일이 교사로 살아가는 우리의 삶과 긴밀하게 관련이 있다는 것을 설명해주어야 합니다. 그리고 문제를 해결하기 위해 학교 바깥으로 뛰어나가는 것 이전에, 지금 여기 아이들과 수업을 하는 생활공간에서 잘못된 입시 구조의 괴물과 싸울 수 있는 미시적 생활 실천 운동의 길을 보여주어야 합니다. 그러나 이런 일은 기존의 교육 단체나 학회 어디서도 시도하지 않는 과제입니다. 당연하지요. 이것은 교사로 하여금 교사됨의 자기 정체성을 튼튼히 하는 동시에 교실이 아닌 전체 교육으로 그 시야를 확장하도록 돕고자 할 때만 그 필요성이 보이는 접근 방법이니까요.

목자 없는 양 같은 40만 교원들

좋은교사운동과 관련하여 두 번째 문제의식, 즉 10만 기독 교사들을 품는 것과, 나아가 40만 전체 교원 사회에 영향을 끼쳐 그들이 건강해지고 국민들에게 신뢰받는 집단이 되도록 해야 한다는 점에 대해서도 잠깐 이야기를 하겠습니다. 10만 기독 교사들을 품는 것도 어려운데 40만 모든 교사들을 품는 것은 상상하기 더 어렵다고 생각하시는 분들이 있을 것입니다. 그러나 그것은 잘못된 생각입니다. 그 말은 기독교인들도 돕기 어려운데 어떻게 예수 안 믿는 이웃들을 돕느냐는 말처럼 오류입니다. 40만 교원들을 품는 큰마음이 있을 때 10만 기독 교사들을 품는 길이 보이고, 그럴 때만이 지금 우리가 어디에 얼마만큼 와 있는지, 그리고 어디로 가야 할지를 가늠할 수 있게 됩니다. 그렇다고 해서 우리 모임이 40만 교원들을 회원으로 품는 교총이나 전교조 같은 거대 교원 단체를 지향하라는 것이 아닙니다. 그렇게 공룡이 되면 전체를 품을 수 없습니다. 그렇게 조직을 키우지 않아도 전체 교원을 품는 길은 얼마든지 있습니다. 또 그렇게 우리가 전체 40만 교원들을 가슴에 품고 일을 할 때만이, 작은 그릇이 되어 쪼그라들거나 내부적으로 부패하지 않을 수 있습니다.

좋은교사운동이 품고 있는 뜻은 기독 교사들은 물론이요 일반 교사들에게도 절실하게 필요한 것들입니다. 우리의 운동이 단지 문제의식으로만 머물지 않고 적절한 시기에 알맞은 방식으로 표현될 때, 일반 교사들도 우리의 운동에 환호하고 깊은 도전과 영감을 받게 될 것을 저는 확신합니다. 차차 말씀드리겠습니다만, 저는 우리가 해온 운동이 어느 정도 성공을 거두어 세상에 좋은교사운동이 드러났을 때, 그 모습을 보고 "우리도 당신들과 함께하고 싶은데 참여할 길이 없나요?"라고 묻는 일반 교사들을 여럿 본 적이 있습니다. 그러나 그때 그분들께 저는 "미안합니다. 이 운동은 기독 교사들만 참여할 수 있습니다"라고 말할 수밖에 없었습니다. 그때 그 선생님들의 실망하던 표정을 잊을 수 없습니다. 그 말로 그분들을 돌려보낸다 한들 그분들이 어디서 무슨 새로운 일을 시작할 수 있겠습니까? 어찌 그것이 그분들께만 해당하는 일이겠습니까? 수많은 교사들이 지금 목자 없이 이리저리 떠도는 상태로 방치되어 있습니다. 교육의 역사 중 그 어느 때보다 교사들은 고단하고, 의미 있는 그 어떤 일도 이제는 할 여력이 없다고 말하면서 극도의 피로감을 느끼며 지쳐 있습니다. 그런 교사들을 방치해서는 안 될 것입니다. 그들의 문제이자 우리의 문제이기도 한 교사의 실존에 관련된 이 문제를 우리는 풀어내야 합니다. 또한 그들을 우리 안에서 더 적극적으로 품어내야 합니다. 아니 그것이 어렵다면, 우리 바깥에서 기독교적 영성과 숨결이 머무는 새로운 운동을 만들어서, 일반 교사들이 마음 놓고 참여하며 우리와 협력할 수 있도록 하는 그런 새로운 교사 운동의 길도 고민해봐야 합니다.

2007년, 좋은교사운동 책임자 역할을 내려놓고 새 운동을 시작하는 문제로 고민할 때, 제 마음속에는 그 주제가 부담으로 있었습니다. 기독 교사 운동 영역 바깥에서 흔들리는 수많은 교사들을 품고, 그들이 주인이 되어서 하나님 나라의 운동에 기여할 새로운 길은 없을까 하는 마음이 있었지요. 기독교적 정신을 일반적 언어로 풀어내고 교사로서의 삶과 진리, 가르침에 관해 전혀 새로운 통찰력으로 자신을 성찰하며, 교육의 역사 속에서 펼쳐지는 하나님의 경륜에 놀라워하는 그런 일들은 불가능할까, 그런 생각을 해보며, 그 일에 제 인생을 쏟아 붓는 것도 좋겠다고 생각했습니다. 그러나 그 길이 제겐 허락되지 않았고 저는 지금 사교육걱정없는세상을 위한 길을 가고 있습니다. 물론, 허락되지 않음에는 뜻이 있을 것입니다. 제 일이 아니라 좋은교사운동이 끌어안아야 할 과제라는 것을 의미하는지, 아니면 사교육걱정없는세상을 위해 일하면서 그 안에서 풀어내라는 것인지, 저는 아직 그 뜻을 잘 모르겠습니다. 그러나 그 뜻을 제가 아니라 가급적 여러분이 발견했으면 좋겠습니다. 무릇 역사 속 문제에서 하늘의 뜻을 발견하여 그 일에 자신을 던지는 사람마다 주의 도우심으로 자기 한계를 넘게 되며, 그로 인해 그 사람은 세상을 바꾸며 동시에 주를 알아가는 은총도 경험하는 것이니, 어찌 그 축복을 저만 갖겠다 말할 수 있겠습니까?

좋은교사운동의 가치와 실천 과제를 담은 《좋은교
사 길라잡이 v 1.0》. 그때 이후 수정 보완한 책이
한 번 더 나온 후 절판되었다. 어떻게든 다시 그 내
용을 회원들과 공유하는 계기가 필요하다.

17장

"전쟁사 발표할 사람?"
"저요!"

지금까지 저는 여러분께 교사론 또는 교직 문화 쇄신이란 관점에서 좋은교사운동을 설명했습니다. 그러나 복음 전파와 한국 교회 섬김이란 차원을 간과한다면, 교직 문화 쇄신만으로는 온전히 좋은교사운동을 이해했다 말할 수 없습니다. 사실 복음 전파와 한국 교회 섬김은, 98 기독교사대회를 시작할 때부터 지금까지 우리가 붙들고 있는 핵심 과제입니다. 이 대목에서 미리 강조하고 싶은 것이 있습니다. 즉 우리가 기독 교사 운동을 통해 한국 교회를 섬긴다는 말은, 한국 교회가 제대로 감당하지 못하는 다음 세대 선교 역할을 학교 안에서 우리가 감당하자는 것이요, 더 나아가 하나님 나라 운동 관점에서 교회가 갖는 좁은 시야를 극복하고 기독교 시민운동의 지평을 넓히는 마중물 역할을 해야 한다는 것입니다. 이번 글에서는 그 첫 번째 주제를 다루고자 합니다.

과거 1970년대 교회는 어찌되었던 별 수고를 하지 않아도 아이들을 교회로 이끄는 것이 어렵지 않았습니다. 모든 면에서 문화를 선도했으니까요. 그러나 이제는 그 매력을 상실했고, 아이들은 입시 경쟁으로 분주하여, 복음을 전하는 최초의 접점을 '교회'로 설정하기는 더욱더 어려워졌습니다. 따라서 다음 세대 복음화에 관심을 둔 사람들은 이제 다음 세대 선교가 아이들의 일상에서 시작되어야 하고, 그런 의미에서 그 일상의 관계 핵심에 서 있는 기독 교사들에게 주목해야 한다는 새로운 시각이 생겨났습니다. 이른바 '불러내는 선교'에서 '찾아가는 선교'로 방향을 틀고, 그 중심에 우리 교사들을 둔다는 것이지요.

기독 교사들로서는 그 존재를 인정해주니 으쓱할 법도 한 일입니다. 사실 그 지적은 타당합니다.(물론 그렇다 해도 그렇게 해서 변화시킨 아이들을 보낼 교회가 마땅치 않다는 것은 또 다른 심각한 문제입니다.) 제 경험상 학교에 있을 때와 퇴직한 이후에, 아이들에 대한 영향력에는 꽤 큰 차이가 있었습니다. 현직 교사이자 교회 중고등부 교사였을 때, 담임을 맡은 반 아이들 상당수가 우리 교회 중고등부로 들어왔습니다. 전도 집회 때는 우리 반 대부분의 아이들이 예배당 앞자리에 앉아 강사 목사님의 설교를 듣기도 했습니다. 학급 아이들 한명 한명에게 '사영리'로 복음을 전했고, 영어성경반 CA를 조직했고, 그렇게 만난 적지 않은 아이들이 예수를 영접하고 때로 선교사로 부르심을 입는 등, 선생이라는 위치는 참 상상할 수 없는 자리였습니다. 2004년, 퇴직 후 기독교사대회장에서 마지막 날 말씀드린 것처럼, 아이를 낳지 못하는 '구로치 못한 여인'과 같은 전직 교사 신분이 되어 이제는 제 손으로 아이들을 찾아 양육할 길이 바늘 끝처럼 되다 보니, 과연 학교는 '황금 어장'이었다는 사실이 더욱 실감났습니다.

해외 전쟁사 사례 발표할 사람?

그런데 제가 오늘 제기하는 문제는 거기서 멈추지 않습니다. 즉 그런 선교적 역할을 그냥 하면 되지, 왜 하필이면 '좋은교사운동'이라는 불편한 매개를 만들어 선교의 과정에 번거롭게 밀고 들어오느냐 하는 것입니다. 물론 이 점에 대한 의문이 우리 가운데 완전히 해소된 것은 아닙니다. 아직도 단체와 개인마다 입장 차이가 있습니다만, 오늘 저의 글이 그 해소를 위한 첫 단추가 되었으면 합니다.

처음 좋은교사운동을 설계하며 이 운동을 교육 선교와 연결시킬 때, 우리는 교육 선교의 미래에 대해 어떤 '비관적' 전망을 갖고 있었습니다. 즉 선생의 자리라 하더라도 우리가 아이들에게 복음을 전하는 일이 그리 쉽지 않을 것이다, 그러니 이것을 타개하는 길로 '좋은교사운동'을 선택하자는 것이었습니다. 이런 예측에 대해 여러분은 어떻게 생각하십니까? 제가 선생으로 재직하던 시절, 학교는 교사가 아이들에게 전도하거나 신앙 교육을 하는 것에 비교적 관대했습니다. 1990년대 후반 무렵, 어느 교사 모임 수련회에 갔더니, 수업 시간에 전도를 위해 수업을 끊어먹었던 사례가 경쟁적으로 간증되었습니다.

제가 좋아하는 친구인 강수환 선생이라고 있습니다. 지금은 서울시교육청 장학사입니다. 청소년제자선교회(YDCF) 대표 간사였는데, 강 선생은 대학 때부터 물불 가리지 않고 복음을 전한 것으로 사범대 내 유명 인사였습니다. 상대의 심리 상태에 구애받지 않고, 복음의 침투하는 능력을 몸으로 보여준 투사였습니다. 1983년도로 기억합니다. 사범대 남학생들 상당수가 참여하는 어느 월요일 학군단 교련 시간, 교관이 각국 전쟁사 이야기를 하다가, 다음 주에 해외 전쟁사 관

내 친구 강수환 선생(왼쪽). 대학 때부터 복음에 대한 열정이 남달랐던 친구다.

련 발표할 학생을 찾았습니다. 그때 강수환이 "저요!" 하며 자신 있게 손을 들었습니다. "강수환이 전쟁에 대해서 알긴 뭘 알아!" 이런 심리였을까요, 여하튼 모두가 의아해했지요. 일주일 후 교련 시간, 강수환은 백여 명 가량의 학생들 앞에서 해외 전쟁사 사례를 발표했습니다. 그런데 황당하게도 그 내용은 유대 전쟁사에 관한 것이었습니다. 모인 학생들은 그제야 왜 강수환이 발표를 자청했는지 눈치를 챘습니다. 이스라엘 전쟁사 발표를 통해서 동료들에게 성경을 이야기하며 전도를 하려 했던 것입니다. 그러나 이스라엘 전쟁도 전쟁사인 것은 틀림없으니, 뭐라 비난할 수도 없었지요. 교관과 학생들은 꼼짝없이, 주의 인도하심을 받아 히브리 백성들이 가나안 전쟁에서 승리한 그의 설교를 들어야 했습니다. 수업 시간에 그렇게 비집고 들어올 줄 누가 알았겠어요.

그런 친구가 학교 교사로 부임했으니, 달라질 것이 뭐가 있겠습니까. 때와 상황을 가리지 않고 전도하려는 그의 열정은 멈추지 않았습니다. 이젠 학생이 아니라 교사니, 막을 사람도 없었습니다. 물론 그도 수업 시간에 노골적 전도는 안 된다는 것쯤은 알고 있었습니다. 그가 선택한 방법은 아이들의 발언을 활용하는 것입니다. 여름철 날이 꾸물꾸물해 교실이 어수선할 때, 아이들이 "선생님, 귀신 이야기 해주세요"라고 말할 때가 있습니다. 그때 "그래, 내가 귀신 이야기를 해줄게. 이스라엘 거라사 지방에 귀신이 있었어……"라고 하면서, 성경을 밀고 들어오는 것이지요. 그 친구의 열심을 통해 참 많은 아이들이 복음을 접했습니다. 제 부친상이 있던 2011년 5월 18일, 교육청 일을 끝내고 밤 12시에 빈소를 찾아온 그는, 일면식도 없는 어느 시민 단체 운동가에게 합석한 후 복음을 전하기 시작했습니다. 세월이 지나도, 참 존경스러우면서 불편하게도, 복음에 대한 그의 열정엔 변함이 없었습니다.

고려은단 'Jesus loves you!'도 이제 그만!

그러나 그의 사례는 흉내 내기 쉽지 않습니다. 더욱이 1990년대 후반, 종교 교육 문제에 대해 학부모들이 예민해지기 시작했습니다. 제가 좋은교사운동 책임자였던 시절에도, 우리 회원 교사들이 연루된 분쟁을 몇몇 건 접수받은 적이 있습니다. 회원 단체인 교사선교회 인천 지역 모임에서 초등학교 선생님 한 분이 희망 아동들 중심으로 방과 후 성경 공부를 하다가, 학부모의 항의를 받고, 관내 교육청으로 고발이 되고, 그 지역 참교육학부모회 인천지부까지 개입되는 사건이 있었습니다. 당시 그 단체 지부장과 면식이 있어서, 조정하는 과정에 참여했습니다만, 교사들의 학생 전도에 대해 부모들의 저항감이 위험할 정도구나 싶었지요.

대표적 상황은 대광고 강의석 학생의 채플 참석 거부 사건이었습니다. 이 사건을 계기로 '종교자유연구원'이라는 친 불교계 시민단체가 생겨서, 기독교의 선교 활동을 현미경으로 보듯이 조사하는 사업이 전면 진행됩니다. 가령 고속도로 광고 간판으로 '고려은단' 광고에 나오는 'Jesus loves you!' 같은 광고도 문제 삼고, 투표장으로 교회 시설을 사용하는 것, 사립학교에서 채플 예배를 드리는 것 등을 건건이 문제 삼는 것입니다. 결국 그 문제는 대법원에서 강군의 승소로 결정이 났고, 이제 기독교 학교의 고민이 더 깊어지게 되었습니다. 일전에 전해 듣기로는, 최근 일부 교육청에서 아예 학교 내 기독교 선교 활동을 학생 인권 침해로 규정하여 이를 인권조례 속에 포함하려는 시도까지 있었더 군요.

물론 이런 상황에 주눅 들 필요는 없습니다. 그러나 주눅 정도가 아니라, "그래 좋다, 수업 시간에 아이들에게 복음을 전하는 것은 중요한 일이고, 누가 문제를 삼으면 교직을 떠나면 되고 그것이 나의 면류관이다!" 이렇게 마음을 굳힐 수도 있습니다. 그러나 대부분의 기독 교사들은 그런 각오로 교단에 서지는 않습니다. 다만 시대 흐름을 읽지 못하고 자신에게 익숙한 방식대로 복음을 전하다가, 나중에 뜻하지 않은 공격을 받으면 크게 당황해하고 위축되는 것이지요. 제가 대표 시절, 학원 복음화와 관련하여 가장 큰 문제는 무엇인지를 묻는 설문 조사에서 회원들은 '전도를 위한 정보의 부족'이 아니라 '복음을 전하려는 열정의 소진'을 가장 큰 어려움으로 꼽았습니다. 그런 열정의 소멸은 분주한 학교 현실도 큰 원인이지만, 이런 적대적이고 공격적 상황으로 인한 위축도 무관치 않다고 저는 생각합니다.

좋은교사운동은, 복음의 열정을 품고 교단에 서되, 복음에 대해 적대적 환경에 굴하지 않고 어떻게 지혜롭게 아이들 속에 들어갈 것인가에 관해 기독 교사 공동체가 채택한 새 전략입니다. 물론 간단치 않습니다. 공교육이라는 것을 복음 전파의 수단으로만 볼 것은 아닙니다. 국가를 허락하신 주의 뜻이 있듯이, '공교육'을 주께서 허락하셨다면, 그 체제가 실현할 어떤 '보편적 질서나 원리'가 있을 텐데, 그 '보편적 원리'와 '교육 선교'의 요구를 함께 만족시킬 통일된 관점이 나와야 하겠지요. 좋은교사운동은 교육의 '보편적 요구'를 만족시키면서 동시에 그 결과가 전도의 탁월한 접촉점이 될 기회를 확보해야 한다는 문제의식의 결과입니다. 이를 구체적으로 설명해보겠습니다.

두 가지 종류의 부담

교육의 '보편적 요구'는 무엇입니까? 그것은 '만남'입니다. 아이들 한 사람 한 사람을 교사가 깊게 만남으로써, 그 속에서 전인적 성장의 욕구나 결핍을 보고, 성장과 회복을 위한 접점을 찾아 아이들을 성숙한 인격으로 끌어올리는 활동입니다. 지식은 만남의 수단이고, '만남' 그 자체가 중요하지요. 인격과 인격의 만남, 나와 너의 만남, 교과 수업과 생활지도를 통해 아이들의 내면과 만나는 것이 교육입니다. 그리고 그 만남 속에서 교사가 갖고 있는 교육적 자산, 진리에 대한 헌신(진리), 약자를 향한 사랑(사랑), 불의를 개선하는 결기(정의), 공동체를 회복하는 의지(회복), 즉 좋은 교사들이 붙드는 '가치'가 공유되는 것이고, 더 나아가 그것의 근원이 되는 영원한 세계와 존재에 대해 눈을 뜨게 하는 것, 그것이 바로 교육이라고 저는 생각합니다.

이렇게 이야기해볼까요? 교사는, 아이들이 새 가치에 대해 눈을 뜨게 하려면, 아이들 내면으로 파고들어 가야 합니다. 아이들을 알아야 하고 그들이 어디에 서 있는지를 감지해야 합니다. 통찰이 없는 지식, 아이들에 대한 이해가 빈곤한 가르침은 배움으로 이어지지 않습니다. 결국 아이들 내면을 교실 안팎에서 만나야 합니다. 즉 교사는 한편으로 아이들에게 필요한 가치와 덕목을 준비하되, 동시에 만남에 대한 감수성까지 있어야 합니다. 복음, 사랑, 정의, 회복이 아이들에게 심어줄 가치라면, 가정방문이나 일대일 결연, 수업 평가 캠페인 등은 만남을 위한 접촉점인 셈이지요.

일단 '만남'이 깊게 이루어지면, 그 속에서 기독 교사에겐 억누를 수 없는 두 욕구가 생깁니다. 하나는 '교사의 기능'에 대한 눈뜸입니다. 만남을 통해 아이들의 결핍을 확인하는 순간, 그 결핍을 메우려는 절박감이나 안타까움이 생기고, 그럴 때 가진 것을 주고픈 의욕이 생깁니다. 지식이 부족하니 지식을 주는 것이고, 경제적 결핍이 보이니 그것을 채우려는 열정이 자극되는 것입니다. 다른 하나는 '기독' 교사 기능에 대한 눈뜸입니다. 만남의 교육을 통해 아이들 내면을 보는 순간, 제대로 된 '기독' 교사라면 아이의 삶 전반과 영혼의 빈곤까지 보게 됩니다. 그리고 그 부족을 메워야 하는 부담에 직면하게 됩니다. 그리고 뛰어듭니다. 왜냐하면 그런 부담, 즉 만남의 인격적 통로를 통해 경험한 부담은 단순히 어려운 일이 닥쳤을 때 응답하기 싫은 '의무'로서의 부담이 아니기 때문입니다. 그것은 가슴 뛰는 '거룩한 욕구'로서의 부담, 즉 욕구와 흥분 및 실천이 내재된 부담입니다. 그러므로 부담이 됨과 동시에 뛰어들게 됩니다. 이것은 아주 중요한 대목입니다. 그리고 그 욕구에 순응할 때, 아이들은 자기 문제를 풀어내고 영원하신 하나님을 알게 되고, 교사인 나는 선생으로 사는 보람을 경험하며, 교육과 교회가 사는 동시 회복이 일어나는 것이지요. 좋은 교사가 아이들의 내면을 만나는 순간, 이렇게 '기독'과 '교육' 간의 놀라운 통합이 일어나며, 아이들을 향한 헌신까지 회복됩니다. 왜 아이들에 대한 헌신이 일어나지 않습니까? 그것은 아이들을 만난 적이 없기 때문입니다. 왜 복음에 대한 열정이 식습니까? 그것은 인격적 만남 속에서 아이들의 결핍을 직면한 적이 없기 때문입니다.

결핍을 메우는 길의 차이

물론 그 결핍을 어떻게 메울 것인가, 하는 문제는 남습니다. 우선, 우리는 학교가 종교 교육의 중립을 표방하는 '공교육' 맥락 속에 있다는 점을 유의해야 합니다. 자, 그런 후에 이것을 이렇게 설명해볼게요. 복음을 전할 때 아이들에게는 '매개'가 필요합니다. 물론 교사가 제일 중요한 매개지만, 또 다른 차원에서 매개는 진리 속에 담겨야 할 적절한 '내용'(1요소)과, 그 내용을 담는 그릇 즉 기독교적 용어와 개념 같은 '형식'(2요소)이 있어야 합니다. 그렇게, 교사를 통해서 진리 되신 하나님을 알리는 '내용'과 '형식'이 함께 주어질 때 적절한 순간에 아이들은 반응합니다. 내용(1요소) 없는 형식(2요소)은 공허하고, 형식(2요소)에 의해 완성되지 않는 내용(1요소)은 부족합니다.

이때 공립학교와 기독교 학교는 이 두 가지 매개를 아이들에게 연결시켜주는 방식에서 차이가 있습니다. 물론 두 경우 모두 1요소, 즉 진리의 내용 측면은 제한 없이 드러낼 수 있습니다. 아이들을 사랑하고, 정의로운 삶을 가르치며, 공동체의 회복을 위해 일하는 가치는 그 자체로 좋은 것이니까요. 그러나 형식의 영역(2요소)은 다른 것이지요. 공립학교에서는 정규 교육과정 바깥에서, 그리고 기독교 학교의 경우 수업과 같은 정규 교육과정 속에서도 일부 가능할 것입니다. 물론 공립학교에서 정규 교육과정 수업 시간에 '용기 있게' 1, 2요소를 함께 묶어내는 경우도 있겠습니다. 그러나 그것은 아주 예외적 상황입니다. 또한 그럴 필요도 없습니다. 교실 수업 등 공식 통로를 통해 1, 2요소를 통합하지 않아도 '내용'의 의미를 적절한 형식으로 설명할 기회는 얼마든지 있고, 무엇보다 아이들 스스로가 기독 교사의 삶을 통해 이 둘을 묶어서 이해할 여지는 큽니다. 그만큼 1요소가 중요한 것입니다.

'좋은 교사' 같은 '좋은 교회' 없나요?

좋은교사운동은 바로 이 1요소의 맥락에서 교육 선교와 만나자는 것입니다. 그러니까 새 운동은 진리의 형식이 담아야 할 적합한 내용, 즉 '좋은 교사'로서의 삶을 살면서 아이들 세계 속으로 들어가 만남의 관계를 회복하자는 것이고, 그런 회복된 관계를 통해서 아이들이 살고 내가 살고 교육과 교회가 사는 길을 뚫어보자는 것입니다. 달리 표현하자면, 기독교적 형식에 대한 관용이 희박해지는 공교육 환경 속에서 '형식'이 아닌 '내용'으로 아이들을 먼저 만나, 그로 인해 복음의 지평을 넓히자는 것입니다. 함부로 단정할 일은 아니지만, 그렇게 아이들을 사랑하고 정의로우며 자기 것을 다 내어주는 교사들에게, 부모들은 비교적 관대합니다. 저 역시 교직 기간 중에 불교 신앙을 가진 학부모님에게 "선생님, 우리 아이를 선생님 다니는 교회에 데려가주세요"라는 부탁을 받기까지 했지요.

그럼 언제 2요소를 붙이냐고요? 만남을 통해 진리와 사랑, 정의와 회복의 가치를 교실 속에서 적용하며 아이들의 결핍을 채우기 위해 애쓰는 1요소 활동에 충실하게 되면, 교사는 어떻게든 2요소를 붙입니다. 그것은 저와 여러분이 경험했던 바입니다. 그러므로 2요소 영역에 대해 너무 염려하지 마십시오. 대신 아이들을 최선으로 가르치며, 편애하지 않고 사랑하며, 정의롭게 살려고 애쓰십시오. 그들이 있는 삶의 자리로 내려가보십시오. 그때 아이들을 만날 것이고, 그들에게 신앙적 영향을 끼칠 수많은 계기를 찾아낼 것입니다.

이렇게 아이들 내면을 깊이 만날 때, 기독 교사들은 '복음에 대한 열정의 상실'을 넘어설 수 있습니다. 강수환 선생님처럼 때와 장소를 가리지 않고 '들이대는' 힘에서는 차이가 있겠지만, 자신 속에서 기독 교사로서의 기능에 시동이 걸리는 흥분은 누구나 겪게 될 것입니다. 강조하거니와, 열정의 상실은 고난과 위기로 인해 시작되는 것이 아닙니다. 고난 속에서 가슴은 더욱 뜨거워지기 마련입니다. 오히려 열정은 필요를 직면하지 않을 때 식는 법입니다. 움직일 필요가 없는 기계는 녹슬 수밖에 없습니다.

그러므로 좋은교사운동의 정신을 따라 아이들 영혼을 깊게 만나십시오. 그러면 아이들의 결핍된 것을 보게 될 것입니다. 곧 내 속에 있는 것을 주고자 하는 흥분이 뒤따를 것입니다. 그리고 그것이 기독 교사로서의 나를 살아 있게 만들 것이며, 복음의 수많은 접점을 찾을 것이고, 복음에 적대적인 봉쇄를 넘게 할 것입니다. 물론 공교육의 질서와 한계를 존중하면서 좋은교사운동의 실천 통로로 복음을 전해도 도전과 어려움은 없어지지 않습니다. 고난과 시련은 여전합니다. 그러나 그 어려움은 적어도 복음의 본질 때문에 비롯되는 것이고, 따라서 우리는 더욱 견고해질 것입니다.

어찌 그런 균형 잡힌 '좋은' 교사가 교육계에만 필요하겠습니까? 한국 교회에도 이는 마찬가지일 것입니다. 왜 오늘날 한국 교회가 약화되었겠습니까? '내용'을 잃어버린 '형식'의 과잉 때문은 아닐까요? 1요소를 잃은 채 2요소만 강조하고, 거짓과 불의를 진리의 형식 속에 담아 강요하는 그런 이중성에 사람들이 실망한 탓 아닐까요? 아니, 힘겹고 어려운 한국 사회 속에서 누군가가 자기 삶에 침투해 영혼 깊은 곳

의 결핍을 따듯하게 채워주는, 그런 좋은 '교사' 같은 좋은 '교회'가 없
기 때문은 아닐까요?

대광고 강의석 학생. 채플 의무 참석에 항의하는 뜻으로 시작된 그의 단식과 대
법원 승소 판결은 기독교 학교 교육 방식에 대해 깊은 고민거리를 던져주었
다.(출처 : 뉴스앤조이)

논리적으로만
앞설 뿐이다

이번 글로 좋은교사운동의 성격에 대한 정리가 끝나면 드디어 다음 글부터는 2000년 기독교사대회로 넘어갑니다. 이렇게 서두가 길어질지는 저도 미처 몰랐습니다. 좋은교사운동 설명이 전체 기독 교사 운동사에서 비대할 정도로 많지만, 이 부분을 여기서 충분히 다루지 않으면 뒤에서 부담이 클 것 같아서 긴 여정을 걸어왔습니다. 지난 글에서 좋은교사운동을 통해 기독 교사 공동체가 한국 교회를 섬겨야 한다고 말하면서, 저는 그 의미를 '좋은교사운동를 통해 다음 세대 선교의 활로를 열어야 한다는 것'과, '하나님 나라 운동의 관점에서 교회가 가진 좁은 시야를 극복하고 복음의 지평을 넓힐 것', 이 둘로 나누었습니다. 이번 글은 그중 뒷부분에 관한 이야기입니다.

이 부분을 어떻게 설명할까 고민하다가, 아무래도 제 의식이 전환되어온 과정으로부터 실마리를 풀어야겠다 싶었습니다. 이미 말씀드린 것처럼 저는 1982년, 즉 5공화국 전두환 독재 정부 시절에 대학을 다녔습니다. 대학 시절 4년 내내, 최루탄 가스 자욱한 시위 문화 속에서 살아왔습니다. 독재 정치에 항의하기 위해 투신하거나 분신자살을 하는 친구들을 보면서, 하나님은 역사의 주인이신데 나는 왜 이 역사의 모순에 대해 대답할 수 없는지가 부끄러웠다고 기록했습니다. 그러나 더 솔직히 말씀드리면, 당시 더 깊은 곳에 있던 제 생각은, "기독교인이 교회 생활 잘하고 전도와 제자 양육을 잘하면 되었지, 방법의 옳고 그름을 떠나 세상 문제에 관심 가질 필요가 뭘까?" 하는 의문이었습니다. 물론 현 정부가 잘못하고 있는 것은 분명했지만, 그 문제를 푸는 일을 기독 학생인 내가 끌어안아야 한다는 문제의식이 없었습니다.

지금도 기억나는 장면입니다. 대학 1학년 때였습니다. 학과 친구들이 시위를 끝낸 다음 날인가 신림동 술집에 들어가서 뒤풀이하는데, 전투경찰에 깨진 것, 동료들이 경찰서에 끌려 들어간 것, 더 심해지는 정부의 독재, 그런 것을 한탄하면서 갑자기 학과 대표가 꺼이꺼이 울기 시작했습니다. 저는 남이 울면 따라 울고 TV 연속극에서 슬픈 장면만 나올 것 같으면 벌써 눈물이 그렁거려 아내로부터 놀림을 당하기 일쑤인 사람인데, 그날은 그 친구를 따라 울지 않았습니다. 그 친구가 투신한 삶의 자리에 제가 없었고, 기독교인으로서 제가 그 자리에 있을 필요가 있다는 확신이 없으니까, 일정한 '거리감'이 생겨 상대의 아픔을 공감할 수가 없었던 것이지요.

그 거리감은 왜 생겼을까, 지금 와서 생각해봅니다. 여러 이유가 복잡하게 얽혀 있었을 것입니다. 남의 문제에 관심을 기울일 여력이 없는 제 삶의 가난 문제도 있었고, 대학 입시만 바라보고 공부하느라 세상을

보는 눈이 협소했던 것도 이유였을 것입니다. 그러나 더 본질적인 이유
는, 세상의 문제(그 당시는 독재정치의 문제)에 기독교인이 외면해서는
안 된다는 관점이 제게 빈곤했던 것입니다. 세상에서 일어나는 허다한
일은 복음 저편 '죄 많은 세상'에서 터진 일이고 본향을 향해 가는 성도
는 오직 말씀과 기도, 전도와 교회 생활에 집중하는 것이 옳다는 신학
이 저를 가둔 것이지요. 그러면서도 마음 한편으로는 최루탄이 터지고
사람이 죽어가는 캠퍼스의 상황을 나 몰라라 할 수 없어서, 정신적으로
서성거림이 심했던 것입니다. 지금 생각해보니, '세상'과의 그런 거리감
은, 일차적으로는 저 개인의 한계였지만, 더 근본적으로는 한국 교회가
저에게 가르쳐준 신학의 부작용이었습니다. 저는 그 당시 왜 한국 교
회가 저에게 이런 문제에 대해 답을 주지 못하는가 불평했는데, 그것은
교회에 기대할 일이 아니었습니다. 생각해보십시오. 세상 문제에 대한
답이라는 것은 문제에 대해 '관심'을 갖고 그 속에서 일어나는 일을 '이
해'하며 '고민'하다가 얻어지는 것 아니겠습니까? 관심 자체가 없는 개
인과 교회가 어찌 세상 문제에 대한 답을 찾아내겠습니까?

명동성당과 영락교회의 차이

당시 시위가 한창일 때, 교회가 세상의 문제에 무관심한 것에 대해
시위 학생들의 분노는 상당한 정도였습니다. 예를 들어 전투경찰이 시
위대를 토끼 몰이할 때, 명동성당은 학생들에게 교회 문을 열어주어 도
피처 역할을 했습니다만, 근처 영락교회는 철문을 닫아서 학생들을 품
어주지 못했습니다. 이런 일이 계속 쌓이니까 1986년 어느 날, 학생운
동권 지도부에서 "서울시 대형 7교회를 지목해서 그 교회를 방화하겠

다"라는 선언을 하게 됩니다. 저는 한국 교회의 약화는 이미 그때부터 조짐이 있었다고 봅니다만, 아무리 그렇게 협박을 해도 어쩝니까? 교회가 세상과 악수할 신학적 통로가 없는데 말입니다.

저의 이런 문제는 대학 3학년 때 이후 2~3년간 새로운 신학적 흐름을 접하면서부터 풀려나가기 시작했습니다. 기본적으로는 IVF에서 발행한 《죄 많은 세상으로 충분한가》(송인규 저)라는 소책자를 읽고 나서, 세상에 대한 관심의 창을 열어야 한다는 생각을 하게 되었습니다. 여기에 깔스베이그(L. Kalsbeek)가 쓴 네덜란드인 신학자 《도이벨트(H. Dooyeweerd) 입문서》(성광사, 1986)도 제게 새로운 관점을 주었습니다. 무척 어려운 책이지만, 아주 거칠게 정리하자면 그분의 말씀은 이것입니다. 하나님은 이 세상 정치, 경제, 문화, 교육, 가정, 교회 등 영역 속에 핵심 원리('의미의 핵')를 두고 계시며, 기독인들은 그 원리가 보존되도록 하는 데 힘써야 한다는 것입니다. 그분이 제시한 핵심 원리의 내용도 중요하지만, 아마 제게 더 근본적인 깨달음은 "정치, 경제, 교육, 노동 등 삶의 모든 영역이 복음과 무관한 것이 아니며 하나님이 깊이 관심을 갖고 계시는구나"라는 사실이 아니었을까 싶습니다. 하나님과 정치, 하나님과 교육이 무관치 않다고 생각되니, 길을 찾아나서는 것은 자연스러운 순서였습니다. 세상의 문제를 내 문제로 품을 어떤 근거가 부족했는데, 그 담장을 뚫어 세상으로 가는 통로를 도이벨트 신학이 열어주었다고 할까요.

여기에 '전도와 사회참여' 우선순위 논쟁을 정리한 《복음 전도와 사회적 책임》(두란노, 1986)이라는 책은 모든 의문에 종지부를 찍는 역할을 했습니다. 아마 저와 같은 고민은 다른 나라에서도 마찬가지였나 봅니다. 아프리카와 남미, 아시아 등 제3세계 국가에서 정치적 격변이나 억압이 심하자, 시민들이 각성하여 대항하는 운동에 나서고 또한 그 흐름에 기독교인들도 참여하면서, 세상을 바꾸는 '사회참여'와 전통적 선교인 '복음 전파'가 서로 무슨 관계냐에 대한 논쟁이 심각한 수준으로 부딪힌 것이지요. 그런 고민을 풀기 위해, 빌리 그레이엄 목사님, 존 스토트 목사님 등 세계 복음주의 지도자들이 1974년 스위스 로잔에서 만납니다. 그리고 복음 전파 외에 세상을 고치고 개혁하는 일도 하나님의 관심사임을 신학적으로 확인하게 되지요.(복음주의 신학계에서 이런 역사적 선언문이 나왔는데도 당시 한국 보수 기독교는 독재 정부의 눈치를 보고, 이 선언문을 번역 발표하는 일을 하지 않습니다.)

우선순위 논쟁 : '논리'와 '시간'

그런데 그 후에도 고민은 계속됩니다. 전도와 사회참여(또는 사회적 책임)라는 두 가치의 우선순위(priority)에 관한 논쟁입니다. 즉 둘 다 중요하지만 그래도 전도가 더 중요하니 더 중요한 것에 집중해야 하는 것 아니냐, 아니 그러면 세상의 모순과 불의의 문제는 언제 다루냐, 하는 논쟁이었습니다. 이런 논쟁이 지속되자, 존 스토트 목사님 등 복음주의 신학자들은 다시 1982년 미국 그랜드 래피즈(Grand Rapids)에 모여 토론한 후 그 유명한 '그랜드 래피즈 보고서'(《복음전도와 사회적 책임》, 두란노, 1986)를 작성하여 이 양자의 문제를 명료하게 정리해냅니다. "전도와 사회적 책임은 그리스도인이 감당해야 할 중요한 선교적 양대 과제인데, 우선순위를 말하자면 전도가 사회적 책임에 '우선한다.' 그러나 그것은 '논리적' 우선순위(logical priority)일 뿐 '시간적' 우

세계 복음주의 신학의 대표적 인물인 존 스토트 목사. 이분과 빌리 그레이엄 목사가 중심이 되어 '전도와 사회적 책임은 동반자적 관계다'라고 정리한 그 유명한 로잔언약이 채택되었다.

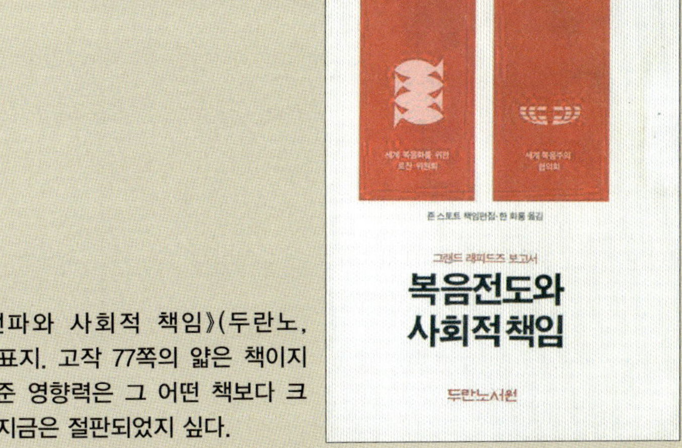

《복음 전파와 사회적 책임》(두란노, 1986)의 표지. 고작 77쪽의 얇은 책이지만 내게 준 영향력은 그 어떤 책보다 크다. 아마 지금은 절판되었지 싶다.

선순위(temporal priority)는 아니다. 즉 논리적 우선권으로 따지면 전도를 통해 그가 기독교인이 되어야 사회적 책임을 감당할 수 있다는 점에서 전도가 사회적 책임에 우선한다. 그렇다고 해서 시간적 우선권까지 갖는 것은 아니다. 왜냐하면 상황에 따라 사회적 책임을 먼저 감당할 일이 있을 수 있고 그 과정 속에서 전도가 뒤따라 올 수 있기 때문이다." 이러한 내용이 골자였습니다.

제가 만일 이런 신학의 흐름을 만나지 못했다면, 교사로 살면서 더 큰 어려움에 직면했을 것입니다. 아니, 좋은교사운동을 만드는 과정에 참여하지도 못했을 것이고, 당연히 사교육걱정없는세상은 일구지 못했을 것입니다. 1980년대에 복음주의 신학자들이 정리해준 그 신학은 그때 저에게만 아니라, 지금 여러분에게도 여전히 의미 있는 교사 신학적 기반을 제공합니다. 사실 조금만 더 생각해보면, 이는 분명해집니다. 우리가 학교에서 동료 교사들에게 복음을 전한다고 칩시다. 그 교사들이 신앙을 가졌어요. 그럼 그 교사들에게 무엇을 요청할 수 있습니까? 다른 사람들을 나와 같이 전도하고 양육하라고 요구할 수 있지요. 즉 기독 교사에게 전도와 양육이 삶의 주된 내용이 되는 것입니다. 그런데 문제는 학교를 퇴직하지 않는 이상, 전도와 양육 이외에 교사로서 아이들을 가르치는 일이 별도로 남는다는 것입니다. 가정이 있는 한, 아빠로서 남편으로서 역할을 해야 하고, 대한민국 국민인 이상, 그에 합당한 정치적 선택을 하며 살아야 한다는 것입니다. 그런 영역에 하나님이 관심을 갖고 계시니 너도 무관심해서는 안 된다는 것이, 도이벨트나 존스토트 목사님 같은 복음주의 신학자들의 이야기, 아니 성경의 이야기라는 것입니다.

전도와 양육 이외의 '나머지 영역', 즉 직업과 시민적 삶에서 우리가 성경적 답을 갖고 있지 않을 때, 무슨 문제가 벌어집니까? 그 직업을 그만 두지 않는 이상, 그 직업이 보편적으로 요구하는 일을 감당해야 하고, 그 일의 영역에서 문제가 생길 때, 전도에 역기능이 나타날 수도 있다는 것입니다. 그래서 그랜드 래피즈 보고서와 로잔언약은 '나머지 영역'을 우리 그리스도인이 소홀히 여겨서는 안 되며, 때로 시간적으로는 복음 전파보다 더 우선해서 집중할 필요도 있고, 그것이 전도에 도움이 된다는 사실을 말합니다. 오늘날 한국 교회가 약화된 것은 무엇입니까? 전도의 부족인가요? 네, 맞습니다. 그러나 그 이전에 기독교적 삶의 빈곤 때문입니다. 세상의 고통에 대답하지 않고, 삶의 '나머지' 영역에서 주의 가르침과는 다른 교훈을 따라 살아가는데 어찌 전도가 되겠습니까? 기독교인이 사회적 책임을 지지 않는데, 다른 사람들이 어떻게 그 교훈을 자신의 것으로 받아들이겠습니까?

손봉호 교수님 : 정직 실천은 전도 운동이다

유감스럽게도, 복음주의 기독교 진영의 이런 신학적 자산은 20~30년 이상 세월이 지난 지금까지도 여전히 한국 교회와 기독교인들의 주류 의식으로 자리를 잡지 못했습니다. 사회적 책임에 무관심한 채 전도를 하니까 효과가 없는 것이고, 이 세상의 일은 복음의 관심사가 아니라고 말하다가 어느 날 갑자기 시청으로 쏟아져 나와 성조기를 들고 해병대 전우들과 함께 미국을 찬양하니 세상이 손가락질을 하는 것이고, 기독교의 이름으로 부패를 정당화하고 강자의 편에 서서 기득권을 옹호하니, 전도가 안 되는 것입니다. 그래서 기독교인이 정직하게 사는 것, 약자에 대해 관심을 갖는 것, 검소 절제의 삶을 사는 것은 '시민운동'이자 '전도 운동'이라고 하신, 손봉호 교수님의 말씀은 참 적절합니다.

문제는 기독교인 개인이 복음을 전하고 동시에 약자를 돌보고 사회적 책임을 감당하는 삶을 살아야 하는데, 그 일은 개인이 홀로 감당할 수 있는 일이 아니라는 점입니다. 저만 해도 1992년 학교에서 채택료 비리나 불법 찬조금 문제에 직면했을 때 개인으로는 해결할 수 없어서 실패한 경험을 가지고 있습니다. 삶의 영역에서 우리에게 도전하는 죄악은 집단적이고 구조적인 형태로 찾아오는데, 이에 대한 대처를 개인적으로 한다는 것은 순진합니다. 당연히 그 문제를 풀어가는 자산을 제대로 쌓아놓은 기독 공동체가 있어야 합니다. 기독 교사 공동체가 좋은교사운동을 전개한다는 것은 무엇입니까? 기독 교사들이 복음에 일관성이 있는 삶을 살고 사회적 책임을 감당하며 사는 데 필요한 실제적 자산을 쌓겠다는 것이며, 이를 통해 교육계 가운데 하나님의 주권이 회복되는 것을 꿈꾼다는 것입니다. 이것은 복음 전파라는 전통적인 사명을 포함하되, 그것에 갇히지 않고 교회 바깥 세상, 교육의 영역에서 성경적 질서가 회복되도록 힘쓰겠다는 것을 의미합니다. 이른바 '하나님 나라' 사상의 핵심이 이것이지요.

교육의 영역에서 '하나님 나라'가 회복되면 교회를 위해서도 유익합니다. 교회에서 설혹 직업과 시민 영역에서 복음에 합당한 삶을 사는 것이 필요하다고 가르쳐도(사실 허다한 교회가 이런 교훈을 선호하지 않습니다만), 그 가르침은 방향에 대한 원론적 교훈일 뿐입니다. 그 지향성을 따라 살아갈 몫은 성도 개인에게 있고, 여기부터는 교회가 해줄 일이 아닙니다. 올바른 문제의식 그러나 고립된 개인. 바로 이 지점에서, 복음에 일관된 삶의 내용과 자산을 갖춘 직업/시민 공동체의 출현이 필요한 것입니다. 즉 교회는 거듭난 그리스도인에게 복음에 합당한 삶을 ‘원론적으로’ 교훈하고, 기독 단체는 그 교훈에 일치된 ‘실제적’ 자산을 제공할 때, 개별 기독교인은 비로소 온전한 삶을 살 수 있는 것입니다. 그리고 이런 균형 잡힌 그리스도인이 존재하면 교회는 그만큼 온전하고 성숙해지는 것이니, 직업/시민 영역에서 제대로 된 기독교 공동체를 만드는 것은 그 자체가 교회를 회복시키는 일인 것입니다.

그러나 2000년 당시, 우리 사회에서는 직업과 시민사회 영역에서 이런 준비된 기독 공동체가 많지 않았습니다. 시민 영역에서는 기독교윤리실천운동이 거의 전부였고, 직업 영역에서는 기독변호사회와 기독경영연구원, 누가회 정도가 고작이었습니다. 복음에 합당한 가르침을 주는 단체가 드문 것은 말할 것도 없고, 사회에 실제적인 영향을 끼쳐 탁월한 성과를 낸 경우는 거의 없었습니다. 그런 성과가 부족하다는 것은 그 운동에 참여한 사람들에게 줄 수 있는 구체적 자산이 빈곤하다는 것입니다. ‘교육’은 ‘운동’의 성과만큼 풍성해지는 것이니까요. 운동이 죽을 쓰는데, 교육은 잘되는 조직을 본 적이 있습니까? 운동의 성과를 얻었다는 것은 그만큼 변화를 위해 구체적으로 고민했다는 것이고, 원론에만 머물지 않고 세밀한 부분에까지 가르칠 자산이 많다는 것을 의미합니다. 그러므로 우리가 좋은교사운동을 통해 교육계를 변화시킨 경험이 풍부하다는 것은, 그것 자체가 하나님 나라 확장에 기여하는 것임과 동시에 기독 교사들을 삶의 구체적 현장에서 바로 서게 도울 자산이 많다는 것을 의미합니다. 또 거기에서 끝나는 것이 아닙니다. 그런 성과가 드러났을 때, 다른 영역에서 활동하는 기독인들까지도 “기독 교사들이 좋은교사운동이라는 활동을 통해 교육계를 바꾸어내니, 우리도 가만있으면 안 되겠다"는 도전과 긴장, 아니 우리에게 배워야 하겠다는 마음을 이끌어내는 것이지요.

정 선생님, 교회 개척에 힘 빼지 마세요

따라서 우리가 바로 서고, 또 교육계에 실제적 변화를 이끌어내는 것이 중요합니다. 물론, 이렇게 하는 것이 교회를 직접 개척하고 세우는 일은 아닙니다. 그러나 교회의 회복을 위해서는 다시없이 소중한 일이지요. 그래서 저는 좋은교사운동 후배들에게 평상시 교회를 개척하는 일이나 공동체 교회를 만드는 일 등에 진을 빼지 말라고 말했습니다. 특히 정병오 선생님이 새로운 교회에 대한 문제의식이 많다 보니, 기윤실 교사모임 내 적지 않은 후배들이 영향을 받아 교회를 개척하는 일에 나섰습니다. 그때마다 저는 그 후배들과 정병오 선생님께, "우리가 지금 이 일을 잘하는 것이 교회를 살리는 것이니, 힘을 분산시키지 마세요"라고 말했습니다. 물론, 그래봤자 들은 척도 안 했습니다. 김현섭, 김진우, 임종화, 노규호 선생님 등이 그 일에 관심을 가지고 교회를 일구는 일에 나섰지요. 그런데 이것 어떻게 합니까? 이젠 저 자신이 2008년 1월, 23년간 머물던 정든 교회를 떠나, 새로운 교회를 개척하는 광야 생활을 하게 되었으니 말입니다. 정말이지, 인생이란 함부로 이야기할 것이 못됩니다. 하지만 우리가 지금 교육계에서 하는 일에 최선을 다하면, 그 일 자체가 교회를 돕는 일이요, 이 과정을 통해서 한국교회를 갱신하는 흐름과 만날 것이라는 믿음은 아직도 변함없습니다. 그 중심을 붙들고 우리가 다른 일에도 가능한 만큼 관심을 주어야 할 것입니다.

좋은교사운동은 그런 뜻을 품고 시작했습니다. 우리의 운동은 교육계 내에 머무는 작은 운동이지만, 이 운동을 통해서 교육을 회복하고 교회를 살리며, 직업/시민 영역에서 잠자는 기독인들을 깨움으로 하나님의 통치가 온 땅에 회복되는 것을 지향하고 있습니다. 비록 좋은교사운동 하나만 집중하지만, 이것이 씨앗이 되어 다른 영역에도 유사한 운동이 일어나기를 저는 소망해왔습니다. 이런 소망은 좋은교사운동이 시작된 지 5년 후, 그러니까 2005년 '성서한국대회'라는 운동을 통해 성취되었습니다. '성서한국운동'은 직업과 시민사회의 영역으로 마치 선교한국대회처럼 청년 대학생들을 사회 선교사로 파송하자는 발굴 동원 운동입니다. 수십 개 단체들과 교회들이 참여하여, 2년에 한 번씩 선교한국대회처럼 집회를 개최하며, 사회 각 분야에서 하나님 나라를 확장할 선교사로서 살아갈 사람들을 발굴해 파송하고, 이들을 통해 각 기관들이 '좋은교사운동'처럼 성장하도록 돕는 것을 목표로 삼고 있지요.

"좋은교사운동을 목표로 한다고요? 아니, 그냥 하는 소리가 아니고, 정말인가요?" 이렇게 되묻는 분이 계실 것입니다. 저는 그 질문에 분명히 "네!"라고 대답합니다. 실제로 성서한국운동의 모든 기본 틀과 강령에는 '좋은교사운동'이 가졌던 문제의식이 스며들어 있습니다. 왜냐하면, 그 일의 기초를 만든 사람이 바로 저였기 때문입니다.(사실을 말씀드리는 것이니 교만하다는 오해는 없으시면 좋겠습니다.)

자초지종은 이렇습니다. 2002년 어느 날 제가 섬기고 있던 대학촌교회 박영범 목사님이 저에게, "송 선생님. 한국 교회에 기독 교사들이 실천하는 좋은교사운동과 같은 운동이 이제 노동, 경제, 언론, 행정 등에서도 시작되어야 하겠습니다. 나와 함께 성서한국운동을 시작합시다"라고 말씀하시며 일의 중심에 설 것을 요청하셨습니다. 좋은교사운동에 집중하던 시기에 또 다른 단체의 사무처를 책임질 수는 없는 터라, 잠시 성서한국운동의 틀을 잡고 설계도와 전략을 세우는 일만 도와드렸습니다. 성서한국운동을 설명하는 카피, "사회적 책임에 대한 그리스도인의 응답"은 그렇게 해서 나온 것입니다. 좋은교사운동에 집중하지만, 이와 같은 운동이 기독교 모든 진영에 들불과 같이 번지기를 사모했는데, 때가 되어 시작되었다는 것은 감사한 일입니다. 초기에 기초를 놓을 때 잠시 힘을 쏟고 나서, 이제 그 운동은 우리 교회와 목사님 그리고 제 손을 떠나 그 자체로 생명력을 갖고 뻗어가고 있습니다. 그리고 저는 사교육걱정없는세상에 집중하고 있고요.

제가 지금 여러분께 드리는 말씀은 무엇입니까? 세상에서 이루어지는 일, 특히 교육의 영역에서 이루어지는 일을 '복음'과 무관심한 것으로 밀어두지 말라는 것입니다. 도무지 풀기 어려운 모순이라고 회피하지 말라는 것입니다. 복음을 전하고 제자를 양육하는 일과 교육의 문제를 붙들고 끙끙대는 것은 신앙적으로 충돌되지 않습니다. 그것을 분리해서 어느 하나를 버리는 순간, 우리는 1974년 로잔언약과 1982년 그랜드 래피즈 보고서 이전으로 퇴행하는 것입니다. 그러니 좋은교사운동을 통해 교육과 교회를 새롭게 하는 일에 집중하십시오. 그러나 동시에 좋은교사운동을 넘어, 우리 운동이 가진 뜨거움, 소중한 자산이 더욱 맹렬한 불로 타올라 메마른 대지 같은 세상에 번져가도록 기도하십시오. 지금은 참 어두운 시대입니다.

2005년 첫 성서한국대회의 포스터. 그리스도인의 사회적 책임이라는 슬로건은
기독교사운동의 정신과 일치한다.

대전 침례신학대학 강당에서 개최된 첫 대회 장면. 좋은교사운동과 같은 운동이
사회 여러 영역에서 펼쳐지는 것이 이 운동의 주요 목표다.

19장

남교사 둘,
무급으로 휴직하다

이제야 2000년 8월 15일 한국교원대학교에서 개최된 기독교사대회, 그러니까 좋은교사운동이 시작된 그 대회에 관해서 이야기할 수 있겠습니다. 애초에 대회를 설계할 때, 우리는 선교한국대회를 모델로 했지만, 그 대회와 우리의 집회 간에는 넘을 수 없는 한 가지 본질적 차이가 있었습니다. 즉 선교한국대회가 선교에 대한 새로운 자원을 발굴 동원하는 행사였다면, 기독교사대회는 이미 이전 대회에 참석했던 교사들이 중심이 되는 집회라는 것입니다. 이 차이가 의미하는 바는 무엇입니까? 늘 새로운 사람들이 중심이 되기 때문에 선교한국대회는 극단적으로 말해, 이전 집회의 내용을 그대로 반복한다 할지라도 집회 운영에 차질이 없는 반면, 기독교사대회는 그렇게 같은 내용을 우려먹을 수 없다는 것입니다. 전할 내용이나 강사의 발굴, 주제 선정 모든 영역에서 매 대회는 이전 대회의 정신을 계승하되, 차별화된 내용이 있어야 했다는 것이지요. 따라서 집회의 성공은 다음 집회가 열리기 전 2년간 우리가 어떻게 살아왔고, 무엇을 붙들고 씨름했고, 또 대회 이후에 세상이 어떻게 달라질 것이고 우리는 그에 어떻게 응전할 것이니, 당신들은 이렇게 각오하라는, 긴장과 통찰과 예지가 필요했던 일이었습니다. 참 쉽지 않은 일이지요.

2000년 기독교사대회 때, 우리가 씨름해야 할 핵심 과제는 '좋은교사운동'이라는 새 운동을 교사들에게 알리고, 그들의 공감을 이끌어내고, 그들이 이 운동에 자신을 던지도록 도전하는 일이었습니다. 그리고 이는 2년에 걸친 난산의 과정을 통해 정리가 되었습니다. 교육계와 한국 교회를 품어낼 새로운 교사 운동으로 '좋은교사운동'이라는, 더 이상 더하고 뺄 것이 없는 매력적인 제목의 운동을 발굴했고, 단순히 이미지 운동이 아니라 기독 교사들의 삶을 바꾸어낼 지침으로 파고들 수 있는 세부 실천 내용도 마련했습니다.

지금 생각해도 어떻게 해서 12~15개 기독 교사 단체들의 연합 조직이 이렇게 마치 한 단체와 같은 단일 운동을 시작할 수 있게 되었는지 신기할 뿐입니다. 이런 일은 한국 기독교 운동사는 말할 것도 없고, 한국 교육계 어디에도 없는 일입니다. 기독교윤리실천운동이나 기독교경영연구원, 기독변호사회(CLF), 기독의사회(CMF)도 하나의 조직입니다. 성서한국 같은 조직은 연합 조직입니다만, 그 단체는 좋은교사운동과 같은 단일 콘셉트의 운동을 하지 않습니다. 제대로 된 운동을 하려면 단일 조직이어야 하고, 연대의 결속력을 지키려면 제대로 된 운동을 해서는 안 됩니다. 그러나 좋은교사운동은 연대 조직이면서 하나의 운동을 하는 단체로 자리를 잡은 것입니다. 참 신기한 일 아닙니까? 연합단체면서 단일 운동을 하되 성과를 내는 활동을 한다는 것은 어렵습니다. 그 어려운 일이 이루어졌다면, 그것이 의미하는 바는 무엇입니까? 그 안에는 어떤 '뜻'이 있는 것이니, 그 뜻을 붙들어야 한다는 것입니다. 그 뜻을 잊는 순간, 하나의 운동을 힘 있게 펼치고자 하는 용기가 사라지거나, 아니면 그와 정반대로 연합의 형태로 함께 가는 번거로움을 털어버리고 싶어지는 것입니다. 뜻을 기억하고 함께 붙들 때만이, 이 둘의 모순이 해소되는 것입니다.

우려먹는 반복은 안 된다

여하튼, 대회를 통해 제시할 내용을 정리하는 것도 중요합니다만, 대회에서 이 내용을 어떻게 참석자들에게 잘 알릴 것인가, 하는 커뮤니케이션의 문제는 별도로 남습니다. 이를 위해서 우리는 이미 만들어진 '좋은교사' 로고뿐 아니라, 좋은교사운동 실천 지침 길라잡이를 제작하고, 이것을 강의로 해설하고 설득하는 과정을 거치기로 했지요. 그 해설하고 설득하는 책임은 저에게 주어진 부담이었습니다. 이 내용에 기초하여 '복음, 사랑, 정의, 회복'이라는 네 가지 핵심 가치를 설교로 풀어내는 것은 산울교회 이문식 목사님께 부탁 드렸고요. 여기에, 《기독교사신문》은 '좋은교사'로 개명하고, 같은 이름의 잡지도 만들어냄으로써, 대회 이후 흩어진 기독 교사들과 소통하는 일도 염두에 두었습니다. 그리고 일을 실행에 옮겼습니다.

월간 《좋은교사》 잡지 이야기를 잠깐 하고 넘어가려 합니다. 《좋은교사》는 2000 기독교사대회 때 창간했습니다만, 좋은교사운동의 정신을 따라 대회 이후 지속적으로 기독 교사들을 교육시키기 위해서는 '잡지' 발행이 필요하다는 판단으로 시작된 일이었습니다. 그러나 잡지를 발행해본 경험이 있는 분들로부터 우려하는 목소리가 많았습니다. 손봉호 교수님은 "월간 《복음과 상황》이 늘 재정 적자로 허덕이는 것을 보지 않았느냐"면서 신중한 선택을 당부했고, 제가 아는 출판사 사장님(비전 출판사 안준근 사장님)은 "월간지를 낸다는 것은 단행본을 매달 1권씩 내는 것과 동일하다"며, 월간지 사업은 비효율적이라고 겁을 주기도 했습니다. 그렇다고 해서 포기할 수는 없는 일이었습니다. 대회 이후 학교 현장으로 흩어져 생활할 교사들을 교육할 통로로, 잡지보다 더 효과적인 도구도 없었으니까요. 싫더라도 망하더라도 해야 할 일이었습니다. 잡지 편집에 대한 노하우가 전혀 없는 터라, 《일하는 제자들》 방선기 목사님, 《아름다운 정상》 이랜드 사보팀을 방문해서 자문을

월간 《좋은교사》 창간호. 표지 모델은 장선희 선생님(당시 경기도 화수중). 창간호 표지 모델로 적절한 분이라 생각해서 몸에 탈이 나 병원 신세를 졌던 분에게 무리한 촬영 부탁을 했다. 나중에 이 표지가 계기가 되어 기독교사대회에서 좋은 남편을 만나지 않았느냐는 핑계로, 그때의 죄송함을 대신할까 한다.

구하면서 창간 준비를 하다가, 결국《일하는 제자들》편집장 경험이 있던 최종훈 씨의 도움을 받았습니다. 그쪽이 내용의 50%를 채우고 우리가 50%를 채우되 편집 디자인 책임은 최종훈 씨 측이 담당하는, 외주 제작 방식 말입니다. 이 방식은 1~2년 후 전적으로 우리가 잡지를 감당하는 방식으로 정상화되었습니다만, 초기에 최종훈 씨가 그렇게 나서지 않았다면, 월간《좋은교사》가 빛을 볼 수 없었다는 점에서 여간 감사한 일이 아니었습니다.

그들의 믿음이 기적을 만들다

여기에 대회 장소 이야기도 잠깐 해야 하겠습니다. 대회 장소는 한국교원대학교로 결정되었는데, 이곳에서 대회를 치르게 되었다는 것은 대회를 통해 좋은교사운동을 선포하고 알리는 데 더없이 좋은 상징적 장소였습니다. 한국교원대학교가 어떤 곳입니까? 전국 초중고 예비 교사들을 길러서 전국으로 보내는 곳이자, 현직 교사들과 학교장들의 재교육을 책임지는 국가 연수의 중심부 아닙니까? 이런 곳에서 교사를 변화시키는 새로운 운동을 선포한다는 것은 그 상징적 의미가 딱 들어맞는 셈이었지요. 그러나 이곳을 대회 장소로 선택한 것은 우리가 아니었습니다. 우리는 다만 98 대회 주 집회장인 강원대학교에서 집회를 반복하기보다는, 전국 방방곡곡 교사 운동이 약한 곳, 기독교적 영적 능력이 회복되어야 할 곳을 대회 장소로 선택함으로써, 그 지역이 우리로 인해 복을 누리도록 해야겠다는 한 가지 기준만 갖고 있었을 뿐이었습니다.

그 열린 기회를 비집고 들어온 것은, 한국교원대학교의 학생들이었습니다. 교원대학 기독 학생들의 대회를 유치하고자 하는 열망이 어찌나 뜨거웠던지, 그 열기가 당시 기숙사 관장이었던 신현용 교수를 중심으로 기독 교수들에게까지 번져갔고, 급기야 기독 교수들이 금식까지 하며 대회 유치에 사활을 걸었습니다. 교원대 개교 이래로 민간단체에 집회 공간을 내준 역사가 없는 상황에서 이는 불가능에 가까운 일이었습니다. 그러나 그분들 말대로, "죽으면 죽으리라"라는 에스더의 각오로 금식 기도 하더니, 끝내 총장의 허가를 받아내었습니다. "송 선생님, 지금 총장을 만나러 갑니다. 기도 부탁합니다"라고 말씀하시던, 금식으로 쇠약했지만 결의에 찬 신 교수님의 목소리가 아직도 생생합니다. 그렇게 믿음으로 집회 장소를 성사시킨 이들이었기에, 이들은 이미 집회를 통해 누려야 할 은혜를 충분히 받은 셈이었습니다. 그리고 그 은혜의 결과로, 교원대학 내 기독 운동이 뜨겁게 이어지더니, 배움과 나눔 같은 공동체를 통해 김효수(HCCC 교사모임 책임자), 윤소영, 정명현(기윤실 교사모임), 이경조(루디아 교사모임) 등이 배출되어 기독 교사 운동의 한 축을 든든히 감당하는 역할을 하게 되었습니다.

남은 문제는 이 집회에 와야 할 사람들을 채우는 일이었습니다. 우리는 예비 교사 200명을 포함해서 1,500명의 교사들이 집회에 참석하도록 하는 것을 목표로 잡았습니다. 그대로 되지 않을 경우 집회 재정상 문제가 생기는 것은 말할 것도 없고, 결산의 과정에서 서로가 의기소침해질 뿐 아니라, 집회 열기에 찬물을 끼얹는 부작용도 각오해야 했습니다. 그렇다고 해서 집회를 홍보할 때, 사람이 많이 모여야 하니 제발 와달라는 뉘앙스의 '구걸식 홍보'는 할 수 없는 일이었지요. 제발 와달라니요. 와야 할 이유를 설명하지 못하고 참석만 호소하는 것은, 집회의 양적 성공만 목표로 잡는 허망함이 깔려 있는 것이고, 그로 인해 참석 의욕만 떨어트릴 일이었습니다.

여기서 한 가지 유의할 점은, 집회에 사람들을 동원하는 일과 집회에 채워야 할 내용을 준비하는 것을 별개로 생각해서는 안 된다는 것입니다. 내용이 채워지고 준비된 것만큼 사람들을 집회로 이끄는 힘이 강해집니다. 절체절명의 중요한 시대적 과제를 붙들고 참석한 이들과 승부를 걸어야 한다는 마음으로 행사를 준비하는 것과, 참석자들의 참가비로 수익을 남기는 집회 비즈니스 또는 사람 숫자가 목표가 되어 집회 동원에 몰입하는 것 간에는 엄청난 차이가 있습니다. 사명감과 내용에 대한 확신이 있을 경우, 숫자에 연연하지 않고 구걸도 하지 않지만, 그러나 숫자의 한계를 넘을 수 있다는 자신감이 생깁니다. 참 묘한 역설입니다. 까보았더니 별것 없는 것을 크게 부풀려서 사람들에게 "여기 오라!"라고 하는 일은, 파장을 일으킬 수 없습니다. 내부에서부터 그게 빈 껍질밖에 없는 일이라는 것을 대번 알아차립니다. 그리고 움직이지 않지요. 내부가 움직이지 않는데, 바깥이 움직여질 리가 있겠습니까?

물론 내용을 잘 준비한다고 해서 홍보의 수고를 생략할 수는 없는 일입니다. 사람들에게 내용을 잘 전달할 매력적인 홍보물을 준비하고, 그들을 찾아가 설득하는 일에 일정한 흐름이 조성되도록 하는 수고는 피할 수 없었습니다. 그래서 98 대회 때와 같이 포스터와 팸플릿, 중보기도 책자 등을 만들었습니다. 여기에 신문을 만드는 일도 지속해야 했습니다. 서울에 중앙 사무실이 있는 것이 아니라, 대회 간사 단체 TCF 대구 사무실과 원격으로 협력해야 할 일이기 때문에 번거로움도 많았습니다. 지금처럼 네이트온을 통해 이미지 파일을 공유하면서 공동 작업을 할 수 없었던 때라, 여행지 같은 곳에 가서 식당 팩스를 이용해 신문 편집 자료를 받고 전화로 의논을 하기도 했지요. 대회 실무를 논의하기 위해 대구로 내려가는 일도 잦았고요. 사실 이런 이원 체제는 2000 기독교사대회 이후 해소되었습니다만, 그런 이원 체제로 인한 유익도 있었습니다. 단일한 행정 라인을 통해 효과적으로 일하는 장점을 포기한 대신, TCF의 수많은 선생님들이 대회를 향한 소망을 품고 그 뜻을 이루는 과정에 같이 뛰어든 것은, 그 모든 번거로움을 감수하고도 남는 귀한 일이었습니다.

홍정길 목사님의 부도수표?

여하튼, 대회를 알리기 위해 언론이나 기독교계 오피니언들을 초대하여 설명회도 개최했습니다. 그러고 보니, 당시에 좀 아쉬웠던 한 가지 일이 생각납니다. 2000년 6월 12일, 우리는 한국 교회가 우리 운동에 좀 관심을 갖도록 하기 위해, 홍정길 목사님이 계시는 밀알학교에서 조찬 모임 형태의 목회자 설명회를 가졌습니다. 홍 목사님에 대한 설득도 중요한 목표였지요. 당일 조찬 모임 때 홍 목사님은 당뇨로 인해 건강이 안 좋은 상황이었는데, 이른 아침부터 나와 힘들게 앉아 계셨습니다. 2000 기독교사대회의 성격과 의미, 교육계와 한국 교회에서 갖는 의미를 죽 설명 드리자 잠자코 이야기를 들으시더니, 나중에 이런 말씀을 하셨습니다. "나는 기독 교사들이 행사를 한다고 해서, 내가 잘 아는 어느 기독자 교사 모임 선교 수련회로 착각했습니다. 그런데 이 대회와 운동의 내용을 듣고 나니 그게 아니구나, 싶어서 정신이 번쩍 났습니다. 정말 의미 있는 일입니다. 대회 끝나고 무엇이든 요청하십시오. 우리 교회도 후원 등 최선을 다해 돕겠습니다." 얼마나 격려가 되었는지요.

그 말씀에 힘을 받아, 대회가 끝나고 나서 홍 목사님을 다시 만나 후원에 관한 요청을 드리니, 그때 하신 말씀을 전혀 기억하지 못하시는 듯했습니다. 스쳐 지나가듯 하신 말씀도 아닌데 말입니다. 그 후에도 몇 번 시도를 했습니다만, 끝내 남서울 은혜교회는 후원 교회로 연결되지 못하고 말았지요. 남서울 은혜교회뿐 아니라, 좋은교사운동은 유력한 교회들의 변변한 도움을 거의 받지 못한 채 십수 년간 고군분투하며 자립의 길을 걷게 되었습니다. 저는 우리가 이를 원망할 것이 아니고 감사해야 한다고, "유력한 교회들의 도움에 의지할 것이 아니라 나를 의지하며 너희 스스로가 독립해서 일어서라"라고 말씀하시는 주의 뜻으로 받아들여야 한다고 생각합니다. 만일 그때 우리가 한국의 유력한 교회들로부터 넉넉히 재정 지원을 받았다면, 오늘의 좋은교사운동은 없었을 것입니다. 대중 운동을 표방하는 조직은 대중들로부터 후원을 받는 것이 맞습니다. 무릇 어떤 단체든지, 돈을 낸 사람을 기쁘게 하는 일을 하기 마련인데, 우리가 만일 거액을 내는 몇몇 후원 교회에 크게 의존했다면, 그 교회를 기쁘게 하는 운동에 치우쳤을 것이고, 결국 목회자들의 영향력에서 자유롭지 못한 왜소한 운동이 되고 말았을 것입니다. 그런 의미에서 홍정길 목사님의 망각은 은혜였습니다. "정말 의미 있는 일을 합니다"라는 그분의 평가만으로 충분한 것이지요.

이제 홍보물도 제작 배포하고, 또 대회 설명회도 끝났고, 1차 등록 기간도 지났습니다. 그러나 우리 생각보다 등록자 숫자가 적었고, 전국 각 지역에서 대회를 홍보하고 권유하는 흐름이 잘 감지가 안 되는 것이 느껴졌습니다. 안 되겠다 싶어서, 정병오 선생님과 함께 기독교사대회 홍보를 위한 전국 투어를 시작했습니다. 참 당시 우리는 '무대뽀'였습니다. 가만 보니 이게 필요하다 싶으면, 앞뒤 안 가리고 저지르는 것이 몸에 배였습니다. 희한하게 누군가 한 사람이 강도 높은 제안을 불쑥 하면 "에이, 안 돼!" 그러면서 상대방의 의욕을 끌어내리는 것이 아니라, 그 제안에 맞추어 자신의 생각을 끌어올리는 일종의 '의식과 실천의 상향평준화 현상'이 언제나 있었습니다.

3일에 걸쳐 천안, 보령, 광주, 순천, 진주, 부산, 대구 등을 방문했습니다. 지금이야 면허를 땄고 차도 있지만, 2006년 이전에는 운전면허가 없었던지라, 버스와 기차를 이용해 이동했습니다. 오고 가는 길은 낭비가 아니었습니다. 운동 현안과 미래와 관련하여 밀렸던 내용을 내놓고 상상하고 토론하고 기획했으니까요. 그렇게 대화를 하고 나면 그것이 언젠가는 또 현실이 되어버리는 신기한 일들이 꼬리에 꼬리를 물었습니다. 사무실에 앉아 머릿속에서 자잘한 문제를 붙들고 고심하는 것이 아니라, 지역의 상황들을 눈으로 확인하면서 거기서 얻은 현장감을 갖고 운동의 현재와 미래를 구상하다 보니, 거시적이면서도 구체적인 아이디어가 많이 잡혔습니다. 저는 그때나 지금이나, 현실의 장벽을 겁내지 않고, 믿음으로 상상한 것들을 마음껏 터놓고 이야기하고, 그것을 현실화시키기 위해 대화하는 것을 참 좋아합니다. 그런 의미에서 정병오 선생님도 동일했습니다. 배짱이 같았고, 일을 두려워하지 않았고, 겪어온 세월 속 세상에 대한 문제의식이 일치했고, 생각의 결에서 서걱거림이 없었습니다. 다만 저는 좀 상상을 더 많이 하는 편이고, 정 선생님은 현실적 측면에서 고려할 부분에 대한 감수성이 뛰어나서, 두 사람의 생각 깔때기를 통과한 아이디어는 정말 경쟁력이 있었습니다. 환상의 관계였고, 함께 일할 수 있었다는 것이 서로에게 다시없는 복이었다고 저는 믿습니다.

남교사 둘, 무급으로 휴직하다

그런데 사실 이쯤 되면 여러분은 이렇게 의문을 품으실 것입니다. "아니, 언제 학교 근무하면서 그 모든 일을 다 하실 수 있습니까?" 당연히 학교 근무하며 할 수 있는 일이 아니지요. 이 모든 일들은 사실 우리가 휴직을 했기에 가능한 일이었습니다. 2000년 초에 그해를 내다보니, 일의 규모가 보였습니다. 아무리 계산해도 학교 근무와 병행하는 것은 어려워 보였지요. 아마 정병오 선생님이 이렇게 제안했을 것입니다. "선생님, 휴직합시다!" 이의가 있을 리 없었지요. 아내들이 각각 동의해서 휴직을 했습니다. 물론 휴직이라는 것이 그리 쉬운 일은 아니었습니다. 지금이야 법이 바뀌어 편하게 휴직도 가능하지만, 당시만 해도 남교사가 별 이유도 없이 공립학교에서 휴직을 한다는 것은 '승진'에 치명적 걸림돌이자, 경력도 인정받지 못하기에 호봉 산정에도 불이익이 되어 간단한 문제가 아니었습니다. 그렇다고 해서 기독 교사 운동 차원에서 이를 해결해줄 상황 또한 아니었습니다. 그럴 재정도 없거니와 대회를 위해 휴직을 한다는 것 자체를 납득시키기가 힘들었던 상황이었습니다. 결국 부담을 주지 말고 우리가 무급으로 휴직함으로써 그 필요를 증명하자고 결심했습니다. 저는 둘째 아이 민서의 육아 휴직, 정병오 선생님은 교원대학교 대학원 휴직으로 휴직 사유를 맞추었습니다. 정병오 선생님은 끝까지 교원대학교 석사 과정을 졸업하지 못하고 말앉습니다만, 그런 간판은 우리에게 하등 중요한 일이 아니었습니다. 휴직하고 나니 웨슬리 선교사, 포항공대 장수영 교수 등 몇몇 분들이 크고 작은 후원을 해주셔서 생활의 불편은 어느 정도 해소되었지요. 그때를 돌아보니, 우리에게 주어진 일이 하늘로부터 온 일이라면, 누군가에게 우리 몸의 안전에 대한 보장을 요구할 것이 아니며, 믿음으로 모험의 길에 투신하게 되면 안전은 뒤따라오는 것임을 알게 되었습니다.

당시에는 잘 몰랐는데 지금 생각해보니, 우리가 대회를 위해 휴직한다는 것은 좀 각별한 의미가 있었습니다. 우리는 2000 대회를 통해 선포할 좋은교사운동이 참으로 소중한 일이요 우리 생을 다해서 투신할 만한 가치 있는 일이라는 것을, 기독 교사들에게 설득해야 했습니다. 물론 그 설득이 얼마나 성공할 것인가의 문제는 주님께 속하는 일이지만, 적어도 그 일이 참으로 가치 있다는 확신만큼은 우리가 보여주어야 했습니다. 생각해보십시오. 그런 확신이 없이 어떻게 사람들을 움직일 수 있겠습니까? 중심부에 있는 사람들이 자신들이 붙든 가치가 참되다는 것을 몸으로 보여주지 못한다면, 어찌 주변부로 그 운동이 퍼져가겠습니까? 그런 의미에서 중심부에 선 저와 정병오 선생님 같은 사람들에게는 '이 일이 가치 있다'는 설득의 구체적 근거가 필요했습니다. 휴직은 그 근거였습니다. 즉 휴직이라는 불이익을 감수해도 좋을 만큼, 좋은교사운동은 가치 있다는 것이지요. 우리가 몸으로 그것을 보여줄 때, "아, 저 사람들이 자신을 내던지면서도 가치 있다고 생각하는 것이니 한번 주의 깊게 들어봐야겠다"는 흔들림이 생기는 것이고, 그것이 출발이 되어 변화의 길로 들어서게 되는 것입니다. 무릇 확신한 바를 몸으로 보여주는 그만큼, 그 진실은 빛나는 법입니다.

2000 기독교사대회를 유치한 교원대학교 학생들. 그들의 순전한 믿음과 뜨거운
열정이 참 인상적이었다.

2000 기독교사대회 포스터. 이 포스터도 사무실에 남아 있지 않다. 그런데 2012년 5월 사교육걱정없는세상 업무로 청주 CCC 회관에 들렀는데, 그곳 기윤실 청주 지부 사무실 게시판에 이 포스터가 걸려 있었다. 12년간 게시판에 붙어 있었던 셈이다. 뜻밖의 장소에서 보물을 찾은 기분이었는데, 기윤실 청주 지부가 그 포스터를 아끼는 듯해서 달라고 요청을 못했다.

20장

길에서
기진하리라

2000 기독교사대회가 임박하면서 모든 준비가 착착 완료되어갔습니다. TCF가 대회 간사 단체를 맡으면서 워낙 세밀하게 일을 해나가는지라 빈틈이 별로 없었습니다. 서울에서 준비해야 할 《좋은 교사》 잡지나 《좋은교사 길라잡이》 매뉴얼 작업, 주 강사 이문식 목사님의 설교와 주제 강의를 맡은 백인숙 교수님과 이풍우 선생님 강의 등도 그분들의 강의안을 받아서 대회 자료집에 반영하는 것으로 완료되었지요. 또한 《많은 물소리》의 책임자였던 황병구 형제에게 부탁해서 대회 주제가를 받아 안준길 대구 TCF 찬양팀장에게 넘겼습니다.

그러나 대회가 임박해 오면서 제 마음은 타들어갔습니다. 모든 것들이 준비되었지만, 그 준비가 '좋은교사운동'을 1,300명의 교사들에게 알리고 깊은 공감과 동의를 이끌어낼 수 있을 것임을 보장하는 것은 아니었으니까요. 더욱이 새 운동을 소개하고 설득하며 참여를 이끌어내는 일의 절대적 몫이 마지막 주제 강의를 맡았던 저에게 달려 있었지요. 피할 수 없는 잔이었기에 맡았지만, 자신이 없었습니다. 더욱이 1,300명이나 되는 선생님들 앞에 서본 적이 없었던지라, 강의에 대한 극도의 부담이 마음을 눌렀습니다. 그러나 어떻게 하든 집회를 통해 교사들의 마음속에 불이 일어나지 않으면 안 되는 상황이었습니다.

전교조 관련 내용은 다 빼세요

대회 준비를 어느 정도 마무리 짓고, 저는 강의 준비를 서둘렀습니다. 여러 날에 걸쳐 강의를 준비한 후, 2000년 8월 12일 기윤실 교사모임 후배 교사들을 불렀습니다. 제가 알아서 강의를 준비하고 대회 때 홀로 뜬금없이 선포하기에는 너무 중요한 강의였던지라, 점검이 필요했습니다. 그래서 시작한 강의안 독회(讀會) 시간이었습니다.

강의안을 촘촘히 검토한 끝에 후배 교사들이 말을 꺼냈습니다. "선생님, 강의 속에 전교조와 관련된 내용이 너무 많습니다. 그 부분은 빼고 원고를 다시 쓰십시오." 이렇게 이야기를 했습니다. 아마 운동을 설명하면서 제 개인적 배경을 이야기하고 운동을 설명하는 과정에서 전교조 이야기를 여러 번 꺼냈던 것 같은데, 그것이 거슬렸던 모양입니다. 그러나 그 내용은 강의의 사족이 아니라 줄거리의 중요한 대목을 차지하고 있었던지라, 그 부분을 뺀다는 것은 강의안을 상당 부분 다시 쓰는 것과 진배없는 상황이었습니다. 대회가 임박한 상황에서 그러기에는 무리였습니다. 그러나 안 할 수도 없는 일이었지요. 결국 나머지 사람들은 모두 교원대로 내려가고, 저는 사무실에 남아 원고를 마무리하기로 결정했습니다.

모두 내려간 텅 빈 기윤실 사무실에 남아서 강의를 준비하는 과정은 참 힘겨웠습니다. 사람마다 강의를 준비하는 방식에 차이가 있습니다. 하나는 메모를 하거나 개조식(個條式)으로 기록해놓고, 현장 상황과 청중들과의 교감 속에서 즉흥적으로 강의를 풀어나가는 방식입니다. 다른 하나는 PPT로 강의할 요지를 정리하고 그 그림에 말을 보태는 방식으로 이어가는 것이며, 세 번째는 강의할 내용을 완전 녹취 수준으로 정리해서 강의 대본을 읽다시피 하는 이른바 '낭독형 강의'를 하는 것입니다. 저도 평상시 일반 강의는 첫 번째 방식으로도 하고, 사교육걱정없는세상에서는 PPT를 이용한 강의를 합니다만, 정말 중요한 강의를 할 때는 세 번째 방식을 선택합니다. 강의의 골자만 써놓고 나머지는 무대 위에서 자유롭게 변주하며 강의하는 첫 번째 방식은, 준비하는 과정이 단축되어 좋기는 한데 어지간한 내공이 아니면 청중들을 사로잡기 어렵습니다. 자칫 강의를 통해 전달할 핵심 개념을 놓치지 쉽고, 필이 꽂히는 이야기가 생겨 거기에 빠질 경우 정작 중요한 이야기를 못하고 시간이 없어서 서둘러 마무리를 하기 쉽습니다. 농담 하나도 허투루 할 수 없는 엄중한 집회를 앞두고 보니, 한 치의 오차도 없이 정확히 메시지를 전달하는 '낭독형 강의'를 선택해야 했습니다.

그런데 세 번째 방식의 강의를 준비하는 것은 여간 힘겹지 않습니다. 특히 제가 맡은 강의는 정보를 알려주는 지식 전달형 강의가 아니라, 제가 가치 있다고 생각하는 것을 청중들에게 설득해서 끌어당기는 강의였고, 그러다 보니 제 모든 것을 걸고 강의를 준비해야 했지요. 제가 가치 있다고 생각하는 것에 참여토록 권유하기 위해서는 남들에게 들은 이야기를 인용하는 강의가 아니라 강의록 속에 제 개인사를 담아내야 하고, 제가 기뻐하고 슬퍼하고 옳다고 믿는 바를 설득하기 위해 논리와 체험을 다 동원해야 하며, 여기에 지루하면 안 되니까 강의의 본질에 맞는, 체험에서 우러나온 실례와 유머를 넣어야 합니다. 대개 이렇게 쓰고 나면, "아, 이 강의는 잘될 것 같다" 또는 "이 강의는 아직도 뭔가가 부족하다" 그런 느낌이 옵니다. 그리고 실제 강의도 대개는 그 예상에 맞습니다. 그런 준비 끝에 강의가 실패할 경우, 그로 인해 겪는 정서적 고통은 이만저만 괴로운 것이 아닙니다.

이틀 정도에 걸쳐 강의록을 다시 정리해보니, 처음보다 한결 나았습니다. 여러 사람들과 강의안 독회 시간을 가진 것이 참 다행이다 싶었습니다. 그러나 강의를 통해서 청중들과 깊이 하나 되는 어떤 감정의 끈, 제 속의 진실을 드러내고 생각과 감정과 영적인 차원에서 청중들과 일체감을 갖게 하는 그 무엇은 부족해 보였습니다. 그러나 앉아서 고민한다고 그것이 찾아오는 것은 아니기에, 대회 기간 동안 기도하고 고민하면서 보완하기로 하고, 8월 14일 일요일에 교원대로 내려갔습니다.

그러나 흐름은 이상했다

2000 기독교사대회가 열리는 한국교원대학교는 참 아름다웠습니다. 나지막한 건물에 평탄하고 조용한 캠퍼스가 인상적이었습니다. 정문부터 가로등에 도열해 있는 좋은교사 깃발은 화사하고 예뻤습니다. 복음은 빨강, 사랑은 노랑, 정의는 파랑, 회복은 초록으로 색을 지정하여 좋은교사운동의 정신을 표현한 깃발들, 그리고 대회장에 안팎으로 걸려 있는 대형 플래카드는 참 인상적이었습니다.

드디어 8월 15일, 전국 각지에서 200명의 예비 기독 교사들을 포함해서 1,300명의 기독 교사들이 속속 한국교원대학교로 들어왔습니다.

98 기독교사대회를 통해 만난 사람들을 2년 후 다시 보는 것은, 일가 친척을 보는 것보다 더한 기쁨이었습니다. 수많은 기독 교사들과 단체들이 이젠 하나의 공동체로 서로를 대할 수 있다는 것이 참 감사한 일이었습니다. 8월 15일 드디어 집회가 시작되면서, 한국 교육계에 역사적인 사건이 될 '좋은교사운동'이 교육계에 뿌리를 내릴 수 있느냐를 가늠할 순간이 다가온 것입니다. 그런데 기도회를 인도하셨던 정영찬 목사님이 첫째 날 기도회를 마치고 저를 보자고 하시더니 이런 이야기를 하셨습니다. "선생님, 영적 분위기가 잘 안 잡힙니다. 첫째 날 두 분의 전체 강의 강사님들이 강의 끝나고 아주 힘들어하면서 돌아가셨습니다. 주 강사 이문식 목사님의 설교는 좀 어렵구요. 제가 기도회를 인도하는데 흐름이 잘 안 잡히고 사람들이 집중하지 않아서 애를 먹었습니다. 영적 흐름이 막힌 듯합니다."

이런 실정은 사실 다음 날도 마찬가지였습니다. 설교와 공동 기도회 후에 교사들이 더 남아서 기도하면서 성령의 인도하심을 구해야 하는데, 목사님의 기도회 인도가 끝나고 조명이 약간 밝아진 후에 사회자가 이젠 개인 기도 하십시오, 하고 말하니 개인 기도를 하는 것이 아니라 우르르 집회장을 빠져나가는 것이었습니다. 안타까운 일이었습니다.

교원대의 음식이 기독교사대회 사상 유례없이 풍성하고, 전국 각지에서 모여든 교사들 간 나눔과 사귐 그리고 다채로운 선택식 강의, 수십 개 부스 탐방, 감동이 있는 찬양은 확실히 대중 집회의 평균 수준을 넘어서는 것임에는 틀림없었습니다. 그러나 제 마음속에는 아쉬움이 진하게 남았습니다. 지금 이 대회는 한국 교육과 교회 그리고 교직 사회의 명운을 가름할 중대한 집회고, 따라서 놀라운 하나님의 임재로 인

교원대 정문 가로등에 걸린 좋은교사운동 깃발. 복음, 사랑, 정의, 회복을 나타내는 네 가지 색깔의 화사한 모습이 참 인상적이었다.

교실 붕괴를 주제로 한 대회 개막식 연극. 기윤실 교사모임 교사들이 꾸민 무대였는데 호평을 받았다.

교원대 기숙사의 푸짐한 식사. 음식의 양과 질에서 역대 어느 기독교사대회와도 비교할 수 없었다.

대회장 앞에서 매일 아침마다 열린 선택식 강의 쿠폰 배급 모습.

해서 일상을 뛰어넘는 큰 역사가 있어야 한다, 그런데 크신 역사가 감지되지 않는다, 하는 아쉬움 말입니다.

자연스럽게, 내일 내 강의를 통해 이런 흐름을 뒤집어야 한다는 부담감만 더욱 커졌습니다. 내일 아침 내 강의가 시작될 텐데, 이런 흐름을 바꾸고 좋은교사운동을 허락하신 하나님의 마음을 함께 품으며 새 운동에 우리를 던질 수 있을까, 그런 걱정이 저를 괴롭혔습니다. 그날 모든 행사가 끝난 후, 무대의 조명도 꺼지고 대회 준비 스태프들도 다 나가고 남아 있는 사람들이라야 오직 철야 기도 중보팀밖에 없는 그때, 복도에 남아서 저는 내일의 강의를 준비하려 했습니다. 교원대학에 오기 전 제 강의에서 2% 부족했던 부분이 있었던지라, 그것을 채워야 할 밤이었습니다. 그러나 그날 앉아 있는 동안에 소득은 없었습니다. 지금 생각해보니, 그것은 강의를 더 준비한다고 해서 될 일이 아니라, 하나님의 특별한 임재로 채워져야 할 빈 부분이었습니다.

길에서 기진하리라

강의장을 빠져나와 숙소에 들어갔습니다. 중압감이라 할까요. 주어진 짐이 참 무겁게 느껴졌습니다. 지금 이 상태로 선생님들을 학교로 돌려보내서는 안 되는데 하는 마음과, 그러나 그 마음을 돌이킬 힘이 없는 저의 연약함…… 그러나 시간은 속절없이 흘러갔습니다. 새벽 5시경 시계 알람 소리에 일어난 저는, 습관처럼 매일 성경 큐티 말씀을 펴들었습니다. 2000년 8월 17일, 그날 말씀은 〈마가복음〉 8장 1~10절 말씀, 즉 떡 일곱 개로 사천 명을 먹이신 기적 사건을 담은 부분이었습니다. 그런데 그 말씀이 문득, 제게 살아 움직이는 힘으로 다가왔습니다. 그때의 본문을 그대로 말씀드리겠습니다.

"그 무렵에 또 큰 무리가 있어 먹을 것이 없는지라, 예수께서 제자들을 불러 이르시되 내가 무리를 불쌍히 여기노라, 그들이 나와 함께 있는 지 이미 사흘이 지났으나 먹을 것이 없도다, 만일 내가 그들을 굶겨 집으로 보내면 길에서 기진하리라, 그중에는 멀리서 온 사람들도 있느니라. 제자들이 대답하되 이 광야 어디서 떡을 얻어 이 사람들로 배부르게 할 수 있으리이까. 예수께서 물으시되 너희에게 떡 몇 개가 있느냐. 이르되 일곱이로소이다 하거늘, 예수께서 무리를 명하여 땅에 앉게 하시고…… 배불리 먹고 남은 조각 일곱 광주리를 거두었으며……"

평소였다면 지나칠 말씀이었습니다. 그러나 그날 그 말씀은 제게 오신 하나님의 임재였습니다. 큰 무리가 먹을 것이 없었고 3일 동안 굶주렸다는 말씀, 굶겨 집으로 보내면 길에서 기진할 것이고, 그중에는 멀리서 온 사람들도 있다는 말씀은 딱 우리 상황이었습니다. 그러니까 "네가 강의를 더욱 잘해라"는 말씀이 아니라, "내가 지금 너의 처한 상황을 안다. 내가 너를 통해 이들을 배불리 먹도록 해주겠다"는 위로로 그날 아침 큐티 말씀이 제게 와닿았나 봅니다. 문득 강의에 대한 부담이 사라지고, 제 속에 아이들과 부모들, 교사들을 불쌍히 여기시는 주님의 마음이 느껴졌습니다. 빨리 강의장으로 가서 마지막을 준비해야 한다는 마음이 들었습니다. 옆에서 곤히 자는 정병오 선생님이 깨지 않도록 살그머니 일어나 집회장으로 갔습니다.

강의의 마지막 부분을 마무리하는 일에 주님이 함께하실 것이라는 안심이 찾아온 상태로 기숙사 문을 열고 나갔습니다. 새벽이었지만 8월 여름날인지라 바깥은 충분히 밝았습니다. 그런데 기숙사를 지나가는데, 갑자기 어떤 소리들이 요란하게 들려왔습니다. 무슨 소리인가 가만히 들어봤더니, 기숙사 여기저기에서 그 새벽에 기독 교사들이 울며 기도하는 소리였습니다. 한두 곳도 아니고 정말 여러 곳에서 들리는 흐느낌 소리였습니다. "아, 기독 교사들이 이 새벽부터 일어나 주의 임재와 은혜를 사모하며 기도하고 있구나" 하는 생각이 찾아오니, 전날 영적 흐름이 이어지지 않는다고 불평했던 제 마음속 어두움은 사라지고, 알 수 없는 뜨거운 눈물이 쏟아졌습니다. 그리고 바로 그 순간, 강의를 통해 선생님들께 드려야 할 이야기, 제 강의의 2% 부족한 내용이 정리되었습니다.

9시 30분, 드디어 좋은교사운동을 해설하는 강의가 시작되었습니다. 입장하는 교사들에게는 《좋은교사 길라잡이》와 후원자로 참여해달라는 후원 약정서를 끼워 전달했습니다. 찬양이 끝난 후 저는 무대로 나갔습니다. 1,300명 교사들의 압도적인 시선을 그대로 받으며 저는 큰 부담에 사로잡혔습니다. 긴장한 나머지 마이크 하단을 너무 꽉 잡아 마이크 상단과 하단이 분리되어 목소리가 들리지 않게 되었고, 저는 너무도 당황해서 마이크 없이 소리를 지르며 강의를 이어가려는 거의 '난동' 수준의 돌출 행동을 했습니다. 정신이 하나도 없었습니다. 다행히 무대 진행팀의 조언에 따라 사태를 수습하고, 강의를 이어갔지요.

어린 시절 저의 이야기 속에서 '교사'와 관련된 상반된 추억, 그리고 우리가 왜 좋은교사운동을 시작해야 하는지, 얼마나 우리 교육이 좋은

교사를 간절히 필요로 하는지, 운동의 정신과 방향, 취지를 설명했습니다. 또한 복음과 사랑, 정의와 회복이라는 네 가지 가치를 해설하고 40개 실천 지침 중 자기 상황에 맞는 것을 선택해 학교에 가서 실천하라 제안했습니다. 주어진 원고를 읽다시피 하는 강의였지만, 청중들과의 교감에 큰 문제는 없어 보였습니다. 따라오는구나 싶었던 것입니다. 준비한 강의를 다 마친 후 제게 남은 시간은 5분. 그때 저는 이런 말로 강의를 마감했습니다.

"여러분. 이번 대회는 한국 교육계를 BC와 AD로 나누는 중요한 대회입니다. 그런데 첫째 날 두 분의 강사님이 강의를 하시고 참 힘들어하시면서 집회장을 떠나셨다는 말씀을 들었습니다. 마음이 너무도 아팠습니다. 어제 기도회 시간, 기도가 되어야 하는데 단순히 은혜 받는 자리가 아니고 교육계 큰 흐름을 형성하는, 하나님의 크신 역사가 우리를 통해서 실현되어야 하는 중요한 길목의 대회인데, 간단한 조명의 차이 등으로 70~80% 이상의 선생님들이 썰물처럼 빠져나가는 모습을 보고 너무도 답답했습니다. 저렇게 되면 안 되는데…… 이 대회를 통한 하나님의 약속이 분명한데, 왜 성령께서는 침묵하시는가, 이런 생각을 하면서 우리는 밤에 기도했습니다.

기독교사대회를 준비하면서 지난 3월에 한 차례 위기가 있었습니다. 일은 열심히 하지만 기도하기가 참 어려웠습니다. 그때 하나님이 우리의 문제를 보여주셨습니다. 일은 진행되지만 되는 것 같지 않고 마음의 확신은 없고, 주의 간섭에 대한 구체적인 느낌은 없고, 너무나 답답해 어느 날 밤에 어두운 마음으로 아내와 대화했습니다. 답답함을 토로하다가 제 입에서 "실패할 수도 있다"는 말을 꺼내자 눈물이 왈칵 났습니다. 네, 실패할 수도 있지요. 그럼 2년간 우리가 흘린 땀과 눈물과 수고, 교원대학교 학생들과 간사 단체의 수고, 이것은 어떻게 되는 것입니까? 그러나 저를 더 괴롭게 한 것은, 만일 우리가 실패하면 이 땅 교육에 대안이 없는 상황에서 우리 아이들은 어떻게 합니까, 무너진 우리 교육계는 어떻게 합니까, 하는 고민이었습니다.

여러분, 오늘 그냥 넘기면 안 됩니다. 우리는 2년을 준비하며 하나님을 갈망했습니다. 여러분을 기다렸습니다. 여러분은 한국 교육의 희망입니다. 좋은 교육을 바라는 사람들의 희망입니다. 우리 아이들의 희망이요 교회와 민족의 희망이 바로 여러분입니다. 우리는 새벽마다 여러분을 기억하며 기도했습니다. 그리고 여러분은 지금 이 자리에 있습니다. 우리는 하나님을 구해야 합니다. 하나님이 우리 교육계를 회복시키는 놀라운 역사가 우리를 통해서 교육계에 드러나야 합니다. 대회를 끝내고 1,300명의 교사들이 전국에 흩어져서 학교를 변화시킬 때, 교사들과 아이들 및 학부모들이 놀라고 교육부가 놀라는 생명의 역사가 전개되어야 합니다. 여러분이 대안이고 희망입니다. 여러분이 아무런 느낌이 없으면 이 땅에 희망이 없습니다."

그 이야기를 하는 도중에 감정이 복받쳐서 눈물이 흘러내렸습니다. 강의를 이어갈 수 없게 되었지요. 한번 터진 감정이 잘 수습이 되질 않았습니다. 어린 시절부터 저는 눈물이 흔해서, 찬송하면서도 울고, 동화 설교를 듣다가도 울고, 가정의 어려움과 어머니의 고통을 생각하면서 울고, 고1 시절에 어버이날 교회 성도들 앞에서 어머니를 기억하는 글을 읽다가 울었습니다. TV 연속극에 울고, 남의 슬픈 이야기에 울고, 우는 사람들을 보고 따라 우는 그 눈물이 그날도 어김없이 쏟아졌습니다. 그런데 그 눈물은 여지껏 흘렸던 눈물과는 달랐습니다. 그것은 한국 교육이 좋은교사운동을 간절히 기다리고 있는데, 우리가 이 운동을 끌어안지 않으면 안 된다는 절박감, 또는 주님의 마음이 느껴져 흘리는 눈물이었습니다.

새벽 통성 기도는 없었는데요?

가까스로 강의를 마치고 기도를 한 후 강단을 내려갔습니다. 마음속으로 아쉬움이 남지를 않았습니다. 할 수 있는 모든 것을 다 쏟았을 뿐 아니라, 선생님들이 제 강의를 통해서 주님의 마음을 느꼈구나, 하는 확신이 찾아왔습니다. 제가 무엇을 반전시켰다기보다는, 제 할 도리를 다했다는 감사의 마음이 찾아왔습니다. 이루 말할 수 없이 기뻤습니다. 복도에서 정병오 선생님을 만났습니다. 서로 너무 기뻐서, 정 선생님과 제가 한 번도 해본 적이 없는 '힘찬 포옹'을 했습니다.

그날 강의를 다 마치고, 제가 운영팀 중 누군가에게 말했습니다. "오늘 새벽에 방마다 조별 새벽 통성 기도가 참 크게 들리더라고요." 그러자 그분이 말했습니다. "네? 통성 기도라고요? 그런 적 없는데요?

그 시간은 다들 힘들어서 일어날 시간이 아닌데요?" 정확히 그때 표현을 기억할 수는 없으나, 그분은 기숙사에서 통성 새벽 기도는 없었다고 분명히 말했습니다. 마음속으로 "어? 뭔가? 그럼 닭 우는 소리였던가?" 싶었습니다. 궁금해서 교원대 윤소영 선생님께 물어보았습니다. "교원대 기숙사 부근이나 민가에서 닭을 키웁니까?" "아뇨, 그렇지 않은데요?" 제가 들은 소리가 통성 기도 소리인지, 닭 우는 소리였는지, 아니면 제 착각이었는지 그것은 잘 모르겠습니다. 그러나 세월이 지난 지금도 저는 2000년 8월 17일 그날 새벽에 주께서 제게 말씀으로 찾아오셔서 1,300명의 교사들에게 생명의 양식을 전할 수 있는 만큼의 힘을 주심으로, 그들이 배고프지 않게 하시고 멀리 떨어진 집으로 돌아가더라도 도중에 기진하지 않게 하신 은총은 분명히 기억하고 있습니다.

좋은교사운동이 교원대학교에서 선포된 지 11년의 세월이 흘렀습니다. 저는 그날의 집회장에서 마지막 5분 동안 제가 1,300명의 교사들에게 드린 말이 아직도 유효하다고 생각합니다. 11년 전 그날이 있었기에, 오늘 제가 있고 여러분이 있다고 저는 확신합니다. 좋은교사운동은 좋은 교육을 바라는 사람들의 희망입니다. 여러분은 아이들의 희망이요 민족과 교육과 교회의 희망입니다. 그 고귀한 신분을 잊지 마십시오. 세상을 구원하는 큰 사명을 품고 있다는 신분을 망각하고, 작은 성취에 만족하는 소시민으로 살지 마십시오. 좋은교사운동으로 나와 우리 단체가 얼마나 유익을 얻었나를 따지지 마시고, 한국 교육과 교회, 교직 사회를 위해 여러분과 여러분의 단체를 던지십시오. 굶어 길에서 기진할 사람들이 지금 너무 많습니다.

대회를 모두 끝내고 참석한 교사들이 함께 모여 사진을 찍었다. 이 대회를 계기로 좋은교사운동이 본격적으로 시작되었으니, 참 감격스러운 일이 아닐 수 없다.

21장

가정방문,
신문 사설이 지지하다

2000년 대회를 끝낸 후 10월 무렵, 가까이 지내던 이재환 전도사님으로부터 영락교회 대학부에 와서 학생들에게 간증을 해달라는 부탁을 받았습니다. 특히 사회 선교 차원에서 지금 제가 하고 있는 일을 소개해주면 좋겠다는 것이었지요. 그분은 교원대 출신으로서 교육과 기독교사 운동에 대해 이해와 애정이 깊은 분이라, 어느 교회를 가시든 청년들에게 현장의 도전이 필요할 때면 저를 늘 부흥 강사로 초빙하던 분이었습니다. 10월의 어느 토요일, 대학부 40여 명의 학생들 앞에서 저는 저의 지나온 삶과 좋은교사운동에 관한 강의를 했지요. 그런데 강의를 잘 끝내고 돌아가는 길에, 이 전도사님은 뜬금없이 제게 이런 이야기를 했습니다. "선생님, 평상시 저는 대학생 사역을 하면서 복음이 대안이 되는 운동을 찾아 학생들에게 소개해주고 싶었습니다. 그러나 어디를 보아도 그런 움직임이 보이질 않았습니다. 그러다가 좋은교사운동에 대한 소식을 듣고, 바로 이것이다는 확신이 들었지요. 이 운동은 반드시 성공해야 합니다. 그런데 제가 보기에 이 운동은 너무 정적(靜 的)입니다. 시대를 바꾸기 위해서는 운동이 갖는 생명력으로 인해 가죽 이 찢어지고 그 영향력이 뻗어 가는, 상식과 합리성을 뛰어넘는 역사가 생겨야 합니다. 그렇지 않으면 안 됩니다. 그런데 좋은교사운동에는 그 런 강한 생명력으로 넘치는 역사가 부족해 보입니다."

그 말을 처음 들었을 때 참 불쾌했습니다. 우리 운동에 대해서 뭘 안다고 그러는가 싶었고, 또 운동을 책임지는 당사자에게 또박또박 바 른 소리를 하는 것이 듣기 싫었습니다. 하지만 예리한 지적이었습니다. 마음이 불편하면서도 아프고 괴로웠습니다. 솔직히 생각해보니, 부정 하려고 해도 부정할 수 없는 사실이었습니다. 우선 2000년 10월 기독 교사대회 직후, 대회의 피로감에다가 98 대회 직후 때처럼 가정사에 힘 겨운 일이 생겨서 저는 영적으로 지쳐 있었습니다. 운동도 정체 상태였 습니다. '좋은교사운동'이라는 새로운 운동이 시작되었으니, 현장 기독 교사들 사이에 어떤 새로운 바람이 일 것을 막연하게 기대했는데, 겉도 는 느낌이었습니다. 사실 이것은 당연한 일이었습니다. 대회 때 우리가 교사들에게 운동 내용을 설명하고 설득하는 정도만 해놓은 상태였지, 해야 할 일을 선 굵게 요구하지 못했습니다. 그러니 운동이 어느 만큼 어떻게 진척되었는지를 가늠할 수 없었고, 자연히 운동의 흐름도 감지 되지 않는 가운데 시간만 흘러가고 있었던 것이지요.

그런 상황에서 이재환 전도사님의 말씀은 우리가 처한 상황의 문제 를 적절하게 짚어낸 것이었습니다. 그 말에 저는 정신이 번쩍 났습니 다. 직감적으로 내가 이렇게 있으면 안 되겠다는 자각이 생겼습니다. 다시 하나님께 나가서, 문제를 끌어안고 부르짖고 답을 찾아야 한다는 절박감이 찾아왔습니다. 그래서 바로 다음 날부터 대회 이후 한동안 중단했던 새벽 기도를 재개했습니다. 그리고 기도가 운동의 중심에 서야 한다는 생각과 아울러, 모든 기독 교사들이 이것만큼은 함께 참여할 어떤 하나의 실천 운동이 필요하겠구나, 하는 판단이 들었습니다.

그러나 13개 기독 교사 단체들이 함께 하나의 실천 운동을 전개하기란 쉽지 않습니다. 아무 일도 안 하고 그냥 '연합'이라는 이름의 우산 속에 들어오는 것도 쉽지 않은데, 고된 일을 함께하자는 것은 더욱 어려운 일입니다. 각 단체가 회원들에게 독려하는 일이 있는데 여기에 연합 차원의 부담이 또 가중되는 것은, 회원 단체들의 역할을 약화시키는 것으로 오해를 살 수 있어서 여간 조심스러운 일이 아닙니다. 그렇기 때문에 한국 사회에 존재하는 기독교 연합 운동 치고, 단일한 구체적 실천 운동을 해온 역사가 없습니다. 우리와 규모나 조직 형태가 유사한 선교한국대회나 성서한국운동조차 그렇게 하질 못하고, 지금까지 선교사 발굴 동원 파송 운동에만 집중하고 있는 것입니다. 그러나 우리에게는 또 다른 고민이 있습니다. 만일 연합 운동이 갖는 한계에 갇혀서 구체적인 실천 운동을 기독 교사 공동체들이 해내지 않으면 하나님이 좋은교사운동을 우리에게 허락하신 뜻은 충족될 수 없다는 것입니다.

회원 단체의 '성장'이냐 운동의 '확산'이냐

이런 딜레마 상황은 사실 그 당시만이 아니라 지금도 좋은교사운동이 직면하고 있는 현실입니다. 회원 단체는 좋은교사운동을 통해서 회원들을 얻고 단체가 성장하길 기대합니다. 그런데 좋은교사운동은 회원들의 실천을 통해서 교육계를 향한 하나님의 뜻에 순종하여 구체적인 변화를 이끄는 자리에 서기를 원합니다. 두 입장 차이는 논리적으로는 해소될 수 있으나, 실제 상황에서는 회원 단체와 좋은교사운동 간 갈등과 대립의 빌미가 될 소지가 큽니다. 회원 단체의 입장을 고려하면 운동이 정체됩니다. 이와 반대로 운동을 세게 하면 회원 단체가 힘들어집니다. 이 모순 속에서 균형을 잡으며, 회원 단체도 성장하고 운동도 힘 있게 전개되는 것, 이것은 함께 만족시켜야 할 운동의 두 현실입니다. 제가 있는 동안 이 두 현실을 완벽하게 푼 적이 없고, 정병오 선생님이 대표가 되어서도 이는 마찬가지입니다. 그만큼 어려운 일입니다. 그런데 중요한 점은, 이 갈등과 모순의 상황에도 불구하고 '좋은교사운동'은 시작되었고 하나님은 그 장애를 넘어서 교육의 역사에 기독 교사 공동체가 기여하기를 원하신다는 것입니다.

여하튼 저는 구체적 실천 운동이 필요하다는 판단을 하고, 그 과제를 찾는 일에 몰두했습니다. 해야 할 일은 우리 운동의 정신과 부합해야 했습니다. 그 정신이 무엇입니까? 그것은 △교사가 아이들 속으로 깊이 들어가서 그들을 만나 영향을 끼치며, △이를 통해 교사에게는 자긍심과 보람을 주고 아이들과 부모에게는 위로를 주며, △동시에 이 교육적 과정이 아이들에게 복음을 전하는 통로가 되며, △아울러 교직 사회에 신선한 영향을 끼칠 수 있어야 한다는 것입니다. 여기에 그 정신의 가치를 충족시키되, 몇 가지 운동 공학적 원칙이 추가로 필요했습니다. 좀 장황스러운 이야기지만, 그때 제 마음속으로 정리했던 몇 가지 원칙을 이야기하려 합니다. 이 부분은 나중에 여러분이 이런 고민을 해야 할 때가 있으니, 꼭 알아두시기를 바랍니다.

그물의 벼리 같은 것

먼저, 무엇을 하자는 것인지가 분명해서, 그 캠페인의 명칭 이외에 별도로 설명할 일이 없어야 합니다. 그 캠페인 명칭 외에 또 다른 설명이 필요하면, 운동은 일단 실패입니다. 무엇을 하자는 것인지가 명료하면, 나중에 평가와 점검이 그만큼 쉬워집니다. 둘째로, 혼자서 따라 하는 것이 쉬워야 합니다. 여러 사람이 집단적으로 함께 움직여야 성사될 수 있는 운동을 캠페인으로 선정하면 안 됩니다. 그러면 개인이 참여할 수 없게 되고, 결국 집단적 흐름으로 모이지를 않습니다. 예컨대 학교 신우회 만들기 운동은 개인 실천 운동으로 실패하기 딱 좋은 운동입니다. 아무리 그렇게 하고자 하는 마음이 있어도 그 운동을 성사시키는 데는 여러 가지 요소가 함께 맞물릴 때 성공을 거둘 수 있는 것입니다. 셋째로, 긍정적인 것이 좋습니다. 부담스럽고 희생이 따르더라도 활동 자체는 긍정적인 것이 좋습니다. 물론 2000년대에 있었던 '낙선운동'처럼 그 시대에 없어서는 안 될 부정적 캠페인이 있을 수는 있지만, 교직 사회에 신뢰를 제고하고 교사들에게 사명감을 고취시키며 아이들 내면으로 깊이 들어가도록 하는 일에서는 긍정적인 운동이 절대 필요합니다. 넷째로, 개인이 따라 하기 쉽고 긍정적이되, 심리적으로는 좀 부담을 느껴야 한다는 것입니다. 어려운 일은 아니고 학생과 학부모들은 환영할 일인데, 남의 시선이 의식되고 약간의 비난 등이 따라붙어 불편하면 좋습니다. 따라 하는 일에 부담이 따르지 않는다면, 그것은 영향력이 없다는 증거입니다. 그 실천으로 인해서 누군가가 잃는 것이 있으면, 아무리 긍정적인 일이더라도 그 일을 하려는 사람들을 방해하거나 비난합니다. 그러나 명심하십시오. 방해하는 사람이 하나도 없이 세상을 바꾸는 운동은 존재하지 않습니다. 그런 일을 골라서 캠페인으로 선정해야 한다는 것입니다. 그런데 이렇게 불편함을 주는 운동은 묘하게도 힘이 생깁니다. 불편함은 긴장을 주고 소문을 만들어내며, 참여하는 이들에게는 '자긍심'과 '확신'을 주고 운동의 경계를 만들며, 정체성과 단결 속에서 바깥으로 확장하고자 하는 에너지를 만듭니다. 다섯째로, 연쇄 반응이 큰 것이 좋습니다. 그 행동 하나를 하는 것으로 끝나는 것이 아니라 여러 영역에 영향을 끼치고 변화를 이끌어내는, 그물의 '벼리'처럼 그 하나를 잡아당기면 그물 전체를 오므렸다 폈다 할 수 있는, 그물의 위쪽 코를 꿰어놓은 줄 같은 기능을 할 과제를 잡아야 합니다. 물론 어느 행동이 '벼리'에 해당하는가를 알아차리는 것은 그리 간단하지 않습니다. 이것은 교육 제도와 정책, 학교 현실을 잘 알고, 학교에서 변화시켜야 할 영역에 대한 깊은 통찰력이 있어야 가능합니다.

캠페인의 이런 성공 요소들은 제가 어디서 들은 이야기가 아니라, 고민해서 찾아낸 것입니다. 특별한 능력이 있어서가 아닙니다. 누가 가르쳐주지 않더라도 정말 세상을 바꾸려 든다면, 이 원칙들은 발견될 수밖에 없습니다. 물론 이 요소를 만족시킬 운동 아이템을 결정하는 것에는 정답이 없습니다. 《우리교육》 같은 실천 도서도 참고할 수 있습니다만, 최종 판단은 그 일을 책임진 사람이 자신의 삶 속에서 직접 보고 듣고 겪어본 체험 속에서 나오는 어떤 확신의 과정을 거칠 수밖에 없습니다. 자신이 해보지도 않은 일을 좋은 것이라고 제안하는 것은, 설득의 힘이 실리지 않는 것은 물론이요, 일을 하는 과정에서 생기는 수많은 시행착오와 어려움에 대한 민원을 예상하지 못해 허둥대기 십상입니다.

이 원칙의 과정을 거쳐보니, 최초의 캠페인으로 '학급 아이들 집을 방문하는 가정방문'이 제일 적절하다는 판단이 들었습니다. 가정방문 캠페인은 △무엇을 하려는 운동인지가 명료하고, △교사 개인이 실천할 수 있으며, △긍정적이고, △학부모와 학생들은 환영하나 교직 사회 내부에서는 약간의 부담이 따르며, △그 하나가 수많은 다른 교육 효과를 견인하는 그물의 '벼리' 같은 활동임에 틀림없었습니다. 아이들 가정을 방문하면서 아이들은 교사들로부터 깊은 위로를 경험하고, 교사들은 교사로서의 자긍심을 경험하며, 이 과정을 통해서 학급 운영의 수많은 접촉점을 시사 받으며, 무엇보다 아이들에게 복음을 전할 가정적 접촉점을 확인하게 됩니다. 즉 좋은교사운동의 정신에도 부합한다는 것이지요. 캠페인으로서 이만한 가치를 갖는 활동도 없어 보였습니다.

물론 교사들에게 가정방문을 설득하는 일은 쉽지 않습니다. 일단 너무 많은 시간과 에너지가 필요한 일이고, 그래서 실천하기 힘든 일입니다. 뿐만 아니라 교사들은 두려워하며 이렇게 저항합니다. "선생님, 가서 아이들 가정 상황을 확인했다고 칩시다. 제가 감당치도 못할 그 가정의 어려움을 보는 것이 무슨 의미가 있습니까? 차라리 이렇게 서로가 서로를 모르는 채로 있는 것도 나쁘지 않습니다." 제가 무수히 들었던 이야기입니다. 그러나 저는 그분들에게 "그렇지 않아요"라고 말하고 싶습니다. 모름지기 교사는 아이들 내면 속으로 깊이 들어가 아이들이 어느 부분에서 무너져 있고 무슨 내적 필요가 있는지 확인해야 합니다. 그럴 때, 그 구체적인 삶의 자리에서 아이들을 만날 때, 교사는 '가르침의 기능'을 회복합니다. 앞의 어느 글에서 말씀드린 것처럼, 가르치는 기능은 아이들의 결핍과 결손이 드러날 때 자극되는 것입니다. 그런 자극 없이, 아이들이 번호와 점수로만 보이고, 돌봄이 아니라 '관리'의 대상으로만 여겨질 때, 교사 됨의 기능은 불필요하고 영혼은 잠자게 되며, 그런 시간이 반복되면 결국 '죽은' 교사가 되는 것입니다. 교사만 죽는 것이 아니라, 복음이 대답이 되는 상황을 외면하고, 아이들을 붙잡고 눈물 흘리며 위로할 접촉점이 없으니, 복음이 능력을 발휘할 맥락까지 없어지는 것이지요.

가정방문 캠페인이야말로 좋은교사운동을 세상에 알리는 가장 효과적이고 적절한 단일 실천 운동이라는 것이 분명했습니다. 이 의제를 가지고 대표자 회의를 했습니다. 회의는 순조롭지 않았습니다. 특히 가정방문이 불법 아닌가 하는 점은 가정방문을 하려는 교사들을 난처하게 하는 문제였는데, 이것은 2000년 2월 15일 서울시교육청이 관내 각급 학교에 급식 지원이 필요한 학생들 실태 조사를 위해 가정방문을 권한 공문(행정 81493-262)을 입수하면서 해결되었습니다. 하필이면 운동을 막 시작하려는 그 무렵에 가정방문에 우호적인 공문이 나온 것도 신기한 일이었습니다. 여하튼 대표자들 간에는 이 캠페인을 좀 불편해하는 흐름은 있었지만, 반대는 없었습니다. 저는 기독 교사 운동사에서 기독 교사 단체들이 한마음으로 '가정방문' 캠페인을 하기로 결의한 것은 아주 중요한 역사적 결정이라고 봅니다. 그것은 연합 운동의 한계에 갇혀 이 땅 아이들을 살리는 일에서 물러서지 말고, 함께 하나 되어 나의 백성을 돌보라는 주의 명령과 섭리에 순종하겠다고 결정한 일이니까요. 그 후 수많은 캠페인과 여러 실천 운동은 가정방문 캠페인을 함께하기로 한 그 정신의 연장선이었습니다.

가정방문, 신문 사설이 지지하다

2001년 3월 캠페인을 시작한 이후, 전국 여기저기에서 기독 교사들이 이 일에 참여하기 시작했습니다. 드디어 단체의 울타리를 넘어 실천으로 큰 줄기가 만들어졌습니다. 가정방문 캠페인이라는 하나의 운동이 시작되니, 그 운동을 통해서 좋은교사운동이 비로소 학교 현장에 하나의 흐름으로 자리를 잡게 되었습니다.

'가정방문' 캠페인이 시작되니 언론이 퍽 흥미 있어 했습니다. 교사와 학생, 학교와 가정의 관계가 서먹하고 교실 붕괴 등의 사태로 교육계에 어떤 냉랭한 단절의 기운이 흐르던 마당에, 교사들 3,000명이 학급 아이들 가정을 방문하는 운동을 한다고 하니, 국민들 가슴속에 어떤 반가움이 찾아온 것입니다. 《한겨레신문》에서는 김진우 선생님의 가정방문 동행 취재를 하고, 《경향신문》은 스승의 날 무렵에 '울보 선생, 정철모 선생님' 사연을 전면 기사로 싣고, 《국민일보》역시 크게 보도를 하기 시작했습니다. 《서울신문》은 아예 우리의 운동을 '교사 가정방문 학생 위해 필요하다'는 사설로 다루기까지 했습니다. 꼭 언론에 나와야 운동이 성공을 거두는 것은 아닙니다만, 언론에 반향을 일으키는 것을 보며, 이 운동의 방향이 잘 잡힌 것을 감지할 수 있었습니다.

그러나 참여하는 교사들에게는 죽을 맛이었습니다. 3월 한 달 가장 바쁜 시기를 피해서 캠페인을 시작했지만, 학기 초 여러 가지 격무로 지쳐 있는 상태에서 아이들 가정을 모두 방문한다는 것은 무척 힘겨운 일이었습니다. 그 무렵 이런저런 안타까운 소식이 들려왔습니다. 대구 지역 TCF 어느 선생님은 가정방문 돌다 허리를 다쳐 응급실로 실려 갔습니다. 전화를 해봤더니 목이 완전히 잠겨서 대화를 할 수 있는 상황

2005년 3월 24일자《한겨레 신문》
에 실린 김진우 선생님 가정방문 캠
페인 기사. 그때 가정방문은 교육계
안팎으로 신선한 충격이었다.

《서울 신문》이 사설로 교사들의 가정방
문을 허락하라는 논평을 냈다.

교사들의 가정방문 활동에 대한 승인 여부로 학교마다 갈등이 생기자, 이를 보도
한《서울신문》기사. 세상이 변하는 과정에서 이런 긴장은 불가피하다.

이 아니었습니다. 또 기윤실 소속 어느 선생님은 토요일에 가정방문을 돌다가 결국 몸살을 앓아 월요일 결근을 하고 말았습니다. 가정방문 허락 문제로 교장 선생님과 다투면서 마음고생을 하는 분들의 소식도 들렸습니다.

그러나 저는 선생님들께 그만 하십시오, 하는 이야기를 하지를 않았습니다. 제가 매정해서 그랬다기보다, 이 운동은 우리의 희생을 필연적으로 동반한다는 것을 저 자신이 각오했기 때문입니다. 2002년부터, 겨울 방학 좋은교사운동 겨울 연수가 개최될 때마다 저는 연수에 참여하는 전체 교사들에게 강의를 통해, 이렇게 말씀드렸습니다. "선생님. 아무리 힘들어도 이 일은 우리가 감수해야 합니다. 저는 1989년 전교조 선생님들이 교육 민주화를 위해 1,800명의 교사들이 해직이라는 피 흘림을 감수한 사건을 기억합니다. 그분들의 희생으로 교육 민주화의 흐름이 조성되고, 전교조가 오늘날 한국 사회에서 오랫동안 영향력 있는 그룹으로서 역할을 해왔습니다. 전교조가 영향력 있는 단체가 된 것은 그 선생님들의 피 값입니다. 선생님, 운동의 중심부에 속한 사람들이 그 운동의 가치를 붙들고 수고와 희생을 하지 않는데 주변부에 영향을 끼치는 운동을 본 적이 있던가요? 좋은교사운동을 통해 우리 아이들이 변화되고, 교직 사회가 달라지고, 교사들에 대한 국민의 신뢰를 회복하고, 복음이 교육의 능력임을 드러내기를 원합니다. 그렇다면, 지금 가정방문으로 인해서 수고하고 땀 흘리고 고통 받는 이 과정을 이상히 여겨서는 안 될 것입니다." 그런 취지로 이야기하다가 감정이 복받쳐 눈물을 흘리던 때가 생각납니다.

적은 수로 소박하게 일하자?

2001년에 가정방문 캠페인이 시작되었으니, 어느덧 10년이 지났습니다. 저는 가정방문 캠페인이 캠페인으로서가 아니라 좋은교사운동 회원 교사들의 일상 교육 활동 중 하나로 정착되기를 바랍니다. 그리고 여기에 참여하는 선생님들이 더 늘어나기를 원합니다. 제가 책임자로 활동하던 시절, 내부적으로 집계해보니 캠페인에 참여하는 교사들의 숫자가 전체 회원 수의 고작 10% 정도(200~300명)에 머무는 것으로 확인되었습니다. 너무 아쉬웠습니다. 운동이 한창 맹렬하던 시기의 기록이니 지금은 훨씬 더 그 숫자가 줄지 않았을까 싶습니다. 저는 이 운동이 우리 회원들 3,500명은 물론이요 1만 명 이상의 교사들이 자발적으로 참여하는 운동으로 뻗어 나가기를 소망했습니다. 그런 소망의 이유가 무엇입니까? 그것은 교사들의 가정방문을 통해서 실제로 유익을 얻는 아이들이 많아지기를 원했기 때문입니다. 그렇게 가정방문을 돌면 30~40만 명의 학생들이 혜택을 얻습니다. 그 정도의 숫자가 움직이면 변화가 찾아옵니다. 각 학교에 한 명씩 교사들이 가정방문을 떠나면, 그로 인해서 주변의 동료들 5~10명이 영향을 받습니다. 다음 해에 그분들 가운데 일부가 가정방문을 함께 떠나게 됩니다. 그런 변화가 일 때, 이것은 우리 교직 사회에 하나의 '사건'이 되고 사회적으로 어떤 '현상'이 됩니다. 가정방문이라는 실천이 수만 마디 말보다 더 큰 울림으로 전파됩니다.

물론 적은 숫자로 소박하게 일하는 것으로 만족할 수도 있습니다. 그것 자체로 귀한 일입니다. 아니 가정방문 가는 것을 남몰래 할 수도 있습니다. 그러나 운동은 영향을 끼치는 것입니다. 운동을 통해 무엇에 영향을 끼치려는 것입니까? 그것은 좋은교사운동으로 인해 '전체' 아이들이 위로를 얻고, '전체' 교직 사회가 영향을 받고, '전체' 기독 교사들이 소명 의식을 갖고 학교 현장의 중심에 서며, 그래서 복음이 교육의 능력임을 확인하는 것입니다. 저는 그렇게 '전체'에 관심이 있습니다. 좋은교사운동을 통해서 우리는 40만 교원과 10만 기독 교사들 전체를 품고, 700만 아이들 전체를 품는 꿈을 결코 내려놓아서는 안 됩니다. 왜냐하면 그것은 우리 운동의 처음 목표이기 때문입니다. 물론 우리 외에도 전체 교사들을 일깨우는 역할을 감당할 교원 단체가 있다면, 우리가 특별한 부담을 가질 필요는 없습니다. 그러나 여러분, 우리를 대신할 그런 교원 단체가 있으면 말씀해보십시오. 저 단체가 있으니 이제 우리의 사명을 내려놓을 때가 되었다고 말할 수 있는 단체를 말입니다. 그런 단체가 없다면, '전체'를 품어야 한다고 하는 제 말을 헛된 부담이라 말하시면 안 됩니다. 우리가 지핀 이 실천의 불씨가 전체 기독 교사 공동체와 교직 사회로 옮겨 붙도록 더욱 힘써야 할 것입니다.

가정방문 캠페인을 알리는 유료 광고. 전교조 《교육희망》에 실렸지만, 전교조 내부에서 다른 단체 광고를 싣는 것에 대한 시비가 있어서 도중에 중단되었다.

2001년 내가 근무했던 마지막 학교인 구로고 교사 시절 가정방문을 하고 아이들과 함께 찍은 사진.

22장

미림여고 행 버스 안에서 깨닫다

2001년 5월 가정방문 캠페인이 시작된 후, 우리 가운데 한 가지 고민이 시작되었습니다. 그것은 바로 '가정방문을 가서 발견한 아이들의 문제에 대해서 교사들이 무엇을 할 것인가'라는 점이었습니다. 물론 이 문제는 일차적으로 가정방문 캠페인에 참여한 개별 교사들이 대답할 일이었지만, 교사들에게 캠페인을 떠나라고 요청했던 기독 교사 공동체 입장에서도 책임져야 할 일이었습니다. 그런데 이 대답을 찾는 과정이 무척 힘들었습니다. 기독 교사 운동을 시작한 이래로 그렇게 갈피를 잡지 못하고 헤맨 때도 없었을 것입니다. 좁게는 저와 정병오 선생님 간의 이견이었고, 넓게는 대표자들과 저와의 이견이기도 했습니다만, 이번 글에서는 그 문제를 붙들고 어떻게 기독 교사 공동체가 씨름해왔는지, 그래서 그 결과 어떻게 풀어냈는지를 돌아보려 합니다.

가정방문 캠페인이 마무리가 된 2001년 5월, 그럼 그 활동을 끝내고 캠페인은 이것으로 마무리를 할 것인가, 하는 점을 내부적으로 논의하기 시작했습니다. 이대로 끝낼 수 없다는 점에서 저와 정병오 선생님 간에는 이견이 없었습니다. 어차피 가정방문은 그 자체로 의미 있는 것이 아니라 아이들을 더 깊게 이해하고 돕기 위해 필요한 하나의 과정에 불과했고, 아이들을 돌보는 일은 이제 시작되어야 했기 때문이었으니까요.

그런데 후속 사업을 전개하는 방식과 관련하여, 저와 정병오 선생님 간에 관점의 차이가 있었습니다. 우선 정병오 선생님은 회원 교사들에게 지나친 부담을 주어서는 안 된다는 입장이었습니다. 이미 가정방문 캠페인으로 에너지가 많이 소진된 교사들에게 또 다른 부담을 주면, 운동을 장기적으로 끌어가기 어렵다는 지적이었습니다. 그래서 어떤 특별한 단일 실천 운동을 벌이기보다는 '아이들 세계 속으로 더 깊이 들어가자'는, 교사의 의식과 교육에 대한 관점을 바꾸는 '이미지' 캠페인을 전개하고, 그 속에서 교사들이 자발적으로 자기 상황에 맞는 일을 찾도록 하는 것이 옳다는 것이었습니다. 정병오 선생님의 주장은 그 자체로 사실 틀린 것이 별로 없는 지적이었습니다.

그런데 저의 문제의식은 좀 달랐습니다. 저의 관심은 운동의 흐름을 만드는 데 방점이 찍혀 있었습니다. 가정방문을 통해서 이제 운동의 물꼬를 트기 시작했는데, 시작하자마자 닫히면 안 된다는 생각이 있었습니다. 또한 '사람의 의식'을 바꾸는 운동을 하려 해도, '이미지' 캠페인으로는 안 된다, 또 막연하고 추상적이면 운동을 추진하는 관점에서 힘을 집중할 수 없다고 우려했던 것이지요. 그래서 저는 '아이들 세계 속으로 더 깊이 들어가자'는 캠페인의 큰 '아우라'는 동의하면서, 그 기조 속에서 우리가 가정방문을 통해 만난 '부적응 학생'이나 '고통 받는 사회적 약자'에 해당되는 아이들에게 초점을 맞추어, 이들의 필요를 채우는 실제적인 운동을 해야 한다고 주장했던 것입니다.

운동과 사람을 연결하는 두 가지 방식

저와 정병오 선생님의 인식에 차이가 있었는데, 그것은 정 선생님은 운동에 참여하는 '사람'에 관심을 두었고, 저는 사람이 만들어가는 '운동'에 방점을 찍은 정도가 아닐까 생각합니다. 운동을 할 때 사람과 운동을 잘못 연결시키는 두 가지 방식이 있습니다. 우선 사람들의 비판과 시선을 지나치게 중시하는 운동의 문제입니다. 사람에 대한 고려가 지나치고 운동에 대해 사람들이 갖는 부담을 의식해서 운동의 진도가 나가지 않으면, 운동이 정체를 맞습니다. 운동이 멈추면 운동에 대한 부담이 없어서 좋기는 하지만, 모여서 운동을 해야 할 이유가 사라지니 운동에 참여한 이들의 가슴속에 상실감이 생기고, 이것은 운동이 맹렬히 확산될 때 찾아오는 심리적 저항보다 더 큰 위기를 가져다줍니다. 저는 한국 사회 모순의 핵심 문제에 대답하다가 그 일이 주는 부담 때문에 회원 일부가 비판하여 그 일에서 물러선 이후 사람들이 떠나고 그래서 운동 자체가 주저앉게 된 예를 알고 있습니다. 참여한 사람들이 힘드니까 비판은 하겠지만, 그렇다고 해서 그 말을 그대로 듣고 운동의 에너지를 쭉 빼버리면, 이젠 열심히 일하던 사람들이 왜 운동의 처음 정신을 잃어버렸냐고 항의합니다. 결국 어떤 경우에도 비판은 존재합니다. 누구의 비판을 더 크게 살필 것인가의 문제가 있을 뿐, 비판으로부터 자유로운 경우는 없습니다. 그러니 운동은 사람들의 심리 상태보다는 운동이 목표한 바를 이루는 일에 늘 방점이 찍혀야 합니다.

그러나 이와는 반대로 '사람에 대한 고려가 없는 운동'도 문제입니다. 운동의 성과에만 집착했지, 그 일에 뛰어든 사람들이 운동의 과정에서 성장하지 않는다면, 운동의 지속 가능성은 보장할 수 없습니다. 운동이 사회적으로 영향을 끼치기는 하지만 운동에 참여하는 회원들의 삶에 성장이 일어나지 않는다면, 그 운동은 성공한 것이 아닙니다. 운동이 잘되기는 하지만 함께 일하는 사람들이 자신은 운동의 주체가 아니라 소모품이라고 생각된다면, 그 역시 문제가 있습니다. 한 가지 유의할 점은, 사람의 성장을 돕는 운동이란 쉽고 무난한 운동을 한다고 해서 도모되는 것이 아니라는 것입니다. 세상의 모순을 풀기 위해 가진 것을 모두 희생하고 뛰어드는 경우일지라도 운동을 통한 개인의 성숙은 가능합니다. 즉 사람을 배려하는 운동이란, 운동 과제의 '난이도'와 관련된 것이 아니라, 운동의 '방식'에 관련된 문제입니다. 따라서 운동은 어려운 과제를 피할 것이 아니라 용기 있게 문제의 핵심을 직면하되, 그 과정에 참여하는 이들이 운동을 통해 삶에 대한 안목이 넓어지고, 쓰임 받는 삶이 주는 영광으로 인해 기쁨을 경험하도록 하는 것이 필요한 것입니다.

'사람의 성장이 멈춘 운동'과 '사람을 의식한 힘없는 운동'. 현실의 운동은 이 둘 중 하나의 함정에 빠지기 참 쉽습니다. 저라고 해서 예외는 아니고요. 또한 어떤 경우에는 운동의 성과를 내는 것이 더 중요할 때가 있고, 어떤 때는 사람을 배려하는 것이 중요한 시점이 있습니다. 이 둘을 혼동해서 섞어버리면 큰 위기가 찾아오기도 하지요. 그런데 2001년 좋은교사운동의 초기 단계에서는 '운동이 흐름을 만들어가는 것'이 더 필요한 때였습니다. 우리의 운동이 세상을 바꾸는 일에 나서기로 결정했고, 그 일을 전문가들 몇 사람이 아니라 기독 교사 대중을 통해 펼치기로 한 이상, 세상을 바꾸는 일에 기독 교사들이 수고하는 과정은 불가피했고, 그래서 실천을 동반하는 선 굵은 흐름을 만드는 것이 요구되는 시점이었습니다. 저와 정 선생님의 토론은 그런 운동의 기조를 정리하기 위해 거쳐야 했던 불가피한 과정이었습니다.

머뭇거림은 대학 시절로 충분했다

여하튼 여러 날 토론하고 고민했습니다. 일단 저와 정 선생님 사이에서 이 문제가 정리되어야 대표자들 회의에 붙여서 공식 결론을 낼 텐데, 내부에서 입장이 좁혀지지 않으니 답답하기만 했습니다. 6월 어느 날 정병오 선생님이 사시던 서울 당산동 사거리 맥도날드에서 우리는 다시 만나서 이와 관련된 대화를 했습니다. 그러나 간격은 좁아지지 않았습니다. 그런데 참 이상한 것은, 그러고도 후속 운동 방향에 대한 저의 확신이 누그러지질 않는 것입니다. 아니 그러기는커녕 신념이 더 굳어지는 것입니다. 후속 운동을 준비할 때 제게는 이런 마음이 있었습니다. 제가 대학 다니던 시절, 세상의 모순에 대답하기 위해 대학생들이 시위를 하고 감옥을 가고 농활과 공장 위장 취업을 했습니다. 불의한 시대를 꾸짖기 위해 도서관 옥상에서 투신하고 분신했지요. 그렇게 시대의 모순에 세상은 무수한 시도를 했는데, 저와 교회는 아무런 답을 할 수 없는 것이 부끄러웠습니다. 그런데 1980년대 노동과 농촌의 문제로 표현되던 모순의 문제가 어느 정도 해소되고, 권위주의 정권의 문제가 해결되어 절차적 민주주의가 어느 정도 확보된 이후, 그러니까 제가 교사가 되고 1998년 IMF 사태가 터지고 나니, 이젠 세상의 모순이 교육의 영역에서도 표출되기 시작한 것입니다. 즉 IMF 사태 등으로 나라 경제가 결딴나고 가정이 파탄나면서 아이들이 절망하고 좌절하고, 그로 인해서 학교 교실이 엉망이 되어버린 것입니다. 따라서 교사가 아이들의 문제를 끌어안고 씨름한다는 것은 아이들 문제로 둔갑한 그 시대 세상의 고통과 모순에 대답한다는 것을 의미했습니다. 그런데 그 무렵 좋은교사운동이 시작된 것입니다. 대학 다닐 때는 대답을 찾지 못해 괴로웠고 운동을 같이 할 공동체를 찾지 못해 서성거렸는데, 이제 기독교사 운동이 시작되었으니 대학 때와 같이 물러날 일이 아니었습니다. 머뭇거리다 기회를 잃는 것은 대학 시절로 충분하다는 생각이 저를 사로잡았습니다. 그러니까 저는 그때 우리 시대 교육 모순에 대해 더 실천적이고 행동하는 대답을 제시하는 교사 운동이 필요했고, 따라서 가정방문 이후의 후속 운동도 그 기조를 유지해야 한다고 생각했습니다.

그러나 사실 그런 관점은 12개 단체의 연합 운동으로 진행되는 좋은교사운동이 담아낼 수 있는 공통의 에토스(ethos)는 아니었습니다. 학교 복음화와 일반적인 교육 실천, 개인의 변화와 운동을 통한 변화에 대해 그 경계를 예리하게 구분하고 연결 짓는 통합적 관점이 정착되지 않은 때였습니다. 그러니 그런 에너지가 들어가는 단일 캠페인을 또다시 전개하는 것에 대한 부담감은 간단한 문제가 아니었습니다. 그 상태에서 정병오 선생님은 캠페인이 진행되는데 고려해야 할 사람의 문제를 중시한 것이고, 저는 그럼에도 불구하고 뚫어야 하겠다고 고집을 피운 것입니다. 결국 두 가지를 다 고려한 운동이 나와줘야 했습니다.

그러나 둘 간의 문제가 해소되지 않은 채로 2001년 6월 5일 대표자 모임에 나갔습니다. 문건을 준비해 가서 제가 제시한 내용은 다음과 같습니다. △가정방문 후속 캠페인으로 우리가 돌봐야 할 아이들 대상층을 좁히자. 그러나 실제 방법론으로 들어가서는 전체 아이들 모두에게 통용될 수 있는 도구를 찾아 활용하도록 하자, △캠페인은 무슨 운동을 하자는 것인지가 분명해야 하고 사회성이 강하게 표현된 것이 좋겠다. '고통 받는 아이 돕기'를 주제로 삼자, △다만 고통 받는 아이들을 돕는 방법에서는 하나의 방법론만 정하지 말고 여러 방법론을 정해서 각자의 형편에 맞게 실시하되, 그 결과를 2학기 말에 공유하여 모델화시킨 후, 내년 캠페인에 하나를 정하자, △방법론은 간단하면서도 행동화하기 쉬운 것을 잡는다, 등이었습니다.

그런데 기본적인 설명을 한 후 막상 회의를 하니까, 반론이 만만치 않았습니다. '고통 받는 아이들'이라는 전체 운동의 콘셉트는 부정적이고 부담스럽기 때문에, 좀 더 밝고 따듯하고 쉽게 다가갈 수 있는 개념으로 가자는 주장, 방법론도 성경 공부 같이 거창하고 체계적인 준비가 요구되는 것이 아니라 쉽게 접근할 수 있는 방법(집으로 전화 한 통 해주기 등)으로 하자는 아이디어 등, 여러 의견들이 나왔습니다. 뭐니 뭐니 해도 가장 심각한 반론은 정병오 선생님이 지적한 그 내용이었습니다. 즉 교사들은 이미 가정방문 등으로 피로감이 많이 쌓였다, 또 다른 부담스러운 캠페인을 하면 곤란하다는 것이었습니다. 워낙 그 의견이 압도적이어서 참으로 난감했습니다. 사실 대표자들의 중의가 그렇기 때문에 물러서야 옳았습니다. 그런데 저로서는 도무지 모아진 결론을 납득할 수 없었습니다. 한편으로 혼자서 십수 명의 대표자들과 다른 입장에 서야 한다 생각하니 너무도 아득했습니다. 하지만 그렇게 하지 않을 수 없었습니다. 더욱이 대표자들이 무엇을 어떻게 하자고 구체적으로 제안한 것이 아니었기에 어떤 결론을 성급히 낼 수도 없었습니다. "저희 두 상임총무에게 맡겨주십시오. 그럼 오늘 말씀해주신 내용을 참고로 해서, 결정하도록 하겠습니다." 그렇게 말씀드리고, 회의는 종료되었습니다.

미림여고 진입로 버스 안

회의를 통해 대표자들의 의중을 확인했고, 정병오 선생님의 지적 사항도 있었기 때문에 웬만하면 가정방문과 같은 수준의 에너지가 들어가는 후속 캠페인은 접는 것이 옳았습니다. 그러나 참으로 이상한 것은, 제 속에서 자꾸 '그러면 안 된다'는 생각이 끊임없이 밀고 올라온다는 것이었습니다. 상황이 요구하는 것과는 전혀 다른 요구가 제 마음속에서 들끓고 있으니 참 난감한 일이었지요.

실행위원회 회의를 끝내고 사무실로 돌아온 후 이 문제를 붙들고 다시 씨름했습니다. 초등과 중등학교 급별로 몇몇 정책 감각이 있는 회원 선생님들께 후속 사업으로 할 수 있는 일들에 대해 의견을 구했습니다. 그때를 전후로 해서 언젠가 임종화 선생님이 '교사와 아이 일대일 결연' 같은 것을 해보면 어떻겠느냐는 제안을 한 적이 있었습니다. 그런데 그 제안을 처음 들었을 때 저는 좀 시큰둥했습니다. 이미 사회복지기관에서 해온 사업이라 참신하지도 않고, 더욱이 서울시교육청이 '1교사 1학생 결연' 사업이라고 해서 유사한 활동을 학교에 지침으로 내려 보낸 적이 있을 뿐 아니라, 학교 현장이 그에 대해 냉소적이었던 것을 확인했던 터였기 때문입니다.

또다시 여름 방학 중에 개최될 실행위원회도 가까워오고, 내부적으로 정리할 시간이 얼마 남지 않았다 생각되었습니다. 2001년 6월 28일, 저는 사무실에서 정병오, 김진우, 임종화 선생님을 만났습니다. 더이상 미룰 수 없는 때까지 몰렸다 생각되던 시점이었던지라, 그동안 모아놓은 대안들을 검토하고 최종 정리를 하기로 했습니다. △사랑의 편지, △일대일 결연, △독서, 영상 클리닉, △왕따 학생과 친구 만들기, △담임상 제정 등, 회원 교사들이 제시한 방법론을 중심으로 타당성 검토에 들어갔습니다. 대안은 대표자 회의 때 제출한 종류에서 크게 벗어나지를 못했습니다. 회의는 헛고생이었습니다. 그 하나하나가 과연 추천 방법으로서 가치가 있는지, 복수 안이더라도 초중고 상황이 다 다른데 현장 교사들에게 설득력이 있는지, 그런 고민이 해소되지를 않았던 것입니다. 결국 소득을 얻지 못하고 그날 모임을 끝냈습니다.

저녁 시간 버스를 타고 집으로 돌아가는 길은 몹시 지치고 힘들었습니다. 두 달 이상 고민하며 끌어왔던 문제가 온전히 해결되지 않은 채 끝나 진이 빠지는 심정이었습니다. 난생처음 겪는 혼란이었습니다. 그런데 참 이것을 어떻게 표현해야 할지 모르겠습니다. 너무도 생생해서 지금도 뚜렷이 기억하는 장면입니다. 289-1번 버스를 타고 집으로 오는 길, 미림여고 진입 좌회전 대기 선에 버스가 서 있을 때, 갑자기 제 머리에서 새 운동과 관련해서 뭔가가 번쩍 하고 떠올랐던 것입니다. "아, 일대일 결연이구나, 일대일 결연이야!" 하는 생각이었습니다. 그 문제를 깊이 고민하던 것도 아니었기에, 심신이 완전히 이완된 상태에서, 느닷없이 그 생각이 저를 '습격해왔다'고 하는 편이 차라리 맞을 정도로 제 마음을 사로잡았습니다. 임종화 선생님이 제안했을 때는 시큰둥했는데 갑자기 그 활동이 놀라운 의미의 옷을 입고 찾아온 것입니다.

저는 순간적으로 지난 글에서 말씀드린 캠페인의 성공 요인에 그 일을 대입해봤습니다. 무엇을 하자는 것인지가 분명한 일이었습니다. 초중고 어떤 학교 상황에도 공통으로 적용되는 것이었습니다. 누구도 반대할 수 없는 명분 있는 일이었고, 행동적인 실천 운동이었습니다. 무엇보다 경제적으로 가정적으로 고통 받는 아이 한 명을 선택해 그 아이의 보호자가 되어주는 운동이니 교육적이면서도 시대의 모순에 대답하는 운동이 될 수 있었습니다. 어디 그뿐입니까? 그 한 아이를 복음으로 인도하는 기회가 될 수 있으니, 복음 전파를 위해서도 유익한 일이었습니다. 어디로 찔러봐도 막히는 곳이 없었습니다. 뚫렸던 것입니다. 너무도 기뻐서 버스 안에서 순간 눈물이 쏟아졌습니다. "아, 풀렸구나! 이것이구나" 하는 생각에 그동안 쌓였던 피로가 다 달아가는 느낌이었습니다.

그 후로도 좋은교사운동은 여러 캠페인을 개발해서 보급했지만, 일대일 결연 캠페인만큼 발굴의 어려움을 겪은 적이 없었습니다. 왜 이런 힘겨운 과정을 겪었는지는 지금도 잘 알 수가 없었습니다. 어쩌면 우리의 운동이 행동적 실천 운동으로 갈 것인가, 아니면 단체의 연합을 도모하면서 내부 지향적인 기조를 유지할 것인가를 가름하는 분수령이었기 때문인지도 모르겠고, 아니면 주님이 가장 바라는 운동이기 때문에 그만큼 그 길을 찾기가 어려웠던 것이 아닐까 싶기도 합니다.

너를 통해 영광 받았다

후속 캠페인을 정하고 나서 정신은 아득하기만 했습니다. 매일 그 문제를 갖고 새벽마다 기도해왔지만, 정작 문제를 풀어낸 다음 날 새벽에 저는 일어날 수가 없었습니다. 심신이 너무 지쳐 있었기 때문이었습니다. 새벽 기도 시간이 되어 일어날까 망설이다가 가봤자 피곤해서 잠만 잘 텐데 싶어서 오늘은 그만 쉴까 하는데, 마음속 한 가지 생각이 저 자신을 설득했습니다. "야, 너 일어나 새벽 기도회 가! 가서 그냥 자다 오면 뭐 어때. 안 가는 것보다 낫잖아." 그런 마음이 생기니까 뭐 그것도 괜찮겠구나 싶었습니다. 새벽에 습관처럼 일어나 교회를 갔습니다. 비몽사몽으로 시작된 새벽 기도회 시간, 〈요한복음〉 말씀으로 큐티를 하고 한참 몽롱하게 있다가 뒤늦게 기도를 시작했습니다. 그런데 조금 기도가 깊어지니 갑자기 한 소리가 확 제 마음을 사로잡았습니다. 아, 그때의 감격을 뭐라 표현해야 할지요. 그 소리는 이런 것이었습니다. "내가 너를 통해서 영광 받았고 앞으로도 영광 받겠다." 저는 그 소리가 주님이 제게 주시는 위로의 말씀이었다고 느껴졌습니다. 그 한 말씀이 찾아오자, 그날 새벽 기도회 시간 내내 펑펑 울었습니다. 어렵고 힘든 긴 터널의 시간이었지만 그 과정이 무익하지 않았다는 생각, 그리고 수고와 땀 흘림과 눈물을 주님이 아신다는 생각이 찾아오니, 눈물이 걷잡을 수 없이 흘러내렸습니다. "내가 너를 통해서 영광 받았다"는 것도 감사한 일인데, "앞으로도 영광 받겠다"고 말씀하신다 생각하니, 삶은 행복했고 힘이 넘쳤습니다. 물론 영광을 받겠다는 말씀은 그만큼 지고 가야 할 십자가가 무겁다는 것을 의미하기도 합니다. 그러나 주께서 부족한 인생을 주목하시며, 삶의 무수한 위기에도 붙드시고 지켜주시며, 사명의 촛대를 옮기시지 않겠다는 말씀이니, 그 어찌 감격스럽지 않겠습니까.

'고통 받는 아이와 교사 일대일 결연'이라는 이름의 캠페인은 그렇게 해서 시작되었습니다. 이번에는 정병오 선생님도 동의하고 대표자들도 모두 흔쾌히 새 운동에 공감을 표했습니다. 제 속에서 풀리니 바깥에서도 풀리는 신기한 체험이었다고 할까요.

세월이 지나 여러 강의를 통해《좋은교사》회원 선생님들께 '일대일 결연' 캠페인에 참여하라고 설득할 때, 저는 늘 그날 새벽 기도회를 떠올립니다. 그때 제가 받은 그 한 말씀은 결코 저에게만 주시는 주의 위로가 아니었다고 생각합니다. 그래서 선생님들께 말씀드렸습니다. "선생님들, 일대일 결연을 통해 고통 받는 아이들을 끌어안고 씨름하는 일은 우리 주님이 좋아하시는 일입니다. 그 운동에 참여하는 우리 모두를 통해 우리 주님은 영광을 받았고, 앞으로도 영광 받으실 것입니다." 그렇게 말입니다. 여러분. 그런데 그 축복이 어찌 그분들에게만 해당하는 일이겠습니까. 좋은교사운동을 통해 무릇 교육과 교회를 새롭게 하기 위해 가진 모든 것을 쏟아 붓고 울며 씨를 뿌리는 이 땅의 선생님 한 분 한 분 역시, 그 위로를 받아 마땅함을 저는 굳게 믿습니다.

2005년 1월 18일, 일대일 결연 선생님과 학생들이 함께 떠난 스키장 여행. 집안 형편이 어려운 아이들에게 스키장 여행은 뜻밖의 경험이었다.

2003년 5월 스승의 날. 가정방문을 나간 교사들을 '아웃백'으로 초대해서 위로회 를 가졌다.

일대일 결연 운동은 좋은교사운동 내부 사업으로 머물지 않고 다른 단체들과의 연대 운동으로 확대되었다. 2008년 5월 15일 스승의 날에 명동 청어람에서 좋은교사운동과 사회복지법인 '유스투게더'가 협약식을 맺고 일대일 결연 운동 기금을 출범시켰다.